国際学入門

関西学院大学国際学部 ［編］

関西学院大学出版会

は じ め に

　関西学院大学国際学部は 2010 年 4 月に設立された新しい学部である。しかし、国際性を重視した教育・研究は関西学院の歴史の中に息づいている。1889 年に関西学院を創設したランバス（Walter Russell Lumbuth）先生は医療宣教師として多くの国をめぐり生涯を医療・伝道・教育に捧げ、まさに「世界市民（World Citizen）」として活躍した。ここでいう「世界市民」とは国や地域にかかわらず、すべての人の生活を向上させるために主体的に責任をもって考え、行動できる人を意味する。関西学院大学は、世界市民の育成という伝統のさらなる具現化のために 11 番目の学部として国際学部を設立した。

　関西学院大学国際学部では 1 年生の必修科目として「国際地域理解入門 A・B」という科目を開講している。3、4 年生の演習（ゼミナール）を担当する全教員がオムニバス形式で登壇する科目である。これは学生諸君に国際学部の学びの全体像を理解してもらい、また自分がどの分野に関心があるのか、どの分野で卒業研究をしたいのか、（1 年生の段階では漠然としているであろうが）意識してもらうことを目的としている。

　学部創設 10 年を迎え、教員有志（一部退職教員も含む）によって「国際地域理解入門」での講義をもとにした『国際学入門』を刊行することになった。国際学部がカバーする「文化・言語」「社会・ガバナンス」「経済・経営」の学問領域と、北米、アジア、ヨーロッパ、国際関係の地域研究の組み合わせをカバーした内容になっている。一般の読者諸兄姉にも満足していただけるよう、本書は実際の講義内容よりやや難しくなっていて、教員が説明して学生諸君が理解できるというレベルを目指した。したがって、高校生の方には本書を手に取って難しすぎると考えて国際学部の受験を敬遠しないでいただきたい。授業では教員がビジュアル資料を用いたりして懇切丁寧に説明することを期待してほしい。

　国際学部としては今後も、教員の研究成果を学生諸君に還元すべく、積極的な情報発信をしていく所存である。本書がそのスタートとして広く読

んでいただければ幸甚である。

　本書の刊行に際しては、関西学院大学出版会の戸坂美果さん、国際学部資料室の山崎元子さん、国際学部事務室の酒井桃世さんにお世話になった。厚く御礼申し上げる。

2022 年 9 月
関西学院大学国際学部長　　宮田由紀夫

目　次

第1章

序　　論

1　「国際学」とは何か

(1)「国際学」に関する3つの視点

そもそも「国際学」とは何であろうか。この問いに対して、唯一明確な答えを示すことは難しい。ここでは、3つの視点からこの問いにアプローチしてみよう。

第一の視点は、日本語の「国際」という言葉の由来である。「国際」という言葉は、江戸時代後期の漢訳洋学書『万国公法』の中で使用された「各国交際」という和製漢語に由来するとされる。当初は「諸国家・諸国民間の交際」の意味で使われていたこの言葉は、次第に「交際」の意味が薄れ、おおよそ20世紀に入る頃には"international"の訳語として「世界的な」という意味がほぼ定着した。この視点から言えば「国際学」とは「世界的な事象を広く取り扱う学問」と捉えることができる。

第二の視点は、西洋社会における「国際関係学」の成立である。現代的な国際関係学の原型が成立したのは、一般的に両大戦間期とされる。第一次世界大戦の悲劇を受け、「国際関係はどうあるべきか」という規範的性格と現実の国際関係の改善のための処方箋を提示する問題解決型の性格を

併せ持ってその原型を明確にしていった国際関係学は、政治学をその根幹
としつつ、歴史学や経済学など諸学問分野の知見を総合した学際的（イン
ターディシプリナリー）領域としてその地位を確立していった。この視点
から言えば「国際学」とは「学際的社会科学領域としての国際関係学の発
展型」とも定義づけられる。戦後日本の高等教育分野においては国際研究
がまずこの形から始まったこともあり、「国際学≒国際関係学」という捉
え方は今なお一定の支持があろう。

　第三の視点は、1980年前後以降の世界における「ヒト」「モノ」「カネ」
「情報」の越境のさらなる加速（いわゆる「国際化」「グローバル化」の
進展）であろう。とりわけ注目すべきなのは、「ヒト」や「情報」の移動
の加速に伴う社会文化的現象の変容を理解する枠組の重要性の高まりで
あり、この数十年の世界において生じているさまざまな出来事――民族
紛争、情報文化的現象、地球環境などのグローバル・イシューズ等を含む
――を考えていくには、第二の視点で示したような国際関係学的な理解に
加え、広範な人文学的知見が求められよう。こうした面から言えば「国際
学」とは、「国家（ネイション）の境界線を越えるマクロミクロな諸事象
を総合的に理解する学問分野」すなわち「越境の学」と捉えられる。

(2)「越境の学」としての「国際学」

　以上に示した3つのアプローチのどれが最も優れているのかと問われれ
ば、唯一の正解はないとしかいいようがないが、ここでは、本学国際学部
における学びの内容を踏まえつつ、第三の視点に近い立場を取りたい。す
なわち私たちが学ぶ「国際学」とは、「境界を越える諸問題にアプローチ
し、その理解および解決を目指す学問」である。

　さて、ここで改めて問題にしなければならないのが、ここでいう「境
界」に関してである。現代において「国際」は"international"の訳語
としてほぼ定着している。そこには"nation"が「国」「国家」を意味す
る語であるという理解が、無意識のうちに醸成されることになる。だが、
nationはいわゆる「国家」と全く同義とは捉えられない意味をもつ。英語
のnationは、ラテン語のnasci（動詞：「生まれる」の意）から派生した

natio に由来するが、これはそもそも「生まれた場所を同じくする人びと」に近い意味をもった。人の移動が限定されていた前近代社会において、生まれた場所を同じくするということは言語や文化を共有するということにほぼ等しかったのであり、そう考えると nation という語の元来の意味をあえて日本語で表現するなら、「私たち」という語がしっくりとくるように思われる。

　欧州において現代的な主権国家システムの原型が生まれた17世紀以降、nation を単位として主権国家（sovereign state）が形成されていった歴史を踏まえれば、今日の“international”なる語の中の“nation”が国家を色濃く意味することは間違いない。しかし、境界を越える「ヒト」の移動が飛躍的に高まった現代世界において、国家はもはや「生まれた場所」や「文化・言語」をともにする単位とは到底言えなくなっている。このような世界においては、“nation”をむしろ古典的な意味に回帰させて考えることに高い有用性が生まれているのではあるまいか。すなわち、“nation”に対して、あえて「私たち」という解釈を与えることを提唱したいのである。

　現代社会における「ヒト」の社会的移動の活発化は、多様で多義的な「私たち」意識を生みだす。国籍を同じくする集団、文化や言語を共有する集団、生活の場を同じくする集団、社会的階層を等しくする集団、あるいはいろんな少数者集団の連合体、それぞれに皆「私たち」である。そして注目すべきは、この「私たち」が状況によって変化することであり、現代国際社会における重大な問題の多くが、この多様な「私たち」と「私たち以外」の境界をめぐって生じているということである。例えば、いわゆる民族問題は、「国籍を同じくする私たち」と「文化・言語を同じくする私たち」の境界の不一致に起因するものであろう。また、地球温暖化問題は、一方において「地球市民としての私たち」が、他方において、温暖化で耕作に適するようになる寒冷地をもったり、海面上昇により国家存亡の危機に瀕したりする「私たちの国」があり、それらの間の葛藤が合意形成を困難にする。

　「国際学」が取り扱う問題の多くの中には、このように多様な「私た

ち」のどこかに「領域性を有する主権国家」が含まれる。別の言い方をするならば、現代国際学の要諦は「多様で多義的な私たち」と「領域性」の関係性の中にあると言える。その意味において、日本語の「国際学」が、"international studies" の和訳を越えてより広義に用いられ、「ヒト」の越境に伴って生ずる問題を扱う "trans-national studies"、諸文化間の交流に伴う変容のダイナミズムを主たる関心とする "inter-cultural studies"、政治・経済・社会情勢の国家間比較を行う "comparative studies"、さらには地球温暖化のような地球的課題を対象とする "global studies" などを含んで用いられる傾向をもつのは、むしろ現状をよく反映していると言えるのではあるまいか。

「私たち」と「私たち以外」の間に多様かつ多義的に存在する境界線を越えて生きることは、現代人において必然である。そこには「越境に伴って生ずる問題を解決する」のみならず、「多様な境界線を越えることによって生みだされる新しい何ものかを建設的に理解する」という側面も含まれるであろう。「国際学」とは、そうした営みを人文学・社会科学の知識を応用して助ける学問なのである。

国際学部が目指すものは、「国際性の涵養」であり、関西学院のスクールモットーである "Mastery for Service（「奉仕のための練達」）" を、世界を舞台として展開できる人材を育てることを目標にしている。そして、そこにおいて養われるのは、国境をはじめ現代社会に多様に存在する境界線を越え、「私たち以外」の隣人・社会を理解し、彼らが抱える問題と彼らと「私たち」との関係における問題を発見し解決する能力なのである。

(3) 学問としての国際学

「国際学」はいわゆる学際領域に属し、伝統的な学問分野のようにその方法が確立されていないと考えられることが多く、このため、国際学部に学んだ学生が大学時代を思い返して、さまざまな科目を履修したものの、体系的に何かを修得したという印象をもたないことは少なくない。こうした点に関し、「学問としての国際学」という視点から、議論を少し補っておきたい。

　「人間や社会の学問」は自然科学の方法に模して発展してきたのであり、そこに「法則性」を見出すことが求められる。ここでいう「法則性」は、自然科学ほど厳密なものではなく、似たような状況のもとでは似たような結果が生じる、という程度に捉えておこう。

　「問題解決の学」という性格をもつ国際学においては、その程度の法則性であっても、そこには大きな有用性がある。問題の規模とその及ぶ影響力の大きい国際問題の解決に取り組む際には、むやみやたらな試行錯誤に頼ることは極めてリスクが高いのであり、問題発見・解決の事例を多く学ぶことにより、汎用的な知識を抽出することは大きな意味をもつ。

　「国際学」において特に意識しておきたいのは、多種多様な事例をできる限り慎重に検討し、安易な法則性の抽出に陥らないことである。というのも、社会的な出来事がその地域性に依存する以上、しばしば複数の国家・地域間で生ずる国際的問題はその組み合わせが多様であり、そもそも国内問題に比べて類似性の高い事例が限定されるからである。「国際学」において多くの事例を検討し知識を蓄積することが、とりわけ重要な理由は、この点にある。

　さらに言えば、理論の汎用性に乏しいことが多いことから、問題解決のための「傾向と対策」の引きだしを多くしておくという面においても、多くの知識の蓄積は重要である。問題解決の試みがなぜ成功したのか、失敗したのかを検討し、その知識を蓄積することを次の機会に生かすという意味でも、過去の経験がヒントにならないときには新しい解決策を捻りださなければならない際にも、「モノ」をいうのは「知識の蓄積」なのだ。「国際学」において多くの知識を身につけることの本質は、こうした「法則性に対する抑制的な姿勢」に裏づけられている。

　国際学では「歴史を学ぶこと」「歴史に学ぶこと」が重要であるとしばしば言われる。そもそも社会的事象はその社会の固有性に依存するうえ、過去の経験がその後の出来事に影響を与えるため、別の時期に別の場所で起きたことと全く同じことは起こり得ない。その意味で、「歴史を（に）学ぶこと」は決して容易ではない。歴史をしっかり研究すれば過去の失敗を繰り返さないですむかもしれないが、過去の成功例に引きずられ過ちを

犯す可能性もまたあるのである。

　そもそも政治・経済・社会の制度には「経路依存性」がある。今日まで
の歴史的発展経路が異なれば、現在似たような状態にあっても今後進んで
いく道は異なり得る。ある国でうまくいったことを他国に移植しても成功
するとは限らない。「私たち」のやり方を「私たち以外」に押しつけて軋
轢を生むこともあり得るだろう。それは、アメリカ型の市場競争原理を、
市場や私有財産権の未確立な社会に導入しても、貧富の格差が広がるだけ
になる恐れがあったり、国民に平等な教育機会を与えることが重要だとし
ても、多民族社会に画一的な教育制度を導入して、少数民族が抑圧された
りするようなケースを想起してみればよい。

　こうした視点からも、歴史のみならず多様な知識の蓄積は重要である。
とりわけ国際学の中の、特に重要な一部でありつつもしばしば「単なる雑
学の蓄積」とみなされがちな「海外事情」は、「私たち以外」を理解する
という点で大きな意味をもつ。現代社会における多様かつ多義的な境界線
を越える営みを理解しその問題を解決するには、豊富な方法の引きだしを
もつことが必要だからである。

(4) 専門知をつなぐことの本質性

　もう1つ指摘しておきたいのは、学際的・実践的な性格をもつ「国際
学」が、諸科学の「あいだ」をつなぐ役割を果たすことによってこそ「問
題解決の学」たり得るということである。

　科学がなるべく普遍的な法則・理論を打ち立てることを求め、何でも説
明できる理論が高く評価されるのに対して、工学は現場の問題を解決する
ための知識体系であり、その解決能力によって評価される。その意味にお
いて、国際学は科学より工学に近いと言えよう。工学では、数学・物理
学・化学の知識によって、工学科学（Engineering Science）といわれる
熱力学・電磁気学・流体力学が生まれ、さらにそれらを組み合わせて機械
工学・電気工学・化学工学が学問になり、現実問題の解決に寄与してい
る。既存の学問を融合して新しい学問分野を構築しているという点でも、
国際学は工学に近い。

　こうした既存学問の融合においては、異なる学問領域をつなぐことが決定的な重要性をもつ。いかに「境界を越える営みのために学際的に人文学・社会科学を応用する」と言ってはみても、一人の人間が複数分野の専門家になることは難しい。国際学を主領域とする個々の研究者は、経済学や政治学など既存の学問分野の出身であることが少なくない。欧米以上に広い範疇をカバーする日本型の国際学では異分野の研究者の協働が特に必要になるのだが、経済学者と政治学者など異分野の研究者がただ集っただけでは、学際的な応用は容易に実現されない。その際に重要な役割を果たし得るのが、学問分野の境界線を越え、異分野の研究者同士をつないでいくことを可能にする国際学的な知識や感性を備えた学際的専門家なのである。

　19 世紀のイギリスの思想家・経済学者のミル（John Stuart Mill）は、大学の育成すべき教養人について「すべてについて何事かを知り、何事かについてはすべてを知る」と述べた。国際学部の学生の皆さんに対しては、4 年間という限られた期間の中で国際学に応用し得る 1 つの分野を極めることは難しいし、またすべての分野を学ぶことも難しい。しかし、自分の関心ある分野を中心としつつ、カリキュラムの中で幅広い学問領域を学ぶことで、問題解決のために専門家を駆使するときのコーディネーターとしての資質の基盤が養われるのだ、ということを言っておきたい。

（5）国際学部で学ぶ人たちに

　ここまで述べてきたことを踏まえ、国際学部とはどんな学部かと問われたら「越境のエキスパート」を養成する場だと答えるのが最も的を射ているのではないか、と筆者は考えている。

　国際学を学ぶ場である以上、ここでいう「越境」とは、第一義的には国境を越えることである。しかしそれ以外にも、現代社会に生きる私たちは、多様で多義的な境界線をもつのであり、しかもその境界線を意識しつつそれを越えていく営みを常に行わなければならない。

　国際学部における学びを総体として見ると、実はこの「境界を越える営み」において抱える問題点をどのように乗り越えて、境界線の向こう側に

いる人たちと「私たち意識」を新たに構築し協働していくのか、という知識・心構え・スキルを身につけていくようなカリキュラムや授業内容で構成されている。

　国際学部で学ぶことによって、この「境界線を越えていく」という、現代社会における必須の「教養」とでも言えるものをしっかりと我がものとし、広く社会に、世界に羽ばたいていってほしいと願う。

2　本書のねらいと構成

　国際学部の教員は、北米、アジア、ヨーロッパ、グローバル（国際関係）という地域を、「文化・言語」「社会・ガバナンス」「経済・経営」という学問領域で研究している。本書では各教員が自分の専門分野の俯瞰図を描いたり、軽視されてきたテーマを発掘したり、喫緊の問題の深掘りをしている。本書の構成は以下のとおりである。

　第2章の「グローバル化——政治と経済のレース」では、経済活動（生産と交易）のグローバル化を俯瞰する。産業革命以降の「モノ」のグローバル化、ICT革命による資本のグローバル化（1990年代以降）は、政治（国家）と経済（市場）の協調関係のもとで人々の暮らしと社会構造を大きく変化・発展させてきた。本章では、各国の生産と交易の地球規模化プロセスとそのドライバー（要因）を明らかにする。他方、その間、国家と市場の対立関係が往々にしてこのプロセスを逆転させてきたことも事実だ。政治と経済のレースは先を読むのが難しい。

　第3章は「アメリカ経済論——経済政策論争史」である。アメリカは市場メカニズムに信頼を置き、経済大国になったのだが、決して無政府主義だったわけではなく、政府の適切な役割については議論もされてきた。また、経済を個々の経済主体（消費者、企業）や産業レベルで分析するミクロの視点と国全体の景気・物価などを分析するマクロの視点から見ること、それぞれの市場と政府の役割も異なることを理解することの重要性が指摘される。

　第4章では「中国の企業統治」を論じる。企業統治とは企業のオーナー

が「雇われ経営者」をいかにオーナーのために利益を最大化させるよう働かせるか、という仕組みのことである。資本主義国ではオーナーは株主であるが、社会主義国の中国では株主だけでなく国家もオーナーとなるので、企業統治は中国独自の形に構築されてきた。この点について考察する。

　第5章の「アメリカの世界戦略とアジア・太平洋地域――ジェームズ・フォレスタルとハーバート・フーヴァー、1945年2月－朝鮮戦争後」は第二次世界大戦から冷戦勃発、朝鮮戦争という歴史的大転換期の考察であるが、戦争の終わらせ方の難しさを明らかにし、今日にもつながるアメリカとアジアとの関わりを理解できる。「社会・ガバナンス」を学ぶ重要性を示唆する章である。

　第6章の「中国政治論――開発政治学の視角から」は中国の地域間格差の問題を取り上げる。平等な社会を目指す共産主義国家である中国では、著しい経済成長のもとで個人間だけでなく地域間での所得格差が広がっている。この章ではこの問題を、指導者の優先順位の決定、中央政府と地方政府の間における利害関係の調整など政治学の視点で分析する。

　第7章は「米ソ冷戦から米中対抗へ――米中の政治・経済対立とその背景」である。旧ソ連に代わって中国がアメリカのライバルとなったが、中国は軍事力だけでなく経済力でもアメリカと拮抗している点がかつての冷戦と異なっている。「中国が経済先進国になれば社会価値観もアメリカ流になる」という期待は裏切られる一方、中国では人権を無視できるがゆえにコロナ抑え込みで自らの体制に自信を深めている。

　第8章は「世界の言語教育の理念・実践から学ぶ日本の英語教育」である。国際学部は「文化・言語」領域を設けているが、開設以来この領域を担ってきた筆者は、単なるコミュニケーションの道具という言語のもつ実用面だけではなく、世界を理解する複眼的視点を得ることに外国語を学ぶ意味があると主張する。少数派言語も含めた言語多様性の重要性、言語と社会正義、ヨーロッパを中心とした複言語主義、また、英語母語話者が話す英語以外の英語の変種にも等しい価値を与えようとする「国際英語」の考え方、さらに、言語とパワーの関係についても論じている。

　第9章の「国際関係理論──主要なパラダイムの比較」では国際関係論を説明するパラダイム（考え方の土台となる理論的枠組）について解説している。世界が現実に、どのような状況なのかに関心のあるリアリズムと、一定の改善がなされた場合の、よりよい世界に関心のあるリベラリズムがあり、それぞれがまた時代とともに変化してきた。さらに、国家を規範、価値、アイデンティティによって動機づけられると考える新興のコンストラクティヴィズムもある。1つのパラダイムではすべてを説明できないので、複数のパラダイムから特定の問題を検討することが求められている。

　第10章は「欧州統合への異見──ソフトパワーとしてのヨーロッパを確立する」である。第二次世界大戦後のヨーロッパ統合は、野心的な構想が失敗したのち達成可能なことに集中し、まず欧州の諸機関の創立により始まった。政治的配慮が推進役であったが、第2次の統合段階の1960年代以降の条約深化の結果として、共通市場の形成による競争の激化からすべての国、すべての部門が利益を得た。さらにEUが1990年代以降、通貨統合と国境管理の廃止に見られるように、統合方法はマルチ・スピードのアプローチを実施し、EUの国際競争力の増加、または地球温暖化の対策などの政策を条約ではなく、加盟国が合意している戦略によって前進させている。

　第11章の「『中欧』から見る現代ドイツ」では、「中央ヨーロッパ」とその中心であるドイツについて論じる。「中欧」は19世紀にドイツ語圏の地域の民族主義の高まりとともに、西欧に対抗した呼称として使われるようになった。第二次世界大戦後ドイツの覇権を示すものとして禁句となったが、冷戦終結後、旧東欧諸国が「中欧」を好んで名乗るようになった。ドイツは第二次世界大戦後には、ナチスの過ちの清算に努めヨーロッパの一員であることを強調するとともに、移民・難民の受け入れに積極的であったが、イスラム系住民の増加を警戒する政治勢力も現れている。

　最後に第12章の「国際法・国際機構論」では、国と国の間を規律する法として発展してきた国際法と、国際協力の促進を目的の1つとする常設的な政府間機構である国際機構について説明を行う。今日、世界には200

近い国が存在するが、何の原則もなく各々の国が勝手に行動すれば、国際社会は無秩序になってしまう。また、大きな軍事力を有する国が何の制限もなくその力を行使することが可能であれば、いわゆる中小国は存亡の危機に陥ることさえあり得る。国際社会において、力ではなく法の支配が確立されれば、より多くの人々が安心して暮らすことができるようになり、国際協力が促進されれば、より公正な世界が築かれる。時に、国際法は実効性があまりないのではないか、国連をはじめとする国際機構はうまく機能していないのではないか、と言われることもある。しかし、長期的な観点からは国際社会をよりよくするために、今日、国際法や国際機構は不可欠な役割を果たしていることが明らかにされている。

第2章

グローバル化

政治と経済のレース

1 はじめに

　グローバル経済統合に関する原稿をとりまとめていた 2019 年には、こんな状況（コロナ禍とウクライナ戦争）で「グローバル化」について書くことになるとは思わなかった。これから書く「グローバル化」についての記述も、この先に何が待っているのか、皆目わからないままでトライせざるを得ないということだ。

　だが、心配はいらない。名うての論客である Rodrik（2000）[1] による 20 世紀末時点での「グローバル化」に関する論考がよい材料だ。冒頭、マクロ経済学の始祖たるケインズ（John Maynard Keynes）の『平和の経済的帰結』[2] から第一次世界大戦前の「パックス・ブリタニカ」時代への懐旧についての有名な一節を引いている。戦前のイギリス人は、朝、紅茶を飲みながら電話で世界中の商品を発注し、遙か彼方の地に投資を行い、外国通貨や貴金属を無制限に購入し、旅券もなしに外国旅行をアレンジできた、というものだ。これが「第 1 次グローバル化」の成果だった。

　けれども今は、と同書でケインズは第一次世界大戦後の経済的混乱と保護主義の台頭を予言しているのだが、貿易拡大と経済成長を謳歌している 20 世紀末の世界経済を見てケインズならどう考えるだろうか、とい

うのが Rodrik の書きだしだ。天文学者に次いで予測の下手な経済学者には「わからん we have no idea」と謙遜してはいるが、結びでは、このまま技術革新が国民国家を越えてボーダーレス化を推進し、「世界連邦国家」に至るというベスト・シナリオが「推し」で、保護主義台頭のワースト・シナリオにも触れているのは保険をかけたのだろう。

　21 世紀に入って、グローバル金融危機（2008）を経験し、民主主義の旗手であるアメリカでトランプ政権が発足（2016）。米中貿易戦争を引き起こしたところで辛うじて再選を阻止されたものの、欧州でも日本でもポピュリストが「大衆」の支持を得る状態が続いている。それに追い打ちをかけたのが新型コロナ。「ヒト」の移動が止まり、「モノ」の移動も制限されて、さらに青息吐息のグローバル化に追い打ちをかけたのが、プーチン大統領によるロシアのウクライナ侵攻であり、下手をすると習近平国家主席による中華帝国主義の暴発という、あろうことか、1 世紀後もケインズ同様、「昔はよかった」と繰り返すというワースト・シナリオが現実になりつつあるかに見える。要するに、何があってもおかしくないというわけだ。

2　グローバル化前史──政治が経済を制約してきた

　この章では、「グローバル化」を「モノ」の生産とその交易、すなわち市場経済を通じた相互依存関係の地球規模化と捉える。[3] 人類にとって最初の「産業革命」ともいうべき「農業革命」（狩猟採集経済から農耕牧畜経済への転換）以後、人口増加とともに市場経済も拡大したが、地球規模には程遠く、「モノ」の移動に便利な海や河川に近い地域に限定されていた。15 世紀末から始まる「大航海時代」には、ユーラシア、アフリカ、アメリカなど地球上のすべての大陸が大型帆船によって海路で結ばれ、「モノ」の動きが地球規模で始まるまでは、「モノ」より「ヒト」の移動（集団的移住）が市場経済の拡大を引き起こした。

　近代につながる大きな「ヒト」の移動には 3 度大きな波があり、高校の世界史で習ったように、まず、3 世紀頃からのアジアの遊牧民の西方移動

とゲルマン民族大移動、次に 13 世紀頃からのモンゴル帝国の拡大、そして 15-16 世紀からの大航海時代、宗教改革、アフリカの奴隷貿易、とされる。こうした「ヒト」の移動を通じて技術が伝播され、また、海上交易（地中海・インド洋・中国沿岸）、陸上交易（ユーラシア）を通じて市場経済は地域的に拡大していった（金井他 2020）。

　当初、「モノ」の移動手段は小舟や家畜などに限られ、強奪や難破のリスクも高かったため輸送コストはあまりにも大きかった。それゆえ、当時の貿易、すなわち隔地間交易の対象は、自らの地域では生産できない、重厚長大でない、希少で価値の高い「モノ」に限られた（その結果、商品に関する情報は容易に手に入らないので、情報格差が取引を仲介する商人に巨大な利益をもたらしたのであろう）。

　「モノ」の移動による地域の相互依存関係の高まりが地球規模化すると、同じ「モノ」の価格の地域差は縮小していく（「価格裁定」よって「一物一価」が成立）。そのプロセスが始まったのは、したがって、17-18 世紀ということのようだ。当時はまた欧州から「国民国家」が誕生していく時期でもあった。その結果、隔地間交易は次第に国間の「国際貿易」へと転化していった。

　市場取引は、これまでも各地域の政治権力によってさまざまな制約を受けていた。というか、むしろ、少なくとも農業革命以後の 1 万年前以来、生産と交易はすべて政治権力の収奪の対象であり、政治権力の管理下にあった。[4] 交易というと、現代のフリーマーケットのような町や村に立つ自由な庶民の「市」を想像するかもしれないが、権力者に納める献上品や年貢のような「貢納」も、その払い下げや転売を通じて重要な交易の源泉であり、権力の源泉であった。そして、政治権力自体、特定の王族・貴族あるいは宗教者の、いわば私的な「ファミリー・ビジネス」のようなものであり、自身は生産せず生産者を庇護するという名目で生産者から収奪（貢納）してきた。このように、生産と交易という営利を伴う経済活動は、古来、あくまで政治権力の枠内でしか可能ではなかった。

　政治権力はファミリーの贅沢にはこだわったが、社会全体の生産性を向上させることには関心が薄かった。その結果、技術革新のインセンティブ

に乏しかった経済の活動水準は、人口成長（年率0.04%程度）をかろうじ
て支える程度にとどまり、産業革命前までの所得水準はローマ帝国時代と
同程度であったと推測される。

　例えば、図2-1はイギリスの人口規模と所得水準の長期的推移（1000–
2018年）を示したものだが、所得水準も人口規模も16世紀までの600
年間でたった1,151ドルから1,691ドル（年成長率0.06%）、170万人から
500万人（同0.18%）と、ごくわずかしか上昇していない。ようやく大航
海時代から産業革命にかけての17-18世紀に入って、所得・人口ともやや
増加に転じ、1800年前後からは両者とも爆発的に拡大している。当時マ
ルサス（Robert Malthus）は『人口論』（1798）[5]で、やがては人口増加が
所得上昇を阻み、結局は人口増加が抑制されると予言した。しかし産業革
命後、現代に続く持続的な所得水準上昇＝「近代経済成長」はその予言を
裏切り、爆発的人口成長のもとでなおかつ所得水準を持続的に引き上げる
のに成功している。

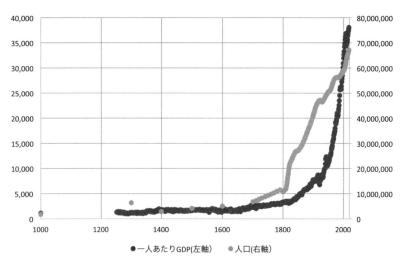

図 2-1　イギリスの長期経済成長と人口、1000–2018 年
出所：https://ourworldindata.org/future-population-growth
（注）一人あたり GDP（固定価格ドル）、人口（人）。

3　第 1 次グローバル化は産業革命から——経済が政治を動かした

　ここで注目すべきは、「国民国家」の誕生という政治権力構造の変化と「産業革命」あるいは「近代経済成長」という経済活動の活発化が相互補完関係にあったことだ。経済活動が活発化し、企業家が財力を蓄えたこと自体が、法に基づく公的な「国民国家」を誕生させた原因の 1 つであり、かつ、個人の私有財産権や営業の自由を「国民国家」が公認することで営利事業と技術革新にインセンティブを与え、「国際貿易」が拡大し、「近代経済成長」が始まったと言える。

　このようにして「国際貿易」は「国民経済」とともに拡大していくが、両者とも、その途上で大きく変容していく。「グローバル化」は、いつでもどこでも政治・経済・社会構造の大きな変化を伴う。グローバルな交易による「モノ」の移動、すなわち「国際貿易」も産業革命前後から大きく変容していく。大航海時代まで、貿易される「モノ」は「自国」で生産されない珍しい「モノ」がほとんどだった。「国際貿易」の拡大で新たに生まれたのは世界市場における各国生産者間の競争だ。

　同じ「モノ」を作る各国の生産者が世界市場でしのぎを削るとき、各国は何を輸出し、何を輸入するのか。リカード（David Ricardo）（1817）の「比較優位（comparative advantage）」に基づく貿易パターン決定理論の説明はこうだ[6]。複数国で複数の「モノ」が生産されるとき、貿易が自由競争のもとで行われると、各国で「相対的に」低コストで生産される「モノ」が輸出され、高コストで生産される「モノ」が輸入され、その結果、各国のモノの消費を最大にするので社会全体として「分業の利益」がある、というのだ。

　ただ、このような「自由貿易」を貿易のない場合と比べると、輸出部門になる生産者は生産が拡大して利益も増加するが、輸入部門になる生産者は生産を縮小することになるので損失を被る。競争は勝者と敗者を生む。輸入部門が貿易自由化に反対するのはこのためだ。中国が工業化して製品輸出を拡大すれば、アメリカの製造業は縮小を余儀なくされて痛手を被

18

る。アメリカも社会全体としては「分業の利益」が所得再分配の不利益を
上回るのだが、マクロ（社会全体）の便益がミクロ（特定部門）の損失を
ただちに補填できない限り、政治問題化することは避けられない。

　図2-2は世界全体の輸出数量と輸出額の対国内総生産（GDP）比率の
推移（1800-2014年）を示す。輸出数量は第一次世界大戦までは比較的順
調に拡大しているが、輸出額の対GDP比率の上昇は1870年代までで終
わっている。世界全体では輸出額と輸入額は等しいので、それでも19世
紀には、所得に占める輸入のシェア＝生産に占める輸出のシェア＝輸出の
対GDP比率は世界平均で10％を超えたことがわかる（「第1次グローバ
ル化」）。もっとも、その後の戦間期では輸出（の対GDP）比率は低下し、
輸出比率が19世紀のレベルを超えたのはようやく1970年代に入ってから
だ。

　貿易の拡大を可能にした要因の1つは国境を越える取引コストの低下だ
が、それが実現するかどうかは、いつでもどこでも政策の変化による。国
が貿易自由化政策をとれば取引コストは物理的輸送コストまで下がるし、

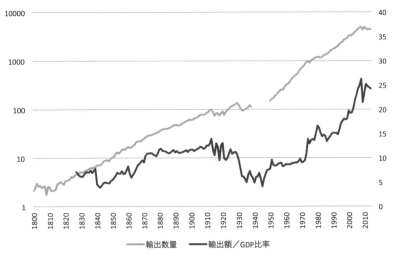

図2-2　世界の輸出数量と輸出額の対GDP比率、1800-2014年
出所：https://ourworldindata.org/future-population-growth
（注）　輸出数量（指数1913=100、対数、左軸）、輸出／GDP比率（％、右軸）。

貿易を禁止すればコストは無限大に等しくなるからだ。19世紀後半も、1870年頃からイギリスに対抗するために欧米各国は自国工業の保護貿易政策に転じたので、技術革新による輸送費低下にもかかわらず第一次世界大戦まで輸出比率は上昇していない。そして、第一次世界大戦後は各国が保護貿易政策を維持し、さらに世界大不況とともにそれを強化したために戦間期を通じて輸出比率は低迷している（図2-2）。

　技術的には、19世紀は蒸気船、鉄道、電信など、貿易にかかるコストを大幅に低下させる産業革命の成果が花開く時代だった。実際、欧米諸国は一人あたり所得水準が持続的に1-2%成長を実現するという「近代経済成長」の時代を迎え、第一次世界大戦までは貿易、経済成長、技術革新が相互補完的な役割を果たす黄金時代を謳歌したと言えなくもない（ちなみに年1-2%成長だと所得水準は100年で2.7-7.2倍）。「第1次グローバル化」の時代と呼ばれるのはそのためだ。だが同時に、欧米各国は自国工業を保護しながら輸出拡大による工業化で競い合い、それに必要な原材料・資源を確保するために、アフリカ分割、奴隷貿易など地球規模で植民地化を推し進める帝国主義の時代でもあった。

　これに引き替え、第一次世界大戦後、保護貿易政策が継続する中での戦後復興は、アメリカを除き、重い戦時債務負担のもとで戦前の所得水準を回復することにも汲々とする不安定な国際経済環境が続いた。これに追い打ちをかけたのが、唯一好況にわいていたアメリカで1929年に始まった金融バブル崩壊による「大不況 Great Depression」だ。銀行の財務悪化で銀行取付が拡大して金融システムが機能不全に陥り、総需要が急減して、デフレと広範な失業が各国に蔓延した。主要国はその植民地を含むブロックごとに保護貿易政策を強化し、かくして国際貿易は所得以上に収縮を余儀なくされた。第二次世界大戦による国際貿易の途絶をとどめとして、貿易の縮小はデフレ同様、それ自体が所得の縮小を招く負のスパイラルとして作用した。先の図2-2で1910-1945年間の輸出比率の下落がこのスパイラルを如実に示している。

4 国際経済秩序の再建──政治と経済が協力する

　第二次世界大戦後始まった多国間での貿易自由化への取り組みは、戦間期の貿易と所得の負のスパイラルへの反省から始まる。当初、戦勝国の提唱によって、国際通貨の枠組で新たに設置された IMF（国際通貨基金）・世界銀行にならって、国際貿易の枠組では ITO（国際貿易機構）の設立を目指した。が、貿易自由化に対する国内産業間の利害対立からアメリカなど国内で批准されず、結局、23 カ国による暫定的な「GATT（関税と貿易に関する一般協定）」として 1947 年に発足。事務局がジュネーブに置かれ、1995 年に設立された WTO（世界貿易機関）に引き継がれるまで事実上の国際機関として続くことになる。

　GATT-WTO による国際貿易枠組の役割は、国際貿易の自由化による世界経済の成長と発展という目的のために、多国間交渉 multilateral negotiation を通じて国際貿易ルールを策定し遵守させること、および、それに伴う加盟各国の利害対立を調整し解決することである。もう少し踏み込んでいうと、貿易自由化に反対する各国国内輸入部門に対して、自由化を推進したい各国国内輸出部門をカウンターバランスとして多国間調整するというギブ・アンド・テイクの戦略だ。

　そのため、東京ラウンドなどと呼ばれる多国間交渉がこれまで 8 度にわたって開催され、関税引き下げ・非関税障壁撤廃など貿易自由化の成果を積み上げてきた。加盟国は 2016 年で 150 カ国を超え、平均関税率は先進国で 5％以下、途上国でも 10％を切るに至っている（図 2-3）。ただし、2001 年に始まったドーハ・ラウンドは妥結に至らぬままとなっており、他方で、加盟国間で差別しない「無差別原則」との関係が微妙な FTA（自由貿易協定）などの RTA（地域的貿易協定）が一部の加盟国間で多数結成されるに至っている（図 2-3）。

　第二次世界大戦後、貿易自由化を旗印として新たに発足した国際貿易体制のもとで、復興する国際貿易は経済成長を上回る勢いで拡大した。その中心となったのが工業製品輸出だ。世界の（サービス貿易を除く）商品貿

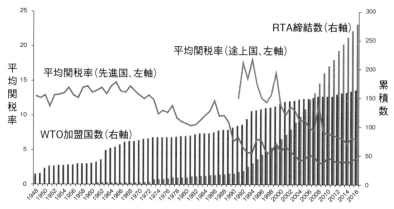

図 2-3　関税率（先進国と途上国）、WTO 加盟国数、RTA 締結数

出典：World Bank, *World Development Report 2020*, Figure 1.4.
（注）　平均関税率（％、左軸）、WTO 加盟国数（累積、右軸）、RTA 締結数（累積、右軸）。

易構成の推移を見ると、第一次世界大戦以前は欧米（そして日本）が輸出拡大を通じて自国の工業化を競い合い、工業製品のシェアは次第に高まったが、当時の輸出構成の過半は農産物であった（図 2-4）。工業製品シェアが過半となるのは 1930 年代末で、以後 2000 年まで工業製品シェアは拡大し、製造業こそが貿易の主役であった（石油価格変動の時期を除く）。

　その 1 つの理由は、一般に工業製品への需要が農産物より「所得弾力的」で、所得水準上昇とともに製品が相対的に多く需要されるためである。もう 1 つは、製造業では初期の固定投資額が大きく、生産規模が拡大するとともに単位あたり生産費用が低下する「規模の経済性（economies of scale）」が働くことだ。この場合、「比較優位」の世界とは異なって、規模拡大で勝ち残った企業が特定商品の世界市場を独占しかねない。だが、現実には自動車でも家電でも工業製品は互いに「差別化商品」であり、乗用車で考えればわかるように、それぞれが他と異なる特性をもち、市場がそれらを需要する限り、複数のバラエティの製品とその生産者が共存する「独占的競争」状態となる。消費者は商品のバラエティが増えるうえに、規模の経済性と競争によって価格が下がるので貿易拡大からの便益は大きい。国際貿易は「競争的分業」の時代から「独占的競争」の時代へ

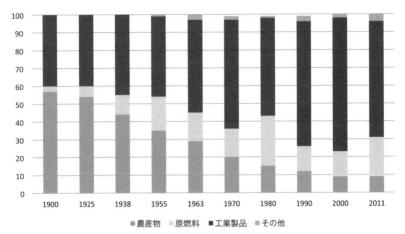

図 2-4　世界の商品貿易の構成、1900-2011 年（％シェア）
出所：WTO, *World Trade Report*, 2013, Figure B.3.

とシフトした。

　ところで、1960 年代半ばまで、発展途上国は工業製品輸出とはほぼ無
縁であった。先進国からの製品輸入を国産で代替する「輸入代替工業化」
戦略が主流だったからだ。そんな中で、小さな国内市場を対象とする同戦
略を見限り、いち早く輸出による工業化に戦略転換を図ったのが東アジア
の新興工業国 NIEs、韓国・台湾・香港・シンガポールだ。アジア NIEs
は基礎教育を受けた、豊富な低賃金労働力に適した労働集約的軽工業製品
（繊維・衣服・おもちゃなど）に特化することから始め、次第に技術力を
高めて、1970 年代からは電気電子製品の部品・パーツなども輸出し始め
た。[7] これに刺激を受けた他の発展途上国も次第に「輸出工業化」戦略に転
換を始める（アジアでは東南アジアが 1980 年代、中国・インドは 1990 年
代前後）。発展途上国の平均輸出構成は 1980 年を境に工業製品シェアが農
産物シェアを上回るに至り、現在では工業製品が 70％を超える。

　その結果、商品輸出国ランキングの顔ぶれは大きく変化した（表 2-1）。
1980 年のトップ 10 はアメリカ・ドイツ・日本に始まり、産油国サウジア
ラビアを除いてすべて先進工業国だったが、2011 年では中国・韓国がそ
れぞれ 1 位（1980 年には 30 位）と 7 位（同 32 位）に入っている。

表2-1 商品輸出国ランキング、1980・2011年

	2011			1980	
	輸出額	輸出額順位	輸出シェア	輸出額順位	輸出シェア
World	18,255.2	−	100	−	100
China	1,898.4	1	10.40	30	0.89
UnitedStates	1,480.4	2	8.11	1	11.09
Germany	1,472.3	3	8.06	2	9.48
Japan	822.6	4	4.51	3	6.41
Netherlands	661.0	5	3.62	9	3.64
France	596.1	6	3.27	4	5.70
Korea	555.2	7	3.04	32	0.86
Italy	523.2	8	2.87	7	3.84
Russia	522.0	9	2.86	−	−
Belgium	476.7	10	2.61	11	3.17
UnitedKingdom	473.2	11	2.59	5	5.41
HongKong	455.6	12	2.50	22	1.00
Canada	452.4	13	2.48	10	3.33
Singapore	409.5	14	2.24	26	0.95
SaudiArabia	364.7	15	2.00	6	5.36
Mexico	349.6	16	1.91	31	0.89
Spain	308.7	17	1.69	21	1.02
Taiwan	308.3	18	1.69	24	0.98
India	304.6	19	1.67	45	0.42
UAE	285.0	20	1.56	17	1.08

出所：WTO, *World Trade Report*, 2013, Table B.3
（注）輸出額（10億ドル）、輸出シェア（％）。

　これは各国企業が世界市場で競い合い、技術革新によって生産性を高め、新たな製品と市場を開拓するのにしのぎを削るからだ。貿易自由化はこの動きを助長し、加速させる。後発国企業は貿易を通じて先発国企業から技術を学び、先発国企業に追いつき、追い越そうとするし、先発国企業は追いつかれまいと一層の技術革新に取り組む。当然、競争は勝者と敗者を生むので、企業間や企業の属する国間で貿易紛争が起こる。日米間でも、1970-80年代には、アメリカの上院議員が選挙民向けにメディアを集めて東芝の「ラジカセ」をハンマーでたたき壊して日本の「不公正競争」

を糾弾したり、あるいは、アメリカ政府が日本政府に日本車の対米輸出を減らすよう「輸出自主規制」を要請したりしたものだ。

5 そして現代のグローバル化が始まる

かたや新興市場国（Emerging Market Economics, EMEs[8]）の追い上げ、かたや貿易摩擦に直面した先進国製造業はどう対応したか。意外に知られていないのは輸出に携わる企業は企業全体のごく一部だということだ。例えば、2007 年のアメリカ製造業の場合、電気機器でこそ輸出実績のある企業の国内シェアは70％だが、製造業全体の同平均シェアは35％で、海外販売高比率は平均17％と、大半の企業は輸出を行わない（あるいは輸出できない）のが現実だ[9]。理由は、国内販売に比べると輸出に伴う「貿易コスト」が高く、採算が合わないからだ。（ここで貿易コストとは輸送費・関税だけではなく、もろもろの非関税貿易障壁をすべてひっくるめたもの）。逆に言えば、それを上回るほど規模拡大による利益率の高い競争的な大企業だけが輸出に携わっているということだ。

こうした選りすぐりの輸出企業にとって輸出に代わる選択肢は海外生産だ。海外に子会社を設立するか、海外の企業を買収して子会社化するか。いずれの場合も海外への投資（「海外直接投資（Foreign Direct Investment, FDI）」）を伴うので、受け入れ先の資本自由化が前提条件となる。そのため、これらの複数国にまたがって企業活動を行う「多国籍企業（multi-national corporations, MNCs）」の急速な増加は、各国の「資本自由化」（外国資本の国内活動受け入れ）が本格化する 1980 年代後半から始まる。

多国籍企業の海外生産には2つのタイプがある。1つは、国内と同じ生産プロセス全体を「水平的」に海外拠点に移すもの、もう1つは上流（調達）から下流（販売）にいたる国内生産プロセスの一部だけを、スライスし（切り分け）て海外拠点に移す「垂直的」なものだ。いずれの場合も生産プロセスを分割する以上、「規模の経済性」は損なわれるので、それを上回るメリット（利得）が必要だ。垂直的海外生産の場合は現地の低賃

金労働などの生産コストの優位性がそれにあたる。組み立て加工プロセスの発展途上国への移管がその例だ。他方、水平的海外生産では生産コストよりも最終消費地に近いなどの取引・輸送コストの優位性が必要になるので、自動車など先進国間に多く見られる。[10]

(1)「資本」のグローバル化としてのGVC

「モノ」の移動が地球規模化することによって人々の社会経済活動の相互依存関係も地球規模化したのが産業革命以降の「第1次グローバル化」だとすれば、経済活動（生産）のアウトプットである「モノ」に加えて、それを作りだすためのインプット（資本）の移動の地球規模化が1990年代以降の現代の「第2次グローバル化」の特徴だ。ただし、ここで資本と呼ぶのは工場や道路のような物理的な資本ではなく、多国籍企業を統括して運営する「経営資源」全般を指す。

　海外生産の拡大によって、輸出財の多くは、それまでのように輸出先で「最終財」として消費や投資に利用されるのではなく、「中間財」として生産プロセスに投入され、場合によっては再び輸出される。その結果、国際貿易に占める中間財の比率が上昇し、輸出生産による利潤・賃金などの所得＝「国内付加価値」の輸出額に対する比率は低下する（「海外付加価値」の比率は高くなる）ことになる。2000年前後の中国からアメリカへ輸出されるiPhoneの価格は180ドルだが、部品は日欧米からの輸入ハイテク機器（中間財）が大部分を占め、中国に発生する「国内付加価値」は労賃の6.5ドルにすぎないという例が有名だ。

　実際、1990-2008年間の世界の生産活動は急速に地球規模化した。その結果、多国籍企業は「GVC（グローバル・バリュー・チェーン）」と呼ばれる複雑な国際分業システムを作り上げた。典型的なGVCでは、一国で商品デザインが企画され、商品を構成する部品などが複数国から調達され、それらが別の国で組み立てられて最終製品として、複数の輸出先国で販売され、アフターサービスも行われる。このように、生産プロセスをスライスし（薄く切り分け）た各段階（国）で利潤・賃金として所得＝付加価値（バリュー）が創出されることからバリュー・チェーンと呼ばれる。

26

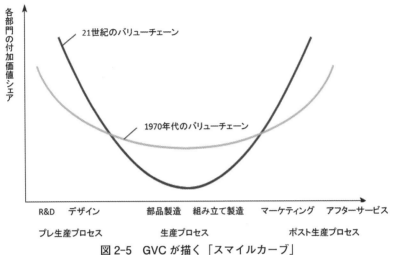

図 2-5　GVC が描く「スマイルカーブ」

R&D　デザイン　　　　部品製造　組み立て製造　マーケティング　アフターサービス

プレ生産プロセス　　　　　　　生産プロセス　　　　　　　ポスト生産プロセス

出所：高阪章（2022）「工業化は「カエル跳び」できるか？：構造転換と経済発展」『国際学研究』、関西学院大学国際学部、第 11 巻第 1 号。

電子機器など、付加価値収益率がチェーンの上流と下流段階で高く、中央の組み立て生産段階で低い場合は図 2-5 のような「スマイルカーブ」を描く。発展途上国（先進国）に配置されるローテク（ハイテク）プロセスの付加価値は小さい（大きい）というパターンである。

GVC の拡大は、それぞれの拠点国間で貿易を生むので、輸出価格の中の輸入中間投入部分は国境を越えるたびに 2 重、3 重にカウントされ、（中間財を含む）国際貿易は、GDP（国内総生産）を上回るベースで増大した（前掲、3 節、図 2-2 参照）。輸出の内訳を見ると（World Bank 2020）[11]、1990 年代から輸出全体に占める「GVC（関連）輸出」のシェア（対付加価値貿易に対する比率）が急拡大している様子が見てとれる（図 2-6）。

このため、輸出額（「グロス（粗）輸出」という）ではなく、輸入中間財生産に「体化 embody」された外国付加価値を差し引いた「付加価値輸出」の動きも注目されるようになった。グロス輸出より、付加価値輸出の

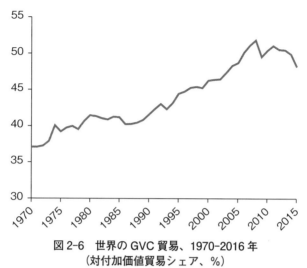

図 2-6　世界の GVC 貿易、1970-2016 年
（対付加価値貿易シェア、%）
出所：World Bank, *World Development Report 2020*, Figure 1.2.

方が輸出生産で生まれた国内所得（付加価値）を正確に表すからである。
　GVC 拡大のエンジンは、例によって、技術と政策だ。技術面では、19世紀と同様、輸送・通信コストの劇的な低下である（図 2-7）。コンテナ船、航空機の発達に加えて ICT 革命による遠隔通信や、PC による計算能力拡大などが、生産プロセスをスライスし国際分散したうえで、それらを統括することで生産コスト引き下げを可能にした。そして、それを現実化したのは、政策面で、数次にわたる貿易自由化交渉で、特に工業製品における関税と非関税障壁の低下を実現したこと、さらに EU の結成、中国、インド、旧ソ連諸国の WTO 加盟によって良質な低賃金労働力を含む国際貿易市場の統合化を推進できたこと（前掲、図 2-3 の加盟国数）、そして、さらには多国籍企業による生産拠点の国際展開や現地サプライヤー企業との提携を可能にする 2 国間および地域投資協定 RTA の急増による資本自由化の進展の効果が大きかった（前掲図 2-3 の RTA 件数）。まさにそれは第二次世界大戦後営々として築き上げてきた国際協調の枠組の成果であった。

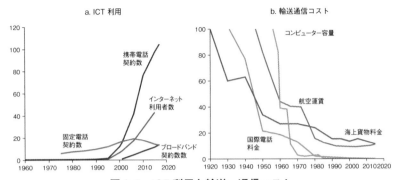

図 2-7　ICT 利用と輸送・通信コスト

出所：World Bank, *World Development Report 2020*, Figure 1.3.
(注) パネル a：携帯電話契約数（100 人あたり）、インターネット利用者数（対世界人口シェ
ア％）、ブロードバンド契約数（100 人あたり）、固定電話契約数（100 人あたり）。パネ
ル b：海上貨物取扱費用（指数、1920＝100）、国際電話料金（指数、1931＝100）、航空
運賃（指数 1946＝10）、コンピューター情報容量費用（指数、1956＝100）。

(2) GVC は地域的に集積

　もっとも GVC の増加は地球規模で起こったが、各国・地域の GVC へ
の関与の程度を見ると、その水準、拡大のペース、産業部門における地域
間の違いは大きく、縮小しそうにない。

　図 2-8 は、「ネットワーク分析」によって GVC 活動をビジュアル化し
たものである（World Bank 2019）[12]。国際分業に伴う貿易取引（GVC 貿
易）を、最も集中度の高い二国間貿易のネットワークとして表現し、62
カ国 35 部門間の貿易取引を 2000 年と 2017 年とで比較している。GVC
ネットワーク構造はグローバル金融危機 GFC のようなショックがあって
も急激には変化しないので、この 2 時点間の差は大まかに長期的な変化を
示していると考えてよい。

　図は、国際分業を伴う GVC 貿易の中でも、2 つ以上の国境にまたがる
「複雑な」GVC 貿易を対象としている。サークルは各国の輸出規模（国内
付加価値）を表し、矢印は輸入国から見て最も重要な輸出供給国からの輸
出を表す。2000 年の場合、欧州地域ではドイツ DEU、アジア地域では日
本 JPN、北米地域ではアメリカ USA が最も重要な輸出供給国（「ハブ」）

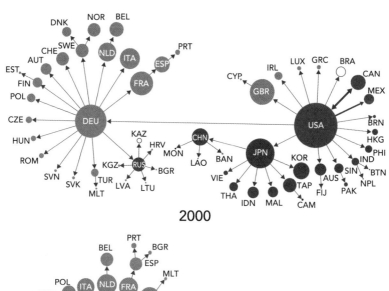

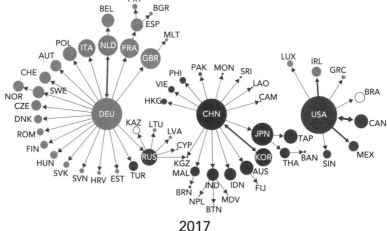

図2-8 GVC貿易の輸出供給ネットワーク構造

出所：World Bank, *Global Value Chain Report 2019.*
（注）サークル：輸出規模（付加価値）、矢印：輸入国から見た最重要輸出供給国からのフロー。

となっており、さらにアメリカは、ドイツ・日本にとっても最重要な輸出
供給国である。これを2017年と比べると、欧州と北米におけるハブは不
変だが、アジアでは中国CHNが台頭して日本に代わるハブとなったこと
がわかる。また、アメリカはドイツ・日本の最重要輸出供給国ではなくな
り、その結果、欧州・アジア・北米の3つの地域がそれぞれすみ分ける形

の GVC ネットワーク構造化していることが示されている。

　さらに、World Bank（2020）は、GVC への関与程度に基づいて 146 カ国を①一次産品、②ローテク製品、③ハイテク製品・サービス、④革新的技術、と技術水準別に 4 グループに分けて時期を追って考察している（1990-2015）。それによれば、東アジア・欧州・北米地域は③と④に属するが、その他の地域は①と②に属すると明確に分かれており、グループ間移動（アップグレード）は東アジア・欧州の新興市場国のみだ。GVC 貿易に占める地域内相手国のみとの貿易のシェアを見てみると（2018 年）、前者は欧州が最も大きく（40％以上）、東アジアと北米がそれに次ぐ（各、20-30％ と 10-20％）、その他の地域は 10％以下にすぎない。つまり、GVC 関与の程度が高い地域ほど地域内に貿易取引が集中しており、しかもその傾向は金融危機 GFC までは強くなる一方であったことがわかる。

(3) 貿易統計の限界——外国人だらけのナショナルチーム

　ところで、「モノ」の移動に資本の移動が加わった現代のグローバル化で、GDP には国内に居住する多国籍企業の生みだす付加価値が含まれる。資本（経営資源）投入への報酬である利潤も賃金同様、国籍ではなく居住地（国）でカウントされるからだ。つまり、一国の GDP の一部は国内の多国籍企業による付加価値であり、各国の GDP や輸出のパフォーマンスをすべて国内企業の成果とみなすことはできないのだ。例えて言うと、GDP も輸出も GVC が拡大すればするほど、外国人だらけのナショナルチームの成績のようなものになる。所得（付加価値）統計も貿易統計も、「第 1 次グローバル化」時代のままなので、国内生産は国内企業によるものとの前提で作成されており、企業の国籍ごとに集計されてはいない。それゆえ、中国の生産も輸出も中国籍企業ではなく、中国在住企業の成果であることに注意する必要がある。

　そうした海外に拠点をもつ大規模企業＝多国籍企業の動向を垣間見るためには、UNCTAD の海外資産規模による多国籍企業トップ 100 社ランキングが有用だ。[13) 表 2-2 は、紙面の都合で産業部門別のトップ企業の海外資産順位としてまとめたものである。上半分がグローバル危機直前のラン

表 2-2　多国籍企業トップ 100 社で見た各部門の交代

2007 年			
順位	産業部門	海外資産	海外資産シェア
1	電気電子機器（GE、シーメンス、IBM など 9 社）	420,300	0.528
2	通信（ボーダフォン、テレフォニカなど 8 社）	230,600	0.404
3	石油精製（シェル、BP、エクソンなど 10 社）	196,828	0.730
4	自動車（トヨタ、フォードなど 13 社）	153,406	0.539
5	電気・ガス・水道（フランス電力など 8 社）	128,971	0.471
6	輸送・倉庫（ドイツポストなど 2 社）	68,321	0.197
7	食料・飲料（ネスレなど 5 社）	65,676	0.645
8	小売（ウォールマートなど 2 社）	62,861	0.385
9	製薬（ロッシュ、ファイザーなど 9 社）	58,808	0.347
10	鉱業（リオティントなど 4 社）	50,588	0.499
11	卸売（三井物産など 4 社）	50,371	0.593
12	化学（BASF など 2 社）	44,633	0.648
13	非金属鉱物（セメックスなど 4 社）	44,269	0.887
14	その他（50 位以内に P&G）	70,241	0.488
2021 年			
順位	産業部門	海外資産	海外資産シェア
1	鉱業（シェル、CNPC など 10 社）	367,818	0.910
2	自動車（トヨタ、VW など 13 社）	319,475	0.611
3	通信（ドイツテレコム、ボーダフォンなど 6 社）	259,466	0.813
4	石油精製（TE、エクソンなど 8 社）	191,516	0.898
5	食料・飲料（アンハイザーブッシュ、ネスレなど 6 社）	179,313	0.824
6	電気・ガス・水道（Ener、EDF など 11 社）	165,788	0.707
7	小売（ハッチソン、ウォールマート）	147,640	0.949
8	産業機械・電気電子機器（シーメンス、GE、SONY）	139,302	0.863
9	電子部品（ホンハイ、インテルなど 3 社）	137,194	0.974
10	コンピューター、データ処理（マイクロソフトなど 6 社）	135,685	0.407
11	製薬（ジョンソン＆ジョンソン、バイエルなど 9 社）	133,432	0.733
12	通信機器（ホアウェイ、サムソン）	111,865	0.723
13	コンピューター機器（アップルなど 2 社）	100,005	0.285
14	化学（BASF など 4 社）	78,245	0.959
15	輸送・倉庫（中国 COSCO、ドイツポストなど 3 社）	75,844	0.601
16	その他（50 位以内にアマゾン、ディオール）	86,143	0.205

出所：UNCTAD, *World Investment Report*, 2009, 2022 より作成。
（注）各部門の海外資産トップ企業の海外資産額順位とトップ 100 社ランキングに入っている
　　　企業数。海外資産（百万ドル）、海外資産シェア（対総資産比率）。

キング（2007）を示す。上から、電気電子機器（GE など）、通信（ボーダフォンなど）、石油精製（シェルなど）、自動車（トヨタなど）、電気・ガス・水道、といった順位は 2000 年とほとんど変化していない。これに続く食料・飲料、小売、製薬、鉱業、化学部門も最近時点（2021）まで海外資産規模で上位に位置している。各部門のトップ企業の海外資産シェアは 40-70％にのぼり、さらに直近の 2021 年を見ると、海外シェアは着実に上昇している。実際、2021 年のトップ 100 社平均を計算すると、資産・販売高・雇用のすべてで海外シェアは 60％を超えている。では、「第 2 次グローバル化」で企業活動は国境を軽々と越え、もはや GDP ランキングや輸出ランキングは「ウィンブルドン化」[14]して国別で見ることが無意味になりつつあるのだろうか。

6　グローバル化は踊り場？

（1）景気停滞と技術変化

　グローバル化と国民の利害のトレードオフは経済危機時に先鋭になると言われる。確かに 19 世紀的「比較優位」の世界では分配効果は小さくないし、20 世紀末からの「規模の経済性」の世界では「勝者総取り」の傾向が見られるのも事実だ。だが、国際貿易拡大とタイミングを同じくして所得格差が急拡大したのは、アメリカ・中国・ロシアであり、社会保障政策を怠らない西欧や日本ではない。アメリカは 1980 年代以降の減税、規制緩和、社会保障抑制による高（中）所得層拡大（縮小）が大きく、中国・ロシアは 1990 年代以降の市場経済化・民営化プロセスで高所得層が急拡大した（国有財産の簒奪？）ことが決定的だった。こうした政策選択は「グローバル化」とは無関係だ。同様に、先進国における製造業空洞化など産業構造変化による失業はグローバル化の結果ではなく、失業もグローバル化も技術革新の結果だ。グローバル化、経済停滞、所得格差拡大は同時に起こったために相関関係は高いが、それと因果関係を取違えてはいけない。

　2008 年のグローバル金融危機以後、貿易・GVC とも成長が停滞している。世界経済成長の停滞、また、危機前の貿易・資本自由化の進展が一段落したことも一因とされる。だが、世界経済が景気回復し、それに伴って貿易・資本自由化が再開されたとしても、GVC 拡大トレンドが再始動する可能性は小さいかもしれない。というのも GVC 拡大を導いた技術および政策要因自体がここに来て大きく転換しようとしているからだ。

　技術変化の兆候は、すでに表 2-2 の多国籍企業トップ 100 社部門ランキングに現れている。2007 年と直近の 2021 年の大きな違いは、2007 年のトップ、電気電子機器の凋落と、2021 年の電子部品・コンピューターおよびデータ処理・通信機器・コンピューター機器のランキングへの出現が象徴的だ。グローバル金融危機後、ICT 革命からデジタル革命への交代が鮮明になってきたのだ。

　技術面では、「第 4 次産業革命[15]」などと言われる 3 つのトレンド：(1) ロボット、AI による「自動化」、(2) デジタル化、(3) 3D プリンティング、が注目されている。いずれも GVC プロセス（企画・調達・生産・販売）の長さ、地理的広がり、GVC ガバナンス（企業統治形態）を左右し、産業ごとに異なるが、いずれも「ヒト」雇用を代替し、生産プロセスを短縮することによって海外生産を縮小する方向に働く[16]。

　こうした技術革新の方向を大きく左右するのが各国の政策だ。トレンドは (1) 介入（産業政策）と保護主義、(2) 多角化より地域内・二国間交渉、これに (3) SDG 制約が加わる。産業政策では、発展途上国は GVC 参加の促進、先進国では「戦略的」部門強化と、いずれも保護主義政策と親和的で、「コア」技術、土地・資源で外資を排除し、多角的よりは地域的・二国間での経済統合を追求する傾向にある。

(2)　グローバル化はどこまで進んだのか

　頓挫してしまい、揺れ戻しも予想されるグローバル化だが、現時点でどこまで進んだのだろうか。図 2-9 は付加価値ベースで 1995-2017 年間の世界生産の行く先を示したものだ。下のパネルで、伝統的貿易は輸出先で最終支出されるもの、2 つの GVC 貿易は中間投入財として輸出され、一度

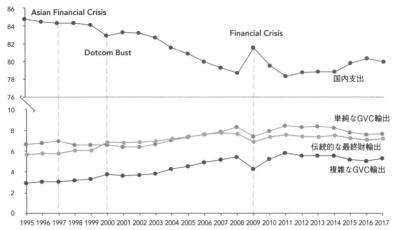

図 2-9　世界生産（付加価値）の行方、1995-2017 年（対世界生産シェア、%）
出所：World Bank, *Global Value Chain Report 2019*, Figure 1.2.

あるいは二度以上国境を越えるものを指す。この３つの貿易項目を全体から除いたものが国内向け（上のパネル）になる。国内向け生産のシェアは85％（1995）から80％以下（2008）に低下、金融危機前には世界の生産の 20％以上が海外向けになったことを示している。

　これを逆に支出サイドから見ると、所得をすべて国内生産物に支出していた自給自足の時代から、「第１次グローバル化」で海外からの生産物（輸入）の割合が増えて10％に到達したところで頓挫・停滞し、そこから「第２次グローバル化」でようやく20％に到達したが、再び頓挫・停滞し、そこへコロナ禍とウクライナ侵攻という地政学的リスクが降りかかってきたということになる。歴史に「たられば」はないが、世界不況がなければGVC拡大は続いたはずであり、いまだ各国間の関税はゼロに程遠く、非関税障壁も厳然としており、輸送コストは今後も低下することを考えれば輸出比率はさらに上昇するはずだ。

　統合の進んだ国内市場に比べれば、貿易されている財・サービスの各国間での価格裁定のスピードは依然として遅く、「一物一価」には程遠いのが現実である。このように、国境効果はいまだ厳然と存在し、世界市場を分断していることは明らかで、各国のシステムの不連続性が国際取引のコ

ストを高くしている。このことからグローバル化の将来への含意は、市場
統合化を進めてきたのは国民国家だが、その国家主権自身が経済統合化の
制約要因になっている、ということである。しかし、果たして政治が国内
志向のままで市場が国際化できるのか、あるいは、市場が国内政治の狭い
視野から拘束されないような政治システムはあり得るのだろうか。

7　前門の虎、後門の狼[17)]

　繰り返しになるが、古来、経済活動の拡大や技術革新を制約してきたの
は政治権力であった。国民国家の誕生後は、政治権力は国家介入、あるい
は経済政策の形をとる。金融危機後の国際的な保護貿易政策化トレンドが
危機前までの「グローバル化」を頓挫させる状況は 1 世紀前と酷似してい
る。

　19 世紀の「第 1 次グローバル化」では国際貿易の拡大と大規模な移民
が関連諸国の国内所得分配に大きな影響を与えた。「比較優位」の示す通
り、新大陸では農産物価格が上昇し、旧大陸では工業製品価格が上昇し
た。その結果、イギリスでは地主が損をし労働者は得をした。アメリカで
はその逆だ。大規模移民は受け入れ国の賃金を低下させた。イギリスは
「パックス・ブリタニカ」のもとで開放経済体制を維持したが、欧州は農
業保護政策をとり、欧米ともに工業を保護した。第一次世界大戦後は戦後
復興負担と保護貿易のもとで経済成長は停滞し、世界大不況の追い打ちを
受けて停滞は長期にわたった。そして持続的不況は「ポピュリズム」の台
頭を促した。

　ポピュリズムは国民国家の多数派である「私たち（大衆 people）」の利
害を「彼ら」より優先すると主張し、両者の対立を強調する。「彼ら」は、
エリート支配層であったり、移民などマイノリティであったり、はたまた
単に「あの人たち」だったりする。経済困難が持続すると、現状と将来
への不安から人々は困難の原因と犯人（スケープゴート）探しに走りがち
となる。そのとき、格好の材料となるのが「私たち」の足を引っ張る「彼
ら」だ。当然、「グローバル化」もその有力候補となる。

　ポピュリストはこの絶好の政治的機会を意図的に利用する。マイノリティによる大衆の損失を訴えて社会的分断を煽り、経済的困難の原因や社会政策などそれらへの処方箋に関する議論から人々の目を逸らせる。また、ポピュリストは「人々」を「代表」していることを根拠に、その政治的権力を制約されるのを嫌う。独立した司法や自由のメディアは「人びと」の意志を侵害するものだとして嫌う。そして、ポピュリストが権力を握ると、法の支配や基本的人権は制限され、自らメディアや法制度を操作することによって権力を手放さない。

　ポピュリストでなくとも、経済停滞や格差拡大に対して、政権政党がナショナリズムを鼓舞して文化・アイデンティティを強調し、経済問題から目を背けさせる実例には事欠かない。1980年代以降、アメリカでは所得格差拡大が先進国で群を抜いているが、その状況で減税、規制緩和、労働保護撤廃、社会保険削減を実現してきたのは共和党だった。秘訣を問われた共和党コンサルタント[18]は、戦略的に、LGBT、フェミニスト、移民などの「弱者・少数者の権利」を敵視して社会対立を煽り、こうした「弱者優遇」予算をカットするとのアピールが功を奏したと証言したという。トランプ政権は一朝一夕にして生まれたわけではないのだ。

　そのポピュリストがデジタル技術を駆使するとどうなるか。デジタル化は、情報の検索、複製、輸送、追跡、検証の各コストを革命的に小さくした。ICT革命の創始者たちは政府・メディアなどの権力の束縛を離れて、世界中の誰もが手軽に自由に自己表現できることを目指したかもしれない。だが、それは表現の自由を解放するだけでなく、それを抑圧するのにも便利な技術を生みだした。同革命前の「プラハの春」は弾圧されたが、革命後の「アラブの春」も徒花に終わった。デジタル情報の管理には規模効果と集積効果が働く。そうでなくとも、人々は「メディア離れ」し、情報の洪水を選別できなくなっている。そこへ、意図的に情報操作を企むポピュリストが権力を手に入れるとどうなるか。すぐに思い当たるのは2020年のアメリカ大統領選へのロシアの偽情報流布による介入だ。中国も親中派の各国リーダーを招いて民衆管理のノウハウを伝授しているという話だ。

　つまり、私たちは第一次世界大戦後のポピュリスト台頭とはもうワンランク上の危険な状況にある。法の秩序と基本的人権を標榜する国民国家は19世紀に「第1次グローバル化」を梃子に近代経済成長と遂げたが、国民国家形成のできていない地域を搾取し利用した。近代経済成長が頓挫したとき、取り分を増やす手立てを協力して考えることができず、目の前の取り分（取り方）をめぐって対立し、2度も戦争に突入し、無数の人命と大量破壊を伴う四半世紀をすごした。第二次世界大戦後、搾取されてきた地域が国民国家形成を開始し、先行する国民国家も先の経験から国際協力の枠組を作り上げ、後発国も加わってグローバル化が進んだ。

　ただ、すでに見たように、このグローバル化も決して地球規模で均一に進んだわけでない。第1次グローバル化と同様、同じ船に乗ることのできていない国家の方が多いのが現実だ（前述の親中派？）。というのも、グローバル化は「規模の経済性」「ネットワーク効果」といった市場メカニズムに支配され、営業の自由が分配の平等化をもたらすような経済メカニズムは備えられていないからだ。取り分が増えてもそれがシェアされなければ、取り分を増やすこと自体、意味がない。グローバル化の成果をシェア（再分配）するのが「政治」の役割のはずだが、いかんせん国民国家の生みの親の欧州でも、台頭するポピュリストはそこを突いてくる。とはいえ、ポピュリストは近代以前の権力者同様、ファミリー（身内）の利害のみが重要で、「人々」など利用手段にすぎない。まして、それ以外の「あの人たち」は「非生産的」で「無益」な存在でしかない。国民国家による国際協調枠組をさらに発展させ、「世界連邦国家」形成のためのルール作りを始める（冒頭の Rodrik（2000）のベストシナリオ）など夢のまた夢。それどころではなく、「法と秩序」によって、この人たちもあの人たちも等しく基本的人権が守られるような「国民国家」の土台をいかにして支えるのか。次世代に対する私たちの責任は大きい。

[注]

1) Rodrik, Dani（2000）"How Far Will International Economic Integration Go?" *Journal of Economic Perspectives*, Volume 14, Number 1, Winter 2000, 177–186.

2) Keynes, John Maynard（1920）*The Economic Consequences of the Peace*. New York：Harcourt, Brace, and Howe.

3) その他、文化的・政治的なグローバル化の捉え方もある。農業革命以前のアルタミラの壁画など洞窟絵画は世界各地で発掘されたが相互に独立だ。これに対して、浮世絵が印象派にショックを与えたのはグローバル化の例と言える。欧州における国民国家の誕生は地球規模で国民国家形成を促したという意味で政治的グローバル化そのものであるし、国民国家間の協調体制も、さらには、「反グローバル化」運動もグローバル化の一部だと言えそうだ。

4) 古代経済史によれば、集団内での不平等を生むメカニズムは、（1）他者に労働を強いる能力、（2）他者の労働の成果を奪取する能力、（3）特定の貴重な資源を保蔵する能力から生まれるとされる。これはまさに政治権力の源泉そのものである。ただし、その出現形態は王侯・貴族（皇帝、天皇）、宗教的権威（法王、カリフ）、武力（幕府）などをとる（ダブることもある）。

5) Thomas Malthus,（1798）*Essay on the Principle of Population*.

6) David Ricardo,（1817）*The Principles of Political Economy and Taxation*.

7) OECD（1977）. *Challenges of Newly Industrializing Countries*.

8) 1980 年代末のソ連崩壊で市場経済化した旧社会主義国などを NIEs に加えた諸国。

9) Bernard, Andrew B., J. Bradford Jensen, Stephen J. Redding, and Peter K. Schott. (2018). "Global Firms," *Journal of Economic Literature*, 56（2）, 565–619

10) 自動車対米輸出のドキュメンタリーフィルムを見たことがある。まず、日本の波止場に集めた 5000 台以上の乗用車を数十人の専門ドライバーが数回にわたってアッという間に専用コンテナ船にぎっしり詰め込む。そして、その巨大なコンテナ船が 10 人程度？の乗組員だけで太平洋を渡る。次はパナマ運河だ。結構、順番待ちで沖合待機した後、幅数十メートル（ほぼコンテナ船の幅）の水路を、数十人の運河作業員の共同作業で、1 メートルほどしかない岸壁との距離を保ってゆるゆると何段階かの水位調節を経てメキシコ湾に出る（太平洋側の海水位の方が高い）。そこから、フロリダ、ボストンと米国の港湾で日本でとは逆向けの荷下ろしをしてゆくのである。「取引・輸送コスト」の現実を見せてもらった気がした。

11) World Bank（2020）*World Development Report 2020*.

12) World Bank（2019）*Global Value Chain Report 2019*.

13) UNCTAD, *World Investment Report* 各号。

14) テニスの全英選手権（ウィンブルドン）でイギリス選手の優勝は極めて稀であった。

15) 第 1 次産業革命は 18 世紀の機械化・蒸気機関、第 2 次は 19 世紀末の大量生産・電化、第 3 次は ICT 革命、そしてデジタル革命で第 4 次、というわけだ。

16) まず、自動化はロボットが基本ツール。機械力・計算力の必要な産業ロボットは自動車・電子機器などで、ホワイトカラー・ジョブや医療では AI を活用したインテリ・ロボットが必要だ。次に、デジタル化は、IoT、クラウド、AR/VR、e コマースなどプラットフォームの基礎で、いずれもサービス部門、あるいは製造

業のサービス・プロセスのツールとなる。
17)　日本経済新聞（2022）「深まる分断、消える 500 兆円：グローバル化逆回転」日本経済新聞 2022 年 8 月 22 日朝刊。もう 1 つの副題は「相互依存の供給網、もろさ露呈」。
18)　Lee Atwater（1951-1991）. Rodrik, Dani（2018）"Is Populism Necessarily Bad Economics?" *AEA Papers and Proceedings*, 108：196-199.

［参考文献］

金井雄一・中西聡・福澤直樹編（2020）『世界経済の歴史』第 2 版、名古屋大学出版会。
高阪章（2020）『グローバル経済統合と地域集積――循環、成長、格差のメカニズム』日本経済新聞出版。
Baldwin, Richard（2016）Great Convergence：Information Technology and the New Globalization, Harvard University Press.（リチャード ボールドウィン（遠藤真美訳）（2018）『世界経済大いなる収斂―― IT がもたらす新次元のグローバリゼーション』日本経済新聞出版）。
Diamond, Jared（1997）, *Guns, Germs, and Steel*, Norton（ジャレッド・ダイアモンド（倉骨彰訳）（2012）『銃・病原菌・鉄 1 万 3000 年にわたる人類史の謎』草思社文庫）。
Rodrik, Dani（2012）*The Globalization Paradox：Why Global Markets, States, and Democracy Can't Coexist*, WW Norton & Co（ダニ ロドリック（柴山桂太・大川良文訳）（2013）『グローバリゼーション・パラドクス――世界経済の未来を決める三つの道』白水社）。
World Bank, *World Development Report* 2020.

第3章

アメリカ経済論

経済政策論争史

1 経済学の歴史とミクロ・マクロ経済学の成立

(1) ミクロ経済学の精緻化

　本章ではアメリカ経済を経済政策の観点、政府と市場との関係から考察したい。人類の経済活動は人類の歴史とともにあるが、経済活動を分析する経済学の歴史は比較的新しい。経済思想というより経済政策であったが、16世紀末からの重商主義の時代では、国の富は純輸出（輸出―輸入）だと考えられていた。企業や家計と同じく貿易収支は黒字であることが望ましいのである。そのため、政府が輸入関税をかけるなどして経済に介入した。

　これに対して国の富は農業によって生まれると主張したのが重農主義であり、医師でもあったフランスのケネー（François Quesney）が1758年に人体の血液循環に見立てて経済を分析した『経済表』として著した。農業に限らず生産活動全体が国富であると考えたのがスコットランド人のスミス（Adam Smith）である。彼は、1776年刊行の『国富論』で重商主義を批判し市場に任せる自由放任主義を主張し、市場での競争・取引に任せておけば「神様の見えざる手」（Invisible Hands of the God）が差配する

ように社会構成員全体に恩恵がもたらされると述べた。19世紀はいち早く産業革命を達成したイギリスが経済とともに経済学でも中心となり、スミスを嚆矢としてイギリスで「古典派経済学」が発展した。その中で中心となったリカードは財の価値はそれを作るのに使われた労働量で決まる（苦労して作ったものは価値がある）という投下労働価値説を提唱した。[1] また、彼は貿易黒字にとらわれず自由貿易が双方の利益になることを示した。[2]

　1870年代になるとイギリスのジェボンズ（Stanley Jevons）、オーストリアのメンガー（Carl Menger）、スイス（ローザンヌ）のワルラス（Leon Walras）が独立に「モノ」の価値は限界効用で決まると主張した。限界効用とは財を1単位多く消費したときの満足度の増加分であり、彼らの主張は「限界効用革命」と呼ばれた。しかし、少し遅れて登場したイギリスのマーシャル（Alfred Marshall）は「自分は古典派を否定するのではなく新しい分析手法で再構築したのだ」、と述べたので「新古典派」と呼ばれるようになった。

　「限界効用革命」のときには効用は数量的に測定可能な基数的効用として理解されていた。しかし、20世紀初めになると、Aさんのハンバーグにおける限界効用と
Bさんのトンカツにおける限界効用を比べることはできないとして基数的効用の概念は否定され、人はハンバーグとトンカツのどちらかを選好、または同等（無差別）であると判断できるということだけを前提とする序数的効用理論に置き換わった。「限界効用革命」以降、ワルラスやマーシャルを嚆矢として微分を使って最大値・最小値を求めて消費者や企業の行動を分析する手法が広く用いられ、限界費用、限界収入、限界生産物など概念が導入された。したがって、「限界効用革命」で重要なのは名詞（効用）ではなく形容詞（限界）であると言われる。

　しかし、数学的分析手法が導入されたとはいえ、新古典派も古典派同様、政府は市場に介入すべきではないという自由放任主義であった。これが1930年代までの主流派経済学だったのである。

(2) アメリカの経済学

アメリカでは、連邦政府が経済に介入することなく市場に任せてきた。建国時にワシントン（George Washington）政権の初代財務長官だったハミルトン（Alexander Hamilton）は、連邦政府が製造業を振興するため製品輸入には高関税、部品輸入には低関税、さらに企業に輸出補助金を出すことを提案したが、議会の支持は得られなかった。ライバルだった国務長官のジェファソン（Thomas Jefferson）が第 3 代大統領となり、植民地時代からの州政府の権限を連邦政府よりも重視する政策を行った。

19 世紀前半はアメリカの大学では道徳哲学（Moral Philosophy）の一部として牧師である学長が経済学を教えていた。イギリス古典派経済学が輸入されたが、原典は難解だったので解説書が使われた。一方、イギリス流の自由貿易主義に反対する北部の製造業者の支持を得て保護貿易を唱える市井の経済学者によって「アメリカ体制派経済学」「国民主義経済学」が発展した。彼らは、イギリス古典派を批判していたドイツのリスト（Friedrich List）を 1825 年から 1832 年までアメリカに招いて著作活動をしてもらった。リストはアメリカにとっては安い工業製品を輸入する短期的利益よりも工業を発展させる長期的利益の方が大きいと主張した。実際、19 世紀のアメリカは高関税の国であった。ジェファソンとその後継者たちは、ライバルだったハミルトンの提案の中から高関税だけは取り入れた。連邦政府の役割を限定的にしていたので、政府収入はほとんど関税だけで賄うことができた。

ヨーロッパに少し遅れてアメリカでもクラーク（John Bates Clark）が1881 年に独自の限界効用理論を発表した。彼は「限界」という概念を用いて賃金は労働の限界生産物（労働力の投入を 1 単位増やしたときの生産物の増加分）で決まると主張した。もちろん利子収入も資本の限界生産物で決まるので、資本主義の枠組みの中で労働も資本も分配を受けることが正当化された。新古典派経済学がアメリカでも主流派になった。

しかし、19 世紀後半はドイツに留学するアメリカ人が多く、彼らは前述のリストを祖とする「歴史学派」の影響を受けた。歴史学派は抽象的な

理論よりも統計と歴史を重視し、自由放任主義でなく国家・政府の役割を主張した。ドイツ帰りのイーリィ（Theodore Ely）、アダムズ（Henry Adams）、セリグマン（E.R.A. Seligman）は古典派・新古典派と異なる"New School" と呼ばれた。1885 年末に設立されたアメリカ経済学会は彼らの影響力が強く、当初は主流派は参加しなかった。主流派にも入ってもらうべく、学会は次第に政策目標などを定めず自由に議論する団体になった。一方、主流派の間では経済学は普遍的な法則を導きだす科学という意識が強かった。

　20 世紀になると非主流派はヴェブレン（Throstein Veblen）を祖とする制度派経済学を立ち上げ、自由放任主義と距離を置いた。しかし、彼らも市場メカニズムを否定せず、その矯正のために政府の力に期待していた。マルクス経済学は、古典派に属するものとみなされ評価は低かった。アメリカでは 1886 年の「ヘイ・マーケット事件」（ストライキを鎮圧しようとした警官隊と労働者が衝突し双方に死者が出た）以降、市民は社会主義に拒否反応を示していた。

(3) アメリカ大恐慌とマクロ経済学の誕生

　第一次世界大戦後、アメリカは経済大国となり 1920 年代の繁栄を謳歌した。しかし、1929 年秋の株式市場の暴落以後、長期的な不況に見まわれた。大恐慌の始まりである。主流派であった新古典派経済学は処方箋を出すことができなかった。新古典派によれば、不況ならば財の値段が下がり再び買われるようになる。失業者が多ければ賃金が下がって労働者は雇われるようになる。設備投資が落ち込めば利子率が下がり設備投資が回復する。このような市場メカニズムの自動調整機能が働かないので不況は長期化していった。

　1933 年に成立したローズヴェルト（Franklin Roosevelt）政権が大恐慌への対策として行ったニューディール政策において、連邦政府は積極的に経済に介入する役割を果たした。銀行破綻が続いていたので、一度すべての銀行を閉鎖し、安全が確認された銀行から再開した（再開された銀行は安全であることを大統領がラジオで国民に伝え、国民は信じたため再開後

に銀行に預金が戻ってきた。短期間にすべて銀行の財務を精査できたのか
は疑問だが、大統領は国民を安心させることに成功したのである）。また、
価格競争が激しく不況時の物価下落（デフレーション）に拍車がかかって
いたので、産業復興法に基づいて政府が介入して競争を抑制した。しか
し、連邦最高裁は競争抑制のための「公正競争規約」を行政府が作ったこ
とは、立法権をもつ議会に対する三権分立の侵害であるとして産業復興法
に違憲判決を出した（産業復興法の一部はワグナー法として社会保障政策
につながった）。また、農業調整法によって農産物の価格維持を行ったが、
これも連邦政府は州際事業にのみ介入できるのに農業は州際事業ではない
として違憲判決を受けた。ローズヴェルト政権はあきらめず土地の保全対
策という名目で農業に介入した。さらに、ニューディール政策では公共事
業も行った。連邦政府資金で失業者を雇用して賃金を払った。しかし、こ
の政策は理論的基盤をもっていなかった。大統領は税収が落ち込む中、公
共事業の支出が増えて財政赤字が増えることを警戒していた。このため、
今日の知見ではニューディール政策の公共事業は量的に不十分だったと考
えられている。

　不況のときには財政赤字を増やしてでも公共事業を行うべきだと理論的
に主張したのが、イギリスの経済学者ケインズである。彼は国全体のこと
を考えるためには産業や市場の分析とは別の視点が必要だと主張した。こ
うして個々の消費者や企業の行動、その総計としての市場の分析を行うミ
クロ経済学とは別に、国レベルの失業・景気・物価の決定要因を明らかに
するマクロ経済学が構築された。ケインズによればマクロ経済学での均衡
状態は必ずしも完全雇用を意味せず失業が発生する。その不足分は政府の
介入によって解消しなければならない（ミクロ経済学では需要と供給が均
衡しているときには売れ残りも品不足も起こらない）。

(4) サミュエルソンの「新古典派総合」

　経済の中心がアメリカに移るとともに、第二次世界大戦後は経済学の中
心もアメリに移った。マサチューセッツ工科大学教授のサミュエルソン
（Paul Samuelson）は、のちにノーベル経済学賞を受賞する研究者だがベ

ストセラーとなる教科書『経済学』も著した。1948年の初版の序論の中で「合成の誤謬」という概念で、ケインズの主張したミクロ経済学とは別のマクロ経済学の必要性を説明した。合成の誤謬とは個々の判断では正しいことも合わさると不適切な結果を生むことである。例えば、満員のサッカースタジアムでグランドがよく見えないので椅子の上に立てばよく見えるようになる。しかし、皆が椅子の上に立ったらまた見えにくくなる。すなわち、椅子の上に立つというのはミクロのレベルでは合理的な行動だが、マクロのレベルでは合理的ではないのである。

　サミュエルソンの教科書はまた、ミクロの部分は新古典派経済学で分析し、マクロの部分はケインジアン（ケインズ支持派）経済学で分析するという構成であった。彼はこれを1955年の第3版の序論で「新古典派総合」（新古典派とケインジアンの統合）と呼んだが、これが戦後のアメリカ（多くの西側先進国）において実際の経済政策の主流となった。すなわち、企業や産業の成長は市場での競争に任せるが、景気については政府が介入する。ピザパイを大きくするのは政府が担当するが、どう切り分けてだれがどれだけ食べるかは市場に任せるのである。新古典派総合への異端がマクロ経済学では反ケインズ経済学であり、ミクロ経済学では産業政策論であるが後述する。

2　マクロ経済政策論争

(1)　ケインジアン財政・金融政策

　ケインジアン経済学は新古典派経済学への挑戦であった。ニューディール政策における政府の介入は主流派の経済学者からは批判的に見られていた。それでも若手経済学者（1936年以降に職に就いた経済学者）はケインズ経済学を受け入れていった。1946年雇用法は「完全雇用」を達成することを政府に義務づけたわけではなくケインジアンにとっては後退であったが、政府に「雇用安定」の役割を求めたものであった。しかし、ケインジアン・マクロ経済政策は政府の役割を重視するので、特に冷戦が激

化した 1940 年代末から 1950 年代では社会主義的との批判もあった。

　経済はサインカーブ（正弦曲線）のように波を打ちながらトレンドとしては成長する。景気がよいときには「ヒト」や「モノ」が不足するので物価が上がる。インフレーションである。景気がよければ物価が上がってもよいではないかと思われがちだが、極端なインフレは貨幣の価値を下げるので資産をもっている人に損失をもたらせる。老後の資金を貯めていた人が暮らしていけなくなるのである。したがって、景気が過熱すれば景気引き締め策を講じる必要がある。もちろん景気が悪いときは失業者が発生するので景気刺激策を行わなければならない。こうしてケインジアンは政府が介入することによって、景気変動の山と谷を小さくして経済が成長することを目指したのである。

　ケインジアン・マクロ経済政策の手段は財政政策と金融政策からなる。財政政策とは税制と公共事業である。景気が悪いときには公共事業で失業者を雇用したり、減税することで人々の可処分所得を増やし消費を活発にして景気を改善させる。引き締めのときにはその逆である。金融政策は貨幣供給量を増減させる。不況のときは貨幣供給量を増やし、利子率を低下させることで企業による設備投資が増え景気が回復する。引き締めのときにはその逆を行う。統制経済ではないので政府の命令で利子率を動かすことはできず、貨幣供給量の裏づけが必要である。貨幣供給量を増やす手段としては、第一に中央銀行（アメリカでは連邦準備制度、Federal Reserve Board, FRB または Fed と呼ばれる）から市中銀行に貸しだすときの利子率（ディスカウントレート、日本では公定歩合と呼ばれる）を下げて市中銀行が借りやすくすることである。借りた現金は企業に貸しだされる。第二に銀行は経営安定化のために貸しださずに預金の一定比率を中央銀行に預け入れているが、この比率（支払準備率）を下げることである。支払準備率が下がれば銀行は現金を金庫に置かず市中への貸しだしを増やす。第三に最近の主流である公開市場操作である。中央銀行が市中銀行のもつ国債を買い上げることで貨幣供給量が増える。これらの政策の前提は金庫に現金を入れていても利子収入を生まないので、現金をもった市中銀行は企業への貸しだしを増やし、社会に出回る貨幣供給量が増えると

いうことである。

　財政政策は予算なので議会の承認が必要で金融政策に比べると機動性に欠ける。その点、金融政策は中央銀行が決められるので柔軟性がある。しかし、金融政策は不況対策としては有効でないと言われる。不況が深刻なときは利子率がゼロであっても企業は借り入れをして設備投資をしない。銀行も金融緩和策で手持ちの現金が増えても、貸出先が倒産してしまうことを警戒して貸しだしを増やさない。このため、金融政策は不況対策としては弱く、可処分所得を増やす財政政策の方がよい。ただ、財政政策では国民の貯蓄したお金が国債の購入に回るので銀行から企業への貸しだしに回る資金が減り、利子率が上昇して設備投資が減る点では好ましくない。また、利子率が上がると通貨価値が上がるため、輸出品が高価になり輸入品が廉価になり、国内企業の国際競争力が損なわれる。一方、景気引き締め策としては金融政策に比べると財政政策は有効ではない。増税や公共事業の削減は政治的に人気がないので使われにくいのである。[3]

　ケインジアン経済政策で景気を刺激すれば失業率は下がるが物価は上昇する。景気引き締め策で物価を抑制すれば景気が冷え込み失業率は上がる。トレードオフ関係にあるが1つを犠牲にすれば、もう1つの目標は改善するので、政府は失業率と物価の組み合わせで最適なところを目指せばよいのである。[4]

(2) マネタリズムの台頭

　1970年代に（1973年から1974年にかけてと1979年から1980年にかけて）2度にわたって起きた石油危機は中東諸国が原油の輸出を大幅に削減したためエネルギー価格が上昇し、不況（失業の増加）と物価上昇の両方が起こった。このようなスタグフレーション（スタグネーション［沈滞］とインフレーションを合わせた造語）のときに、ケインジアン景気刺激策をとれば失業率は改善してもインフレーションは悪化する。物価抑制策をとればインフレーションが収まっても失業はさらに悪化する（このような状況を打開するためにはケインジアン政策は有効でなく、技術革新によって省エネルギー技術が開発されるしかないのであるが、その際の技術革新

に関する政府の役割については後述する）。ケインジアン政策の有効性に
疑問が呈されると政府の介入に反対する反ケインズ経済学が台頭した。

　反ケインズ経済学は古典派経済学への回帰であり、価格・賃金・利子率
が変動することで市場メカニズムは機能しておりマクロ経済学は不要であ
るという立場である。[5] 反ケインズ経済学にはいくつものグループがある
のが、有力なのがマネタリズムである（マネタリズムを支持する学者をマ
ネタリストと呼ぶ）。マネタリズムは貨幣数量説に基づく。

　　　　$MV = PY$

　ここで M は貨幣供給量、V は貨幣の流通速度（持ち手が変わる速さ）、
P は物価水準、Y は実質の GDP である（国内総生産。付加価値ではかっ
た国全体の経済活動の指標）。したがって、右辺の PY は名目 GDP（その
年の物価水準ではかった GDP）である。

　マネタリストは V は一定ではないが安定していると想定し、M を毎年
k%（2-3%）ずつ増やしていく「k%ルール」を行えば名目 GDP は安定し
て増加すると主張する。名目 GDP が 5% 増加するとき、物価が何%増加
し実質 GDP が何%増加するかはわからないが、名目 GDP が安定した成
長していれば大きな混乱は起こらず国全体にとって好ましい。すなわち、
ケインジアンのようにアクセルとブレーキを踏んで経済を運転するのでな
く、オートクルージングで安定走行すべきというのである。マネタリスト
は市場メカニズムは健全であり政府の介入は必要ないと考える。1930 年
代の大恐慌は中央銀行（FRB）が貨幣供給量の減少を看過したことが唯
一無二の原因であり、このときも「k% ルール」を行い貨幣供給量を少し
ずつ増やしていれば不況から脱却できたはずで、大恐慌は市場メカニズム
の機能不全を示したものではないと主張する。ケインジアンは貨幣供給量
の減少は不況長期化の要因の 1 つにすぎず、政策の失敗（財政赤字への警
戒感、保護貿易など）や制度的要因（失業保険がなく失業者の所得が極端
に減少した。銀行預金の保護制度がなかったので不安にかられた預金者が
預金引き出しに走って銀行が連鎖倒産したなど）も理由だと主張する。

　しかしながら、マネタリストが有力になった 1980 年代以降、貨幣の流
通速度が不安定になってきた。皮肉なことに市場万能主義を主張するマネ

タリストも賛同した金融自由化によって、さまざまな金融商品ができ貨幣の定義そのものもあいまいになってきたためとも言われている。貨幣の流通速度が不安定ならば、貨幣供給量を安定的に増加させたとしても名目GDP は大きな変化をするかもしれない。「k% ルール」は単純すぎるとの批判を受け、マネタリストは現実の経済指標と目標との差に対応するルールに基づいて目標の金利を決めるという、より洗練された形を提案している。将棋の定石のように、現実と目標の差を見て「あの手に対してはこの手」と金融政策の対応を決めておくのである。ルール（マネタリスト）対裁量（ケインジアン）の論争は続いている。

3　産業政策論争

(1)　産業政策支持論

　新古典派総合のミクロ面での異端の立場は、どの産業が発展するかを市場競争に任せず政府が介入すべきという立場で、産業政策論者と呼ばれる。

　産業政策とは産業構造を人為的に変えることである。産業構造とはどの産業が「さかん」（国家経済に対する付加価値での貢献度の比率、就業者数の比率ではかることが多い）かということである。通常、経済が発展すると需要の所得弾力性が高い（所得が1%増加すると需要量が1%以上増加する）産業、他国との貿易の際、比較優位をもち輸出産業となることができる（技術進歩や天然資源のおかげでコスト低下が著しい）産業が「さかん」になる。特に前者の要因で、経済が発展するにつれて産業構造は第1次産業（農林水産業）から第2次産業（鉱工業）中心の経済に移行し、さらに第3次産業（サービス業）が中心となる。食糧が足りれば、工業製品がほしくなり、ハードウェアが満たされれば、サービス産業への需要は高まるのである。この移行は多くの先進国が経験してきたもので「ペティ・クラーク（William Petty and Colin Clark）の法則」と呼ばれる。産業政策はこの産業構造の移行を人為的に行うことである。すなわち、ま

だ農林水産業の段階なのに鉄鋼業を振興したり、逆にサービス産業に移行している段階なのに自動車産業を保護したりすることである。

産業政策支持者は「市場の失敗」の矯正手段として産業政策を支持する。第1が「プラスの外部性」または「スピルオーバー効果」（コップに水を注いでいくとあふれ出てまわりを潤すように、経済活動において投資が他人を助けてしまい、成果をすべて回収できないこと）の存在である。新素材を開発すれば開発したメーカーが利益を上げるが、ユーザーである自動車メーカーや建設業も利益を得るし、さらに自動車やマンションの購入者も利益を得る。これらの利益のすべてを素材メーカーは回収できない[6]ので、新素材の研究開発投資の社会的収益率は企業にとっての私的収益率を上回る。企業の研究開発投資の判断はあくまでも私的収益率に基づくので、社会にとって有用な素材が市場メカニズムのもとでは実用化されない恐れがある。このような技術を開発し、それに基づく産業を興すには政府が企業に対して補助金を出すことが求められる。

第2が公共財の問題である。[7]産業のもとになる標準化のためのデータや科学技術知識は公共財である。公共財は他人と共有しても価値は減らないが、得た人は恩恵を得るので多くの人に提供されるべきである。しかし、料金を払わない人も利用できるので民間企業は供給したくない。したがって、政府が供給する必要がある。

第3が資本市場の短期志向の問題である。本来、株式市場において将来有望な産業や企業の株価が上がり資金が集まり、有望でない産業や企業の株価は下落し資金が引き上げられることで、産業構造は変化していく。しかし、経営者は株価が低迷すれば株主総会で解任されてしまうし、（株価の低迷している企業は買収されやすく）買収されれば新しいオーナーによって解任されてしまう。理論上、株価は企業の将来の収益の割引現在価値であるはずだが、実際には四半期ごとの業績が株価に影響するため、株価重視の経営者は短期志向になる恐れがある。研究開発投資は成果が長期的に現れ、短期的には費用ばかり発生させるので短期志向の経営者は研究開発投資に消極的になる。将来を担う新しい産業を興すためには株式市場任せにせず、政府が支援する必要があるというのが産業政策論者の考えで

ある。[8]

　最後に「戦略的通商政策理論」がある。この理論は「収穫逓増（生産量
が多くなると1個あたりのコストが低下する）」と「国際的寡占（世界市
場が数社によって支配されている）」を想定する。[9]これらの産業では政府
の補助金でその国の企業が生産を増やせばコストが下がり有利になる。国
際的寡占のもとでは、ある企業のシェアの増加は他の企業のシェアの減少
となる「ゼロサムゲーム」となり、政府が産業政策によって補助金を出し
た国の企業は有利になり、補助金を怠った国の企業は衰退する。「戦略的
通商政策理論」は、「市場の失敗」の矯正よりもより積極的に産業政策を
正当化する。

(2) 論争と実際

　産業政策には次のような批判もある。産業構造を変化させるには、ある
産業は支援して別の産業は支援しないという「メリハリ」をつけなけれ
ばならない。支援対象になる産業とそうでない産業を峻別する "Picking
Winners and Losers" を行う必要があるが、産業政策では政治家・官僚の
方が市場メカニズムよりも巧みに "Picking Winners and Losers" を行え
ることを前提にしている。経済学者の多くはこれに否定的である。政治
家・官僚は、バイオテクノロジー、情報技術、新素材のようなハイテク産
業を振興すべきとは言えても具体的にどのような技術や製品の開発を支援
すべきかを特定する能力をもっていない。発展途上国ならば先進国の例を
見てどの技術・製品を開発すべきかがわかるかもしれないが、先進国が横
一線の中でどちらに進むべきかは市場の判断に任せるべきと考える。市場
競争は、誤った判断をすれば自分の懐を痛める個人の意思決定の結果であ
るので、ベクトルの向きとしては適切な結果を出すのである。また、政治
家・官僚は自分の利益のために "Picking Winners and Losers" を行う可
能性がある。政治家は再選、官僚は出世のために判断を行う。「市場の失
敗」よりも「政府の失敗」の方が大きくなる恐れがある。

　アメリカでは第二次世界大戦をきっかけに科学技術振興に関しては連邦
政府各省庁が研究開発予算を組むようになった。研究開発投資のもつスピ

ルオーバー効果や知識の公共財的性格は認識されていたが、それは基礎研
究の段階でのみ起こるので、大学や国立研究所での基礎研究の支援が中
心となった。民生技術の商業化はあくまでも市場メカニズムに任せていた
（軍事技術に関しては国防省が入札で勝った企業に開発段階でも資金援助
していた）。

　しかし、1970年代末からアメリカの製造業の国際競争力に陰りが見え
始めると、日本の通商産業省（現経済産業省）の産業政策が過大評価され
たこともあり、アメリカでも半導体、コンピュータなどのハイテク産業は
連邦政府が支援すべきだという「産業政策論争」が起きた。民主党の大
統領・議会は労働組合の支持を得ているので、製造業の国際競争力向上の
ために連邦政府が民生品技術の実用化に近い開発段階にも補助金を出す
などして支援することに賛成した。これに対して、保守的な共和党は市場
メカニズムを信頼し連邦政府の介入に批判的なので補助金に反対した。共
和党の支持母体は企業経営者の富裕層であるが、企業の株価が高ければ生
産は海外で行われていても問題にしない。民主党主導の議会は産業政策
を支持したが、共和党のレーガン（Ronald Reagan）とブッシュ・シニア
（George H. W. Bush）の両大統領が反対した。

　1990年代初頭、日本がバブル景気に沸きアメリカの国際競争力の低下
が再び問題になったので産業政策論争が起きた。1992年の大統領選挙で
は民主党クリントン（William Clinton）候補はハイテク産業振興政策を明
確に主張したが、対日競争力の低下に危機感を抱いていた企業経営者の中
にもクリントン支持にまわる者もいたので勝利した。しかし、1994年の
中間選挙で共和党が上下両院で多数を占めると、政権の提案したハイテク
産業政策の予算は縮小された。今度は大統領が産業政策を推進したいの
に議会が反対する構図になった。ただ、日本経済がバブル景気の崩壊に
苦しむ一方でアメリカ経済は好調であったのでクリントン大統領はハイ
テク産業政策に固執せず、共和党議員の意見を取り入れることで彼らの存
在価値を低下させる戦略をとり1996年に再選を果たした。第2期クリン
ト政権は新たな産業政策プログラムをとらずにいた。ブッシュ・ジュニ
ア（George W. Bush）政権ではクリントン政権が始めたプログラムをさ

らに縮小・廃止したため、産業政策はますます弱まった。オバマ（Barack
Obama）政権では後述の 2008 年のリーマンショックの対策として、ロー
ズヴェルト大統領にならって「グリーンニューディール政策」を提唱し
た。これは環境技術開発への政府予算の増加による経済刺激策で、産業政
策による景気浮揚を目指した政策である。トランプ（Donald Trump）大
統領は共和党の中では異端で、中西部の労働者票を獲得するため製造業支
持を表明したが、一方でハイテク産業を支える科学技術には関心が薄かっ
た。

(3) 隠れた産業政策——半導体

　連邦政府は特定の産業を支援する直接的な産業政策は避けてきたが、間
接的な産業政策は行ってきた。半導体・コンピュータ産業は国防省を含
めた連邦政府が支援してきた。半導体（トランジスタ）は電話会社であ
る AT&T（American Telephone and Telegraph）によって開発された。
AT&T としては長距離通話のため電話線の中を音波が伝播する際に、次
第に波が弱くなるので増幅器が必要であったが、真空管に代わる信頼性が
高い固体増幅器の開発を必要としていた。さらに AT&T は電話交換台に
おいて、電話回線のコードの先を穴に差し込んでつなぐのではなく、デジ
タル化することを望んでいた。これらのニーズが固体物理学の進歩という
シーズと結びついてトランジスタが発明された。
　陸軍は 1930 年代からエレクトロニクス機器の小型化を求めていたの
で、ベル研究所のトランジスタの発明にすぐに興味を示した。1953 年か
ら 1955 年のベル研究所の研究開発費の半分は国防省が出した。壊れやす
い点接触型から境界型への移行、材料をゲルマニウムから（高温でも半導
体の特性を維持できる）シリコンへの移行、また放射線への耐性、高周波
数での作動の重視など、国防省のニーズが半導体技術の発展径路を決定し
た。連邦政府は研究開発の支援のスポンサーとしての役割だけでなくユー
ザーとしての役割も果たした。テキサスインスツルメンツの半導体は国防
省のミニットマンミサイルに、フェアチャイルド・セミコンダクターの半
導体は航空宇宙局のアポロ計画に使われた。政府が購入先になることで

企業は生産経験を積み、習熟効果によってコスト・品質の向上を達成でき
た。また、国防省は半導体を調達するにあたり、1 社のみに依存するとそ
の企業で不都合が生じたときに供給が途絶えてしまうので、別の企業に
も設計図を渡し生産ができるようにする「セカンドソース」という方針を
とった。セカンドソースにはしばしば新興企業が選ばれたので半導体産業
での新興企業の成長を促した。

　政府（主に国防省）が占める集積回路の市場シェアは、1962 年には
100%、1965 年に 55%、1969 年に 36%、1978 年に 10% となった（Langlois
and Steinmuler 1999, p.37）。1970 年代には国防省のユーザーとしての役
割は小さくなり、民生品での半導体の方が性能の面でも軍需半導体よりも
優れていることになった。

　国防省は軍需半導体のメーカーを確保するためには民生品半導体での国
際競争力の維持が必要だと考えた。1970 年代末には VHSIC（Very High
Speed Integrated Circuit）プロジェクトを立ち上げて軍需半導体メーカー
と民需半導体メーカーをペアにして開発補助金を提供した。しかし、1980
年以降の冷戦の再燃で研究成果の公表、成果としての製品の輸出が規制さ
れたため大きな成果が出せなかった。このプロジェクトの成果よりも民間
企業によって実用化された半導体の方が技術レベルが高かった。

　コンピューターは第二次世界大戦中に陸軍が弾道の計算のためにペンシ
ルベニア大学に研究を依頼したことから始まる。同大学からコンピュー
タ企業が生まれるが成功せず、スペリー（今日のユニシス）に買収され
た。国防省はレーダー防空システムにつながるコンピュータの開発をマサ
チューセッツ工科大学に依頼した。半導体同様、民需が立ち上がるまでは
政府がコンピュータのユーザーとしての役割を果たした。しかしこれも半
導体と同様、民需が立ち上がるにつれてスポンサーとしてもユーザーと
しても政府の役割は小さくなった。研究開発支出における連邦政府のシェ
アは 1950 年代には 3 分の 2、1965 年には 50%、1970 年代半ばには 25%、
1970 年代末には 15% になった。ユーザーとしての連邦政府のシェアは
1950 年代の 50% 超が、1960 年には 20%、1965 年には 10%、1975 年には
5% になった（Flamm 1987, pp.105, 107）。

(4) 半導体産業の救済

　半導体産業では 1986 年に世界市場における日本企業のシェアがアメリ
カ市場を上回る日米逆転が起きた。国防省は半導体の生産拠点が国内にな
いと有事の際の供給に不安を覚えた（日本は同盟国であるが日本からの輸
送が遮断される恐れがあった）。1987 年に国防省が半導体メーカーに呼び
かけて半導体生産技術のための共同研究開発組織である SEMATECH を
設立した。国防省と参加企業側とがそれぞれ 100 万ドル（2020 年実質ド
ルで 230 万ドル）を出してテキサス州オースティンで活動を開始した。民
生技術である半導体製造技術に連邦政府が補助金を出すのは異例のことで
あった。それが保守的な共和党レーガン政権によって行われた。ただ、連
邦政府の担当省庁は商務省でなく国防省であった。あくまでも半導体製
造技術は国家安全保障上で重要であるということから補助金を正当化し
議会の保守派議員を説得したのである。SEMATECH は研究成果を上げ
組織としては成功した。ただ、発足してまもなく 1993 年に世界シェアで
の日米再逆転が起きたが、SEMATECH の貢献度については意見が分か
れている。研究成果が実用化される前に、日本側でバブル景気の崩壊に
よって設備投資の減少が起きていたからである。日本企業の脅威が薄れ
ると SEMATECH は 1994 年に（1995 年 10 月から始まる）1996 年度から
は補助金の受け取りを辞退すると発表した。1990 年代の日米再逆転に関
しては 1980 年代に国防省からの資金でスタンフォード大学に設立された
Center for Integrated System（CIS）で行われていた研究が半導体設計技
術や、簡素化した設計によって価格・性能比とエネルギー効率で優れた縮
小命令セットコンピュータ（Reduced Instruction Set Computer, RISC）、
ワークステーションで成果を上げていたことを評価する意見もあった。
2021 年に誕生した民主党バイデン（Joe Biden）政権では 1980 年代後半
と同様、半導体の海外依存を懸念し、国内での生産拠点の再構築に動いて
いる。1980 年代は日本への依存が問題になったが、今日では中国ならび
に、その中国からの軍事的脅威にさらされている台湾への依存がアメリカ
の国家安全保障にとって問題があると考えられている。

　連邦政府は 1980 年代末の半導体の日米交渉で重要な役割を果たした。まず 1986 年の合意では日本政府に対して、アメリカへ輸出するメモリチップが廉価にならないことを約束させた。秘密の付随文書で日本の半導体市場での外国製半導体のシェアを 20% とすることが含まれた。1991 年の改定では、日本製の高価格のメモリチップはユーザーであるアメリカのコンピューターメーカーから不満が出たので、メモリチップの価格は重視されなかったが、日本でのシェア 20% は明示された（1992 年には達成された）。これらのことは日本の半導体産業に大きな影響をもたらした。日本企業は付加価値の小さなメモリチップから付加価値の高いマイクロプロセッサに移行することを望んでいた。しかし、日米半導体協定の交渉でメモリチップの価格が高値に維持されたのでそれに安住した。メモリが高値だったため台湾・韓国の企業が進出してきたことが、のちに日本にとって脅威になった。また日本にとってアメリカ製で買いたい半導体はインテルのマイクロプロセッサ以外にはなかったので日本企業はマイクロプロセッサ市場への参入を躊躇した。そこにバブル経済の崩壊による株価低迷で設備投資資金が調達できなくなったため、日本企業はアメリカ企業にマイクロプロセッサで差を広げられ、アジア企業にメモリチップでも追い抜かれることとなった。日本の半導体産業の脅威はなくなったので 1996 年には協定は改訂されず廃止された。この点で連邦政府は半導体産業のために極めて大きな役割を果たしたと言えよう。[11] このように建前とは逆に連邦政府は間接的に産業政策を行ってきた。

4　ニューエコノミーとリーマンショック

　1990 年代は産業政策が行われなかったにもかかわらず、もしくは行われなかったがゆえにアメリカ経済は好況を享受した。好景気なのに物価が上昇しなかったため、中央銀行が引き締めを行う必要がなく景気拡大は続いた。これは 1980 年代の企業の IT 機器（パソコンなどの事務機器）への投資がようやく成果をもたらしたためと言われる。パソコンは 1980 年代から事務所に導入されていたのだが 1990 年代になり人々が使いこなせ

るようになり生産性が向上した。そのため好景気であっても人件費が上昇しなかった。また在庫管理システムも改善したので好景気のもとでも部品が足りないということは起こらなかった。このような状況下において、景気循環は終わったという「ニューエコノミー」という楽観論が生まれた。しかし、1990年代末には物価・賃金の上昇が顕著になり金融引き締めを行わざるを得なくなり、過熱していたIT企業の株価が暴落した。いわゆる「ITバブル（dot-com bubble）」の崩壊である。

　21世紀に入るとアメリカは2001年9月11日の同時多発テロで経済活動が停滞したが、その後は好景気を享受した。その中で不動産価格が上昇するとともに「サブプライムローン」が広まった。サブプライムローンとは、過去にローン返済を滞ったなど問題がある借り手への住宅ローンという意味である。21世紀初頭の好況期にはこのようなリスクのある借り手にもローンが行われた。借り手としてもローン返済が終わっていなくても不動産を担保に新たなローンを組み、自動車やより高価な不動産を購入できたりした。

　2006年になると景気の過熱を懸念したFRBが金融引き締めを行ったため住宅価格が下落した。アメリカでは建売住宅が多い（日本は土地を買っ

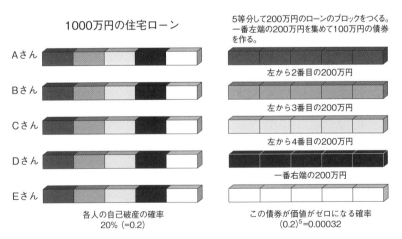

図3-1　ローンの証券化
出所：筆者作成

た人が工務店と相談してオリジナルの間取りで建築する注文住宅が多い)
ので、好況時に着工した住宅が 2006 年には市場での供給を増加させたた
め住宅価格はさらに低下した。この結果、サブプライムローンを組んでい
た人は不動産の担保価値が減少したことにより、返済不能になった。

　不動産債権は証券化が行われた。1 つの例としては、図 3-1 が示すよう
に例えば、A さんから E さんの 5 人がそれぞれ 1000 万円の不動産の負債
を持っているとしよう。それぞれの負債を 5 等分にして 200 万円ずつの負
債にする。そして、5 人から 200 万円ずつの負債を集めてきて 1000 万円
の新しい証券を作る。図 3-1 が示すように組み合わせて 5 つの証券が作ら
れる。これを「1000 万円で買ってくれたら、5 年後に 1100 万円をお支払
いします」という金融商品として販売する。この金融商品もさらに分割さ
れ新しい金融商品として売られる。こうして投資資金が次々と集まるので
ある。

　A さんから E さんはそれぞれ 20% の確率で自己破産すると仮定すれば、
当初の債券が紙切れとなってしまう確率はそれぞれ 20% である。ところ
が、5 人から 200 万円ずつ集めて作った金融商品が紙切れになるのは、5
人全員が自己破産するときであるから、0.2 の 5 乗となり 0.00032 と極め
て小さい。証券化はリスク分散の優れた手法として評価されていた。た
だ、この議論は A さんから E さんの自己破産の確率が独立である（サイ
コロを投げて 1 が出る確率は 6 分の 1 である。1 回目に 1 が出ても 2 回目
も 1 が出る確率は 6 分の 1 である）という前提のもとで成り立っていた。
実際、不動産価格はある地域で不況でも他の地域では好況ということが常
であった。しかし、2006 年の金融引き締めによる住宅価格下落は全米規
模であった。すると A さんから E さんまで全員が自己破産してしまった
ので、各自の自己破産の確率が独立という前提が成り立たなくなった。証
券化した金融商品が次々と紙切れになり、これを保有していた証券会社や
保険会社が被害を受けた。

　証券会社のリーマンブラザーズが破綻すると株式市場で暴落が起こっ
た。ブッシュ・ジュニア政権は自由放任主義だったのでリーマンブラザー
スの破綻を阻止しなかった。しかし、株式暴落に危機感を覚え、大手保険

会社（American Insurance Group, AIG）に対しては救済を行った。ブッシュ政権は「証券会社はハイリスク・ハイリターンの業種だが、保険会社が破綻すると加入者に損失を及ぶのは好ましくない」と救済を正当化したが一貫性を欠いた対応であった。

　金融・株式市場の自由化は1980年代から行われてきており、ミクロ経済学の主流派である新古典派の市場万能主義に基づいていた。ニューディール政策で規制された銀行業務と証券業務の分離（利子率で堅実で稼ぐべき銀行が、ハイリスク・ハイリターンの証券業務に手を出したので破綻したとの理由による規制）や預金金利の上限規制（預金金利を高めて預金者を増やそうとする競争は銀行の経営基盤が脅かすという理由による規制）は第二次世界大戦後になし崩し的に緩和されたが、1980年代のレーガン政権の規制緩和路線は金融自由化を加速させた。過去30年間の金融自由化が2008年の金融崩壊につながったとも言われる。

［注］

1)　リカードの投下労働価値説を純化させていったのがマルクス（Karl Marx）であり、財の価値を生み出すのは労働者なのに資本家によって搾取されている。革命を起こして労働者による政治（プロレタリアート独裁）を達成し社会主義に移行し、さらに搾取されない労働者は喜んで働き生産も増大するのでユートピア的な共産主義国家ができると考えられた。実際の社会主義国家では移行期であるはずのプロレタリアート独裁がいつまでも続き、報酬が努力と連動しないためインセンティブが働かず、市場ではなく政府による計画経済の運営も失敗した。こうして社会主義国家は1990年代に相次いで崩壊したのである。また、リカードの投下労働価値説をもとにしていたので、後述のように20世紀の制度派経済学者はマルクス経済学を古典派とみなしたのである。

2)　リカードのライバル（友人でもあった）がマルサスである。彼は財の価値の決定要因において需要を重視したがリカードほど主流にはなれなかった。むしろマルサスは「人口論」で有名である。人口は2倍、4倍、8倍と増加するのに財の生産量は2倍、3倍、4倍としか増えないので人口を抑制しないと社会は停滞してしまうと主張した。彼の予想は産業革命によって否定されたが、今日でも発展途上国での人口爆発を懸念するグループは「新マルサス主義」と呼ばれる。

3)　ケインズはエリートを信頼しており、彼らは景気が悪いときは公共事業を行い財政赤字を増大させるが、景気が回復すれば国の将来を思い毅然として緊縮財政政策をとって財政を立て直すと信じていた。実際には多くの国で政治家は有権者か

ら不人気な緊縮財政政策をとることを嫌ったので、財政赤字が慢性化してしまった。

4) 共和党支持者は富裕層なのでインフレを嫌い、民主党支持者は労働者が多く失業率が高くなることを嫌う傾向がある。政権は支持者のために政策目標を定めるのである。

5) ケインズは価格・賃金は硬直的であるという前提で議論していた。彼はそれが現実であるから議論を展開したわけで、価格・賃金の柔軟性は大恐慌の解決にはならないとも述べている。仮に価格が柔軟ならば物価下落のデフレーションが悪化し、借金の実質負担額が大きくなり倒産が増えたであろう。賃金が柔軟ならば賃金の低下が消費の減少につながっていくであろう。価格・賃金が硬直的で市場が均衡できないというケインズ経済学のミクロ的基礎を、反ケインズ派が重視する経済合理性の立場から説明することは、ニューケインジアンと呼ばれるケインジアンの新世代によって行われている。

6) 消費者が支払ってもよいと思う上限価格（留保価格）まで支払ってもらう第1種価格差別は交渉が煩雑となり実行が難しいので、供給者は消費者余剰を回収できない。

7) 公共財は非競合性と非排除性の2つの条件を満たす財である。非競合性とは他人と一緒に消費しても価値が減らないことで、非排除性とは料金を払わない人を消費から排除できないことである。実際にはこの2つを満たす財は少ない。港湾・道路・空港などのインフラストラクチャーは混雑してくれば他人と一緒に利用することで価値が下がるし、料金を払わない者を排除することはできるので公共財ではない。

8) バイオテクノロジーのベンチャー企業は新薬が完成していなくても、将来性が期待され高い株価がつくわけで、株式市場が常に短期志向なわけではない。一方、日本型の銀行からの融資に頼るやり方は、銀行はすぐに返済を求めないため長期的視野での経営ができる利点があると言われるが、銀行は担保価値に応じた貸しだしをするので、特許以外に資産のないベンチャー企業が育ちにくい。

9) 半導体や航空機などが該当する。しかし、この理論モデルは価格ではなく生産量で競争するクールノーモデルを想定しているので、すべての産業に当てはまるわけではない。

10) 日本では政権与党自由民主党の支持基盤は農村と財界であった。財界はさまざまな産業の大企業の団体であるから、特定の産業を育成することは好ましくなかった。そのため、日本の産業政策はメリハリの利いたものでなかった。通商産業省は鉱工業全体の育成を目指したが、成功した分野もあるし成功しなかった分野もある。コンピュータのハードウェアメーカーの育成には成功したが、石油化学、航空機などは育成できなかった。また、通商産業省は将来有望な企業を予測できなかった。1953年に東京通信工業という会社がアメリカのウェスタンエレクトリックからのトランジスタのライセンスの認可を求めたのに許可をされず、社長の説得に折れて6ヵ月後にようやく認められた。同社は翌年にトランジスタラジオを製品化して急成長し社名をソニーに改めた。1961年、通商産業省は日本の乗用車メーカーはトヨタと日産だけで十分であり、他の企業は乗用車市場に参入しないよう求めたが、ホンダは無視して1969年に参入した。戦後日本で最も成功したベンチャー企業であるソニーとホンダの将来性を、通商産業省の官僚は予測で

62

きなかったのである。

11) 1980年代前半に日本からの自動車の輸入が急増した際も、共和党のレーガン政権は自由放任主義の看板を下ろしたくはなかったので、保護関税政策はとらず日本に対して輸出自主規制を行うことを求めた。それによって、アメリカの自動車産業は息をつくことができた。

[参考文献]

太田泰彦（2021）『2030 半導体の地政学——戦略物資を支配するのは誰か』、日経BP日本経済新聞出版本部。

田中敏弘（2002）『アメリカの経済思想』、名古屋大学出版会。

根井雅弘（2012）『サムエルソン「経済学」の時代』、中央公論新社。

林敏彦（2003）『大恐慌のアメリカ』、岩波書店。

宮田由紀夫・玉井敬人（2022）『アメリカ経済論入門（第3版）』、晃洋書房。

Flamm, K. (1987) *Targeting the Computer: Government Support and International Competition*, Washington, D.C.: The Brookings Institution.

Foroohar, R. (2016) *Makers and Takers: How Wall Street Destroyed Main Street*, New York: Crown Business.

Langlois, R. N. and Steinmueller, E. (1999) The Evolution of Competitive Advantage in the Worldwide Semiconductor Industry, 1947-1996, In Mowery, D. C. and Nelson, R. R. (eds.) *Sources of Industrial Leadership: Studies of Seven Industries*, New York: Cambridge University Press.

第4章

中国の企業統治

　本章では、中国企業経営への理解を深めるため、ポストコロナ時代に向け、すでにグローバル規模で動きだしている環境・社会・企業統治（ESG）を見据えて、中国型企業統治（コーポレート・ガバナンス）の形成、ガバナンス基準、現状を簡略に紹介しておく。

1　コーポレート・ガバナンスとは

　Corporate Governance の日本語の表現として、「企業統治」、「会社統治」、「コーポレート・ガバナンス」がある。Governance の語源はラテン語の gubernare に由来し、船を操舵するの意味合いがある一方、あらゆる困難を克服して船を安全に目的地に航行させるということを指すものだとも言われている。現在では、「統治」「統制」という意味をもつ。特に営利目的とする企業を営む際に、効率的なガバナンスが欠かせない存在となっている。Corporate とは馴染みのある企業や会社などの日本語訳はあるが、現代企業経営において、ガバナンスと一緒に使う際に、会社法系に由来する株式会社や公開会社（上場企業）を主な対象とするため、「会社統治」が最も適切な表現であろう。中国では、Corporate Governance を「公司治理」としている。本章では、コーポレート・ガバナンスという訳語を用いる。

　コーポレート・ガバナンスの研究手がかりとなったのは企業の所有（Ownership）と支配（Control）の分離にあるとされてきた。1776年に刊行された『国富論』の著者であるスミス（Adam Smith）が当時の企業に対して、所有と支配とは結合しているものと想定したことに対し、1932年にバーリ（Berle, A.A）とミーンズ（Means, G.C）は彼らの共著である『近代株式会社と私有財産』（The Modern Corporation & Private Property）の中で、当時200社のアメリカ大手企業の成長経過を分析し、その結果として、所有権と支配権（経営）の分離が進み、株主より経営者が企業を支配するような現象が現れたと主張した。この現象は今もよく議論されている「会社は誰のものであるか」という問いにほかならない。

　1962年にイールズ（Richard Eells）の著書『会社政府』（Government of Corporations）ではコーポレート・ガバナンスという言葉が用いられた。当時、経営管理は企業内部の活動だと理解されやすかったのに対して、最も理解しにくいものはコーポレート・ガバナンスであると指摘されていた。経営管理に比して、コーポレート・ガバナンスは企業を取り巻く利害関係者との相互作用だとされていたのである。現代社会においても、コーポレート・ガバナンスは企業自身の他、企業を取り巻く利害関係者や所在国家・法域、資本市場などに幅広く及んでいる。

　「所有権と支配権の分離現象」をめぐるさまざまな研究は1970年代半ば頃には、ジェンセン・メックリング（Jensen & Meckling）などによって、エージェンシー理論（Agency Theory）まで展開されていた。プリンシパル（Principal、委託者、会社の所有者である株主ないし投資家）とエージェント（Agent、株主の代理人、経営者）の契約関係をもとに、エージェントの行動がプリンシパルの利害と一致しない際に問題が生じ、それらの問題への対応方法を考察するのがエージェンシー理論である。簡単に言えば「所有権と経営権の分離」にはメリットとデメリットが存在する。主なデメリットとはエージェンシー関係にあるプリンシパル（株主）とエージェント（経営者）とでは、必ずしも利害が一致しない。このため、「エージェンシー問題」が生じる。この問題に由来するコストはエージェントコストと呼ばれ、なお、このコストを最小化にするのはコーポレー

ト・ガバナンスに寄与されている。

　1980 年代半ば頃、トリッカー（Bob Tricker）の『Corporate Governance』（1984）では、コーポレート・ガバナンスと会社管理を区別し、両者の重要性の違いを明確に示したうえ、会社管理はビジネスでありコーポレート・ガバナンスはビジネスが正しい軌道で運営を確保することであると指摘された。コーポレート・ガバナンスにおける制度的な仕組みや役割などについて、諸法域でさまざまな社会・法律・文化などの背景のもとに検討・解釈され、それゆえ主に英米型コーポレート・ガバナンス、ドイツ型・日本型コーポレート・ガバナンスなどの分類が主流となった。

　このようにコーポレート・ガバナンスは経済学・経営学・法学などさまざまな学問領域または国際的な研究組織や実務の現場などでも幅広く研究され、コーポレート・ガバナンスに関する解釈もそれぞれの立場で確立されたのである。グローバル規模で最初に諸法域・企業に参考・認知された解釈は「コーポレート・ガバナンス原則」（1999）に由来する。この原則は OECD（Organisation for Economic Co-operation and Development：経済協力開発機構）によって策定され、各法域のコーポレート・ガバナンス整備に参照される存在になっていた。2015 年 11 月に G20/OECD によって公表された 2015 年版コーポレート・ガバナンス原則（G20/OECD Principles of Corporate Governance）によれば、コーポレート・ガバナンスとは会社経営陣、取締役会および株主その他のステークホルダー間の一連の関係に関わるものであると明示されたうえ、コーポレート・ガバナンスは会社の目標を設定し、その目標を達成するための手段や、会社業績を監視するための手段を決定する仕組みを提供するものであると述べられている。

　コーポレート・ガバナンスの目的について、長期的な投資、金融の安定およびビジネスの秩序を促進するために必要な信頼性・透明性及び説明責任に関わる環境を構築することを手助けし、それによってより力強い成長とより包摂的な社会をサポートすると記している。さらに、よいコーポレート・ガバナンスに単一モデルは存在しないと述べながらも、よいコーポレート・ガバナンスには、その土台をなすいくつかの共通要素が存在す

る。本原則は、こうした共通要素に立脚し、現存するさまざまなモデルを包含するものとして策定されていることが強調されている。単一モデルにこだわることもなく、規制上の柔軟性をもつこの「コーポレート・ガバナンス原則」は社会主義市場経済を背景とする中国版のコーポレート・ガバナンス原則の策定にとって大変よいお手本となっている。

　周知のように現代中国は1978年以来、凄まじい経済成長を世に見せていた。特に1970年代後半頃、倒産に瀕した多くの国営企業は一連の制度改革を契機に生き返らせ、現に中国経済の牽引役を務めている。国営企業の民営化をはじめ、国有企業の登場、株式会社の復活、ないし世界500社の番付入り（2022年版フォーチュン・グローバル500、145社）まで、中国企業の成長とともに構築されていたのは中国型コーポレート・ガバナンスである。言い換えれば、中国型コーポレート・ガバナンスは現代中国企業を成功に導いたシステムの1つであるといっても過言ではない。しかし、国内資本市場の再建を果たして以来、国内外の上場企業において経営者の背任行為による上場廃止・会計不正などの不祥事が生じており、中国企業におけるコーポレート・ガバナンスの有効性あるいは内部統制の執行、会計情報の信ぴょう性などに対する不信は深まっていることも事実である。

　社会主義市場経済を実行している中国で形成されたコーポレート・ガバナンスは英米型やドイツ型・日本型コーポレート・ガバナンスからたくさん学んだにもかかわらず、異なる性質をもつことが明らかである。当然、多くの改善余地が存在することも事実である。目下、CSRとSRIそして、ESGにおけるグローバル的な展開につれて、コーポレート・ガバナンスの行方は多岐にわたる局面に陥っている。中国型コーポレート・ガバナンスも他の法域と同様に国際的持続可能な開示基準などの影響を受け、新たな転換期を迎えようとしている。

2　中国型コーポレート・ガバナンスの形成

(1)「所有と経営の分離」の兆し

　社会主義計画経済から社会主義市場経済への移行によって、資本主義市場経済で用いられるノウハウや国際的な商慣行などがさまざまな形で中国に導入されつつある。前述したようにコーポレート・ガバナンスが世に出たきっかけを作ったのは「所有権と経営権の分離」である。中国も例外ではない。ただし、中国の「所有権と経営権の分離」と英米のような資本主義市場経済を背景に存在する「所有権と経営権の分離」とは異なることに注意を払うべきである。

　中国での「所有権と経営権の分離」の兆しが現れたのは 1970 年代後半から 1980 年代半ば頃であった。1978 年 12 月に開催された中国共産党第十一期中央委員会第三回全体会議で「改革開放」という政策が打ちだされた。その後、国内経済改革の一環として国営企業の活性化・効率化を図るため、企業改革が推進され、自主経営の権利の拡大につれて、「所有権と経営権の分離」現象が現れた。当時の国営企業はコーポレート・ガバナンスより企業管理の強化に対する意識が強かった。

　その結果、国務院は企業管理改革に関する多くの規則を公布した。「国営工業企業の経営管理自主権の拡大に関する若干規定」(1979 年 7 月に公布) はその一例であった。これらの新しい規則は、国家と企業の関係を再構築し、国営企業の経営者に事業活動の自由を与え、国営企業に対する国家の直接的な行政管理を経済的なインセンティブで補完するという経営モデルに置き換えることを目的としていた。のちによく「放権譲利」と表現された。

　1981 年に国は国営企業の経営における自主性を高めるためのプログラムを導入し、その成功体験をもとに「国営企業経営責任制」を策定した。同時に「中国共産党工業企業基層組織業務暫定条例」が設けられ、党委員会の指導は経営者および従業員代表大会にとって欠かせない存在となって

いた。1983年に"利改税"が実施され、国営企業は国家に納めるべき利潤を税金の形式で国に納めるようになった。これらを背景に、1984年に「国営工業企業の自主権を一層拡大することに関する暫定規定」が公布され、国営企業の所有と経営を適切に分離する考えが初めて示された。

　ちなみに、この時期における中国型「所有と経営の分離」の特徴として国営企業は国家に所有されていることに変わりなく、これまで国家によって実施されていた経営管理は企業に委ねることになり、さらに党委員会の指導下での「国家所有権と企業経営自主権の分離」であった。これをスタートラインにして中国型コーポレート・ガバナンスの形成が始まったのである。

(2) 国営企業ガバナンスの登場

　1986年に中国共産党中央委員会は国務院と共同で「国営工業企業の管理者の能力」など一連の文書を発表し、管理者が企業の法的代表であることを明確にした。同年、9月15日に中国共産党中央委員会と国務院は、「全人民所有する工業企業工場長工作条例」、「中国共産党の全国民所有工業企業の基層組織に関する作業規則」、および「全国民所有工業企業従業員代表大会条例」を公布し、企業の指導体制の改革は都市経済体制改革の重要な構成要素であると周知した。その後、中国共産党中央委員会と国務院は、党委員会の指導のもとでの工場長責任体制から工場長の責任体制への転換が、企業の指導体制の抜本的な改革であるとの補足通知を出した。企業の党組織は、工場長の権限の行使を積極的に支援すべきであると促した。

　1987年以降、国営企業の運営メカニズムの改革は国営企業の改革が焦点となった。企業の所有権と経営権は分離できるという原則に基づき、国営企業の経営モデルの大幅の改革が始まり、のちに経営請負責任制が確立された。この経営請負責任制とは経営活動における責任・権限・利益の分担について国家と国営企業とは契約を通じて、その分担が確定するというような内容であった。特に『中華人民共和国全人民所有制工業企業法』（1988年、以下国有工業企業法）と「全人民所有制工業企業の契約・運営

責任に関する暫定条例」（1988 年全民所有制工業企業承包経営責任制暫行条例）が公布されたため、企業の責任者は工場長であり、この工場長は企業の法定代表人となった。同時に、工場長は政治思想活動への指導責任をもつことになり党組織の役割の一部は工場長への移転とも見られた。

　すなわち、工場長の総括責任、党委員会の監督保証、従業員代表大会による民主管理、企業組合による従業員利益の保護を特徴とする国営企業のガバナンスが確立され、よく「工場長＋旧三会」と呼ばれた。

　しかしながら、1989 年の「天安門事件」以後、企業内の行政管理において、工場長は中心でありながらも党書記は核心であるとの混在現象が浮き彫りになった。この現象は、のちに中国型コーポレート・ガバナンスの形成にも大きな影響を与えていた。この時期において、計画経済から市場経済への移行期であったため、経営請負責任制は政府歳入の安定的な増加、所有権と経営権との分離の促進、政府と企業の分離に積極的な役割を果たした。国営企業の従業員への自主性とインセンティブの付与、国営企業の発展の持続性にプラスの役割を果たしてきたと評価された一方で、経験上・契約上の説明責任にも弱点があり、主に短期的な成果主義的な行動を回避できないことが判明した。特に契約の根拠は恣意的であることが多く、企業が利益を上げれば契約者も利益を共有するが、損失を出しても契約者は個人的に責任を負わないという公平性も客観性もないとの指摘もあった。当時の国営企業のガバナンスは、上記のような経営請負責任制の限界を突破することもなく、政府と企業の役割分担という課題に対しても、十分に満足のいく解決策を見出すことができなかった。

(3) 国有企業ガバナンスの構築

　中国では、国営企業という表現から国有企業に切り替えたのは 1990 年代初期頃であった。1992 年 7 月、国務院は「全人民所有制工業企業の経営メカニズムの転換条例」を制定・公布し、企業に 14 の自主運営権を委譲し、計画経済から市場経済への転換を加速化させることになった。1993 年版の改訂『憲法』によれば、中国は市場経済を実行し、従来の国営企業という表現は正式には国有企業に代わられた。さらに、国有企業は法律

に定められている範囲内に自主経営の権利を有し、法律の規定に従い、従業員代表大会とその他の形式で、民主管理を行うことが明文化されたのであった。

　同年、中国初の「中華人民共和国会社法」（1994年、以下、会社法）も公布され、大企業を取り巻くガバナンスの設置が要請されるようになった。国有企業の中には、有限責任会社や株式会社に再編されるものも少なくない。定款の作成、株主総会、取締役会、監事会の設置、上級管理職（層）の任命など、「三会一層」と呼ばれたコーポレート・ガバナンス体制の基本的な枠組みは整っていた。国有独資企業の場合には、出資者はもっぱら国家であるため株主総会を設置する必要がないのである。

　もちろん、1990年代初頭から証券取引所を中心とした国内資本市場が発展し、上場企業の数は右上がりで飛躍的に増加した。上場企業の多くは、株式化の改革を経て再編された国有企業であることも明白であった。これらの上場企業には、国や国有企業が依然として支配的な株式を保有しているため、旧来の国営企業経営の慣行やメカニズムが多く残されていた。一方、非国有企業の上場持株会社の増加に伴い、そのガバナンスがますます問題視されるようになった。上場企業のコーポレート・ガバナンスの向上は、当時の中国資本市場の発展にとって重要な課題であったが、中国経済の大黒柱としての国有企業におけるガバナンスの強化も緊急課題として扱われた。

　2000年頃、国有主要大企業の監事会は「国有企業監事会の暫定規則」にしたがって国務院から派遣され、国務院に対して責任を負い国家を代表して主要な国有企業の国有資産価値の維持と増殖状況を監督するようになった。その結果として、2000年8月に国務院は36人の副大臣級の国有主要大企業の監事会議長を任命し、中央管轄の100社の国有主要大企業に駐在員形式の監事会を派遣することも承認した。

　中国では、近代的な企業システムの確立が国有企業改革の核心であり、国有企業の経営メカニズムを変革し、市場経済のニーズに合った近代的な企業システムを確立し、所有権を明確にする努力をすべきであると政府が明言した。2009年に1988版の「国有工業企業法」が改正された。第2条

では、国有企業の財産は全人民に所有され、国家は所有権と経営権の分離の原則にしたがって企業に経営権を与えると定めており、従来の経営請負責任制に関する条文が削除されたのである。企業の生産経営活動において、工場長による行政指導、党委員会による政策執行の保証、従業員代表大会による民主管理の3原則が維持されていた。この3原則は従来の国営企業ガバナンスの延長線に位置づけられ、現在の国有企業におけるコーポレート・ガバナンスの原型にもなった。

　その後、国務院国有資産監督管理委員会は OECD が策定された「国有企業コーポレート・ガバナンスガイドライン（OECD Guidelines on Corporate Governance of State-Owned Enterprises[2]）を参考に国有企業における取締役会の設置を試みた。2017 年に国務院は国有企業のガバナンス問題に対して、「国有企業のコーポレート・ガバナンス構造の更なる改善に関する指導意見」（国務院公布［2017］第 36 号）を公布した。この指導意見によれば、国有企業のガバナンスにおける基本的な枠組みとは、①会社定款を中核とする企業制度のシステムを健全にし、②コーポレート・ガバナンスにおいて、会社定款の基本的な役割を十分に発揮し、③法律や規制、会社定款に従い、出資者職責機構（以下、出資者機構）、株主会（株主総会を含む）、取締役会、経営者、監事会、党組織、労働者代表議会の権力と責任を厳格に規範・履行することである。

　国有企業における党組織の法的地位は「会社法」で確認することができる。「会社法」第 19 条では、会社において中国共産党章程の規定にしたがって、中国共産党の組織を設立し、党の活動を行うことを規定している。最新章程の第 33 条第 2 項では、国有企業の党委員会（党グループ）が指導的役割を果たし、方向性を把握し大局を管理し実施を保証する、規定にしたがって企業の重要事項を議論・決定すると定められている。

　国有企業のガバナンスには、従来の「旧三会（党委員会、労働組合、従業員代表大会）＋工場長」に株主総会、取締役会、監事会が加えられたのである。また、党委員会が実質的な意思決定にそれなりの役割を果たしている点では特徴的である。その他、外部監査・巡査・紀律検察などの外部監督機構によるメカニズムも重要な役割を果たしている。

(4) 上場会社ガバナンスの構築

　1990年末に、上海証券取引所と深圳証券取引所が相次いで開設された。中国の証券市場は新旧世紀をまたがって、世界の注目を受けながら、国内経済とともに未曾有の急成長を成し遂げてきた。1993年12月に公布された「会社法」は、近代的な企業システムの確立に法的な裏づけを与え、中国型コーポレート・ガバナンスにおける枠組みの基礎を築いた。さらに1999年に「証券法」が公布され、上場企業におけるコーポレート・ガバナンスがより整備されていた。2001年に中国は世界貿易機関（WTO）に加盟し、中国上場企業のコーポレート・ガバナンスを改善するため、OECDの「コーポレート・ガバナンス原則」を取り入れることを約束した。同年、中国証券監督管理委員会（CSRC）は、アメリカの社外取締役に関する規制を参考に、「上場企業における社外取締役制度の確立における指導意見」（2001年8月16日付「关于在上市公司建立独立董事制度的指导意见」）を公表した。この指導意見では、当時の社外取締役の員数は取締役会総員数の3分の1以上にすると規定されていた。

　翌年、CSRCと国家経済貿易委員会はWTOとの約束を果たし、初めての「上場会社ガバナンスコード」（Code of Corporate Governance of Listed Companies）を共同で公表した。このコードはOECD1999年版の「コーポレート・ガバナンス原則」を参考にして策定されており、①株主と株主総会、②支配株主と上場企業の関係、③取締役と取締役会、④監査役と監査役会、⑤業績評価とインセンティブ・牽制のメカニズム、⑥利害関係者、⑦情報開示と透明度の7つの内容から構成されていた。

　このガバナンスコードはすべての上場企業に適用されたにもかかわらず、経営陣の不祥事や会計粉飾事件が相次ぎ多発していた。監査失敗案例の統計結果によれば、1996年から2000年まで、コーポレート・ガバナンスに関わる不祥事の発生件数は28件ほどであったが、2001年から2005年まで88件に達した。[3] その主な実行手段として売り上げ高、費用、現金預金、貨幣資金、原価、減損に関する不正計上が取り上げられた。これらの粉飾工作は取締役を含む企業経営陣からの指図や加担なしには実現しが

たいものであった。このような局面に対して、政府は上場企業を取り巻く法規範の整備に乗りだした。

まず、コーポレート・ガバナンスの枠組みを強化するため、2005 年に「会社法[4]」と『証券法[5]』の改訂を行った。改訂「会社法」は、正当な株主の権利と公共の利益を守るために、会社のガバナンス体制と仕組みを改善するものを目指していた。取締役、執行役員および社外取締役の法的義務および責任を明確にし、債権者の法的権利を十分に保護しながら上場会社のガバナンスの再建を促した。改正「証券法」では証券発行、取引、登録、決済システムを改善し、多層的な資本市場構造を定めていた。上場企業の監督を強化し、募集の審査を透明化し推薦・後援上場制度の導入のための仕組みも構築された。また、支配株主や実質的な所有者、上場会社の取締役、監査役、高級管理職の法的責任と誠実義務に関する規則も追加された。同時に、証券投資家保護基金の設立や、投資家の損失を補償する民事責任制度の確立により投資家の保護を強化した。

次に、企業の資金調達や財務会計制度、合併・分割・清算制度、監査制度などの国際化も試みた。その結果として、「会計法」を頂点とするピラミッド型会計法規範が構築された。この法規範構造にある企業会計基準は国際財務報告基準（IFRS）への実質的なコンバージェンスを果たした。同時に公認会計士による外部監査については、監査基準の国際的調和化も実現された。上場会社は企業会計基準に則って、作成された財務諸表が国内の同業他社だけではなく、国際的な比較可能性の向上も図られた。さらなる高品質な財務情報の提供は会計不正を防ぐとコーポレート・ガバナンスの改善に寄与された。

アメリカでも、企業の不正を防ぎ投資者を保護するために、アメリカのトレッドウェイ委員会支援組織委員会（COSO）が「内部統制の統合的枠組」（1992）、「エンタープライズ・リスク・マネジメント（以下：ERM）の統合的枠組」（2004）を策定した。2002 年に採択された「企業改革法[6]」は内部統制規制の整備と強化につながった。

これらの出来事を受け、2006 年 7 月に中国財政省、国有資産管理委員会、監査署、中国証券監督委員会、中国保険監督管理委員会、中国銀行

監督委員会の6部門の連合により、企業内部統制標準委員会が設立された。2008年6月、国有資産管理委員会を除いて企業内部統制標準委員会の5つのメンバーの連名で「企業内部統制規範—基本規範」が公布された。2009年より内部統制自己評価報告の作成は上場企業の義務となった。これらの法規範整備により、上場企業のガバナンスの強化の効果は若干見られたのであった。集計によれば、2006年から2010年までの会計不祥事は46件まで減っていた。

のちに2015年版の「G20/OECDコーポレート・ガバナンス原則」が公布された。4年後の中国では、2018年版の「上場会社ガバナンスコード」が公表され、上記2002年版ガバナンスコードは廃止された。

3 上場会社ガバナンスコードと特徴

(1) コーポレート・ガバナンス原則の3者対照

図4-1で横並びになっているのは現行のG20/OECDコーポレート・ガバナンス原則、中国、そして日本のコーポレート・ガバナンスコードの基本構成である。1999年版のOECD原則はOECDに公表された初めてのコーポレート・ガバナンス原則であり、次の改訂版は2004年版であったが、3回目の改訂案は、2015年4月のG20/OECDコーポレート・ガバナンス・フォーラムにおいて検討された。同年7月8日OECD理事会が当原則を採択した。さらに、11月15日から16日までにアンタルヤで開催されたG20サミットに提出され、そこでG20/OECDコーポレート・ガバナンス原則として承認されたのである。諸改訂作業には、G20のリーダーたちからの関与・後援が深まってきたがゆえに、2015年版の名にはG20がつくようになった。

図4-1で示したように2015年版コードは6つの原則から構成されている。本章の第1節ですでに紹介したコーポレート・ガバナンスにおける解釈や目的について、G20をはじめ、多くのOECD加盟国・非加盟国に認められ、各法域の財務長官や、中央銀行などの支持を受け、主な貿易ルー

ルとしても認識されている。金融安定理事会の健全な金融システムに関する主要基準の1つとして採用されている他、世界銀行の基準・規範の遵守状況に関する報告書（ROSC）におけるコーポレート・ガバナンス部分の評価基準ともなっている。図4-1の6つの原則の他に、OECDがコーポレート・ガバナンスに関連するその他原則や行動規範、指針なども策定している。これらの内容は社会制度・経済制度を問わず、各法域の当局におけるコード策定のたたき台として重要な役割を果たしている。

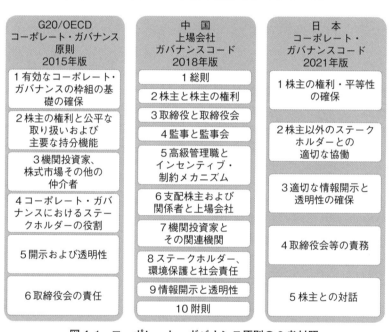

図 4-1　コーポレート・ガバナンス原則の 3 者対照
出所：3 者のコーポレート・ガバナンス原則に基づき、筆者整理作成。

(2) 日本コーポレート・ガバナンスコードの特徴

　日本では、2014年から「コーポレート・ガバナンスコード策定に関する有識者会議」が開催された。金融庁と東京証券取引所は会議の主体であった。コードの原案は12月にまとめられ、翌年3月に東京証券取引所の規則として公表された。2015年6月1日より上場会社に適用されたの

である。中国と同様に「コーポレート・ガバナンスコード」の施行背景には「日本会社法」(2014) の改定があった。

　日本の場合には、「コーポレート・ガバナンスコード」をソフトロー[7]として、「会社法」改定というハードローとの組み合わせでコーポレート・ガバナンスの改革を推進してきた。当コードは法令ではないため、コード自体には法的拘束力はないのだが、コード内容を実施しない場合には、実施しない理由を説明することが求められる。したがって、ソフトローとしてのこのコードには下記２つの特徴が挙げられる。

　　○　プリンシプルベース・アプローチ（原則主義）
　　　　大枠の原則のみを定め、詳細な法律・規則を設けず、各主体の自主性を引きだす方法である。上場会社は各自の経営環境に相応して最適なコーポレート・ガバナンスを構築することが可能に。

　　○　コンプライ・オア・エクスプレイン（Comply or Explain）
　　　　定められた原則に遵守して（Comply）実施する、もしくは遵守せずに実施しない・できない場合には解釈（Explain）が求められる。つまり、会社がコード内容に従わない場合、説明責任を果たし会社への評価については、投資家やステークホルダーに任せる。

　当コードは 2018 年の改訂を経て 2021 年に２度目の改訂を行った。2021 年６月 11 日に公表された 2021 年改訂コードおよび 2021 年改訂対話ガイドラインによれば、①取締役会の機能発揮、②企業の中核人材の多様性の確保、③サステナビリティをめぐる課題への取り組みは改訂の中心となっており、さらに、グループガバナンスの在り方、監査に対する信頼性の確保および内部統制・リスク管理、株主総会関係、事業ポートフォリオの検討などに関する内容も改訂されていた。図 4-1 で示した５つの基本原則と、基本原則の具体化とする 31 の「原則」、さらに「原則」に関連する 47 の「補充原則」の計 83 の原則から 2021 年改訂版コードが構成されている。

　2021 年改訂版コードには、上記の２つの特徴が保たれている。プリンシプルベース・アプローチは敢えてコード内容の解釈幅を残しておき、会社の自主的な取り組みを促す趣旨を貫いている。コンプライ・オア・エク

スプレインにおいて、エクスプレインを選ぶなら説明をすることは容易ではないことは明白である。コーポレート・ガバナンス白書 2021 によれば、2020 年 8 月 14 日時点で、3677 社がコードに対応した開示を行っていた。当時の市場一部と市場二部の計 2661 社があって、2652 社が遵守をしていた。全原則を遵守していたのは 21.6％で、90％以上の原則を遵守していたのは 62.5％であった。残りは一部の原則を説明した会社であった。

　ちなみに、2021 年改訂版コードの中、コーポレート・ガバナンスコードについて、下記のように定義している：

　　　本コードにおいて、コーポレート・ガバナンスとは、会社が、株主をはじめ顧客・従業員・地域社会等の立場を踏まえた上で、透明・公正かつ迅速・果断な意思決定を行うための仕組みを意味する。本コードは、実効的なコーポレート・ガバナンスの実現に資する主要な原則を取りまとめたものであり、これらが適切に実践されることは、それぞれの会社において持続的な成長と中長期的な企業価値の向上のための自律的な対応が図られることを通じて、会社、投資家、ひいては経済全体の発展にも寄与することとなるものと考えられる。

（3）中国上場会社ガバナンスコードの特徴

　図 4-1 で示したように中国 2018 年版ガバナンスコードは G20/OECD と日本のコードと対照して、1 の総則と 10 の附則は異なっている構造内容であることがわかる。総則と附則は中国の法規範・規制を作成する際に守るべき文書様式である。2018 年改訂版には、総則と附則がつくよう改訂されたのである。総則第 1 条[8]によれば、本コードは投資家の正当な権利と利益の保護と中国資本市場の安定的かつ健全な発展を促進するため、「会社法」、「証券法」および関連法規範に基づいて策定されたため、法的強制力があるという特徴をもっている。日本のケースと異なっており、中国のすべての上場会社はこのコードに従う義務がある。一方、当コードは中国国内で登記・上場[9]する会社にしか適用しない。例えば、アリババグループはケイマン（イギリス領）で登記し、アメリカで上場しているため、会社実体は中国にあるにもかかわらず適用対象外となる。

　第2の特徴とはこのコードでは上場会社は中国共産党の組織活動をサポートするような規定がある。第5条では上場会社において、「会社法」にしたがって、中国共産党の組織を設立し、党の活動を展開すると定めている。上場会社は党の組織の活動に必要な条件を提供する。さらに、国有上場会社の定款には党の建設作業に関する要件を盛り込むべきであると記している。この点は「中国的特徴をもつ現代企業システムをより整備する」ための要ともなっている。

　第3の特徴とは監督機構の拡大と自律管理の強化である。第6条によれば、CSRCおよびその派遣機関は、法律にしたがい、上場会社のガバナンス活動および関連主体の行為を監督・管理し、コーポレート・ガバナンスに重大な問題がある場合には、その改善のための効果的な措置を講ずるよう要請する。証券取引所、中国上場企業協会、その他の証券ファンド先物業界の自主規制機関は、本コードの規定にしたがい上場企業の自主規制管理を強化するため、関連する自主規制規則を制定する。CSRCとその派遣機関および関連自主規制機関は、上場企業のガバナンス状況を評価しコーポレート・ガバナンスの継続的な改善を促進することができる。

　上記、中国の上場会社コードの特徴から伺えるのは中国型コーポレート・ガバナンスの特徴でもある。すなわち、上場会社コードに基づいて展開されている中国型コーポレート・ガバナンスには、法的強制力を有する党の組織の活動にサポート、監督機構の拡大と自律管理の強化の途中という3つの特徴がある。日本のコード特徴とは異なっているのは明らかである。ちなみに、中国ではコンプライ・オア・エクスプレイン（Comply or Explain）という手法が導入されていないのである。

　2018年版新コードによれば上場会社ガバナンスとは、健全・有効・透明であるべきで、社内と社外の監督抑制バランスを強化し株主の合法な権利を保障かつ公正な扱いが得られることを保障し、ステークホルダーの基本権益を尊重し会社全体価値を確実に向上させるべきものである（第3条）。

（4）2018 年版ガバナンスコードの改正ポイント

　2018 年版上場会社ガバナンスコードは 10 章 98 項の内容から構成されている。第 1 章総則と第 10 章附則には中国規制制定上の慣行に沿った内容であるが、以外各章において世界標準コーポレート・ガバナンス原則と言われている G20/OECD2015 年版を参考にしてアップデートされ、主な追加・改正点は下記の通りである。

○　**株主と株主の権利**：株主への還元を積極的に行い、配当、特に現金配当に関する明確な方針を定款で定めるべき。現金配当が可能な場合にもかかわらず配当しない場合、その理由を十分に開示すべき。

○　**取締役と取締役会**：取締役会では監査委員会を設置すべき、監査委員会の招集者は会計専門家でなければならない。必要に応じて戦略委員会、指名委員会、報酬と業績評価などの専門員会の設置も可能とする。

○　**監査と監査役会**：社外監事取締役が設置可能に。監事は専門知識や経験を有すべき、上場会社の取締役、高級管理職は監事の兼任ができない。

○　**高級管理職とインセンティブ・制約メカニズム**：法規範および定款の遵守を前提に、管理職の権利および責任を明確化。

○　**支配株主および関連当事者と上場会社**：支配株主および実質的な支配者は、上場会社およびその他の株主の正当な利益を侵害し、不正な利益を求めてはいけない。

○　**機関投資家とその他の関連機構**：機関投資家は、取締役の選任、経営陣の監督、重要課題の意思決定において役割を果し、法令にしたがって、コーポレート・ガバナンスに合理的な参加を奨励、状況効果の開示も奨励。

○　**ステークホルダー、環境保護と社会的責任**：グリーン理念の実行、生態環境保護理念と発展戦略をガバナンスに統合。持続可能な発展を目指し、株主の利益を最大化する一方で、社会的責任を積極的に果たすべき。

○ **情報開示と透明性**：コーポレート・ガバナンスの開示、株主権利の開示。すべての株主およびステークホルダーに対して「実質的に影響を及ぼすことがあり得る」情報を開示すべき。上場会社の取締役は情報開示の第一責任者である。

　会社不祥事の統計結果によれば、2011 年から 2017 年まで、財務粉飾ないしコーポレート・ガバナンスに関わる不祥事の発生件数は毎年 30 件前後であったが、2018 年以後、毎年処罰を受けた上場会社数は 10 社前後まで減った。2018 版のガバナンスコードの改訂効果は少なからずこの統計結果に現れていた。

4　中国型コーポレート・ガバナンスにおける法的枠組

　図 4-2 で示したのは中国型コーポレート・ガバナンスにおける法的枠組である。中国のコーポレート・ガバナンスに関わる法的枠組は、基本法、行政法規、規制条項、自主規制規則の 4 つのレベルで構成されているが、図 4-2 の中では法律の名前と他で表現する。

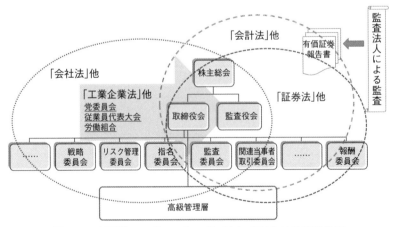

図 4-2　中国型コーポレート・ガバナンスにおける法的枠組
出所：各法規範に基づき、筆者作成。

　この図は上場している国有企業のコーポレート・ガバナンスにおける
イメージ構図である。「工業企業法」他（全人民所有制工業企業）にした
がって党委員会、従業員代表大会、労働組合を設ける。同時に「会社法」
他にしたがって株主総会、取締役会、監査役会を設置し、また、取締役
会のもとに各委員会を設置することができる。経営活動においては取締役
会の直下に高級管理層を設けるコーポレート・ガバナンス体制となる。さ
らに「証券法」他に基づき、情報開示を行う。コーポレート・ガバナンス
に関する報告は有価証券報告書（アニュアルレポート）に含まれている。
コーポレート・ガバナンスに関わるデータは主に財務諸表や内部統制報告
書から由来する。会社の財務諸表も内部統制報告は有価証券報告書に含ま
れている。財務諸表は必ず「会計法」他に基づき、作成しなければならな
い。

　情報開示の前に、財務諸表は社外監査法人による監査を受けなければな
らないと「証券法」と「会計法」に定められている。この段階で企業の会
計不正が発覚すれば、上記関連法規範以外、「刑法」、や「民法」による処
罰を受けることもある。また、多くの会社のコーポレート・ガバナンス報
告には、株主総会・取締役会・監査役会・諸委員会の機関設置を構図で表
示されるが、党委員会、従業員代表大会ならびに労働組合の機関設置に関
しては構図に表示されるのは多くないのが現状である。

　2022 年 7 月 24 日の『ウォール・ストリート・ジャーナル（WSJ）』の
記事によれば、HSBC ホールディングスの中国証券子会社の従業員は党の
支部を設立した。中国共産党の組織は外国企業におけるプレゼンスの確立
に関する新たなケースとなった。コーポレート・ガバナンスにおける共産
党組織の役割は、ますます明白かつ広範囲に及んでいる。その目的とは国
有企業と民間企業の両方が党と国家の目標と政策を遵守することを確実に
行うためである。

　前述したようにコーポレート・ガバナンスを問題視とされたきっかけと
は私有制経済制度を背景にする「所有と経営の分離」であったが、中国の
場合には国有経済、すなわち社会主義全人民所有制経済は国民経済の主導
的な存在である一方、法律範囲内の非公有経済も社会主義市場経済の重要

な部分であり、合法的権利と利益が保護される。これによって、国民経済を支えている企業には多様な形態が存在しながらも、多種の法規範で規制されている。企業形態から見れば、個人企業、有限責任会社、国有独資企業、国有持ち株会社、株式会社、集団企業などがある。現代の企業経営において、コーポレート・ガバナンスは個人企業以外、ほぼすべての企業に欠かせない存在となっている。

　中国のコーポレート・ガバナンスの現状を鑑みると、すでに「所有と経営の分離」の由来する従来のコーポレート・ガバナンスの課題と役割を超えている。つまり、中国型のコーポレート・ガバナンスは企業形態を問わず、企業自身の経営と企業を取り巻くすべての利害関係者、さらに地球規模で問われる社会的責任（CSR、Corporate Social Responsibility）まで展開している。また、2015年に国連サミットで加盟国の全会一致で採択された2030年まで持続可能でよりよい世界を目指す国際目標であるSDGs（Sustainable Development Goals）に関わろうとする会社が増えたことを背景に、環境（Environment）、社会（Social）、ガバナンス（Governance）を意識して投資するESG投資家も現れたのである。国内統計によれば、中国国内において責任投資原則（PRI：Principles for Responsible Investment）に署名するESG投資家は2022年6月10日まで101機関となった。国内の上場会社の3分の1ほどは、すでにCSR報告あるいはESG報告を開示している。しかしながら、ESGをめぐる報告・開示規制については、国際的な標準が策定されていない。

　2022年8月31日の『日本経済新聞』の社説によれば、全世界のESG投資が35兆ドル（4,800兆円）に達する。ESG開示における基準作りは国際会計基準を作ってきたIFRS財団傘下の国際サステナビリティ基準審議会（ISSB：International Sustainability Standards Board）が担う。この審議会には欧米や中国の市場関係者、日本GPIF（年金積立金管理運用独立行政法人）のESG投資の総括担当者が選ばれている。国際会計基準の策定に関わっている中国は、自国基準と国際会計基準を「和して同ぜず」の戦略で実質上のコンバージェンスを果たしている。コーポレート・ガバナンスの整備においても、ESGカオスを乗り越え中国型コーポレー

ト・ガバナンスを構築していく。

[注]

1) 14 項目の自主権とは：生産・経営の意思決定権、製品・サービスの価額決定権、製品の販売権、物資購入権、輸出入権、投資意思決定権、留保資金の処分権、資産処分権、他の企業との提携、吸収・合併権、労働雇用権、管理者・技術者の人事管理権、賃金・ボーナス分配権、内部機構設置権、人力・物力・財力の割当拒否権である。

2) The OECD Guidelines on Corporate Governance of State-Owned Enterprises give concrete advice to countries on how to manage more effectively their responsibilities as company owners, thus helping to make state-owned enterprises more competitive, efficient and transparent. First developed in 2005, the Guidelines were updated in 2015 to take into account developments since their adoption and to reflect the experiences of the growing number of countries that have taken steps to implement them. https://www.oecd.org/corporate/soes/

3) 監査失敗案例統計：これらのデータは中国証券監督委員会の HP より公布された行政処罰告示から整理されたものである。

4) 会社法（2006）は、会社の組織と行為を規制し会社、株主、債権者の正当な権利と利益を保護し、社会経済秩序を維持し社会主義市場経済の発展を促進するために制定されたものである。

5) 証券法（2006）は、証券の発行と取り引きを規制し投資家の正当な権利と利益を保護し、社会経済秩序と公共の利益を守り社会主義市場経済の発展を促進するために制定された。証券発行、証券取引、総則、証券上場、情報開示、禁止取引、上場企業の買収について規定している。

6) 「2002 年サーベインズ・オクスリー法」や「SOX 法」とも呼ばれる

7) 法律、規制など法的拘束力をもつ規範はハードローと呼ばれるが、法的拘束力のないルールや社会的規範などをソフトローと呼ばれている。

8) コード第 1 条上場会社の運営を標準化し、上場会社のガバナンスレベルを向上させ、投資家の正当な権利と利益を保護し、わが国の資本市場の安定的かつ健全な発展を促進するため、「会社法」、「証券法」および関連法規、行政規則などに定める基本原則に基づき、国内外のコーポレート・ガバナンスの実務経験を生かして、本コードを策定する。

9) コード第 2 条：本コードは「会社法」に基づいて設立され、中華人民共和国の国内証券取引所に上場する株式会社に適用する。上場会社は、本コードの精神に則って行動し、コーポレート・ガバナンスを向上させるべきである。上場会社の定款およびガバナンスと関わりのある方針は、本コードの要求に満たすべきである。上場会社は自身の特徴に基づいて、コーポレート・ガバナンスの実践を探求と充実させ、コーポレート・ガバナンスのレベル向上につながることを推奨する。

［参考文献］

王昱（2018）『現代中国の会計法規範と戦略──和して同ぜず』、同文舘出版株式会社。

風間信隆編著（2019）『よくかわるコーポレート・ガバナンス』、ミネルヴァ書房。

北川哲雄編著（2022）『ESG カオスを超えて──新たな資本市場構築への道標』、中央経済社。

土屋守章・岡本久吉（2003）『コーポレート・ガバナンス論──基礎理論と実際』、有斐閣。

花崎正晴辺著（2019）『変貌するコーポレート・ガバナンス──企業行動のグローバル化、中国、ESG』、勁草書房。

姜付秀主編（2022）『公司治理──基本原理及中国特色』、中国人民大学出版社。

唐燕霞（2004）『中国の企業統治システム』、お茶の水書房。

李維安（1998）『中国のコーポレート・ガバナンス』、税務経理協会。

李東浩（2008）『中国の企業統治制度』、中央経済社。

葉林（2021）『公司治理制度──理念、規則与実践』、中国人民大学出版社。

第5章

アメリカの世界戦略とアジア・太平洋地域

ジェームズ・フォレスタルとハーバート・フーヴァー
1945年2月－朝鮮戦争後

1　はじめに

　1945年春以降、アメリカでは、日本の降伏を、できれば日本本土に上陸することなく達成できないものかが、アメリカ政府内とアメリカ軍内で検討された。この政策議論において、ジェームズ・フォレスタル（James Forrestal）海軍長官とハーバート・フーヴァー（Herbert Hoover）元大統領は、重要な役割を果たしていた。彼らの活動は、アメリカ陸海軍の対日心理作戦と連携しておりアメリカ政府内における、のちに本論文で考察する戦後のソ連に対する封じ込め政策の源流を形成していた。アメリカは、対ソ封じ込め政策を行うにあたりユーラシア大陸の紛争にどう対処するか、についてフーヴァーに代表される西半球専守防衛と日英に軍事拠点を構える考え方が、これら地域に加えてユーラシアを含む世界各地の軍事拠点を維持する国家安全保障会議68号（NSC68）に代表される考え方に対して一定の制約を加えていった。アメリカが対ソ封じ込め政策を推進していくうえで核兵器の出現は、紛争の進展次第では、核兵器を使用することを水面下で検討することが、広島と長崎に原爆投下を行ったあと、度々生じるようになっていった。

2 対日無条件降伏をめぐるアメリカ内議論、アメリカ内のソ連警戒論、原爆

　第二次世界大戦において英米は、まずは独伊を屈服させることを優先して欧州での対枢軸国戦争において緊密な実質的同盟関係をアメリカの参戦以前から構築してきていた。イタリアは、1943年9月連合国に降伏した。太平洋戦争における英米の関係は、緊密に連携した同盟ではなかった。イギリスは、物資・人員・資金の面でアメリカに完全に依存しており、両国が推進してきたソ連とともに独伊を先に屈服させる大方針のもとでは欧州方面以外の地域に戦力を回す余裕は全くなかった。

　イギリスにとって、東アジアは中東、南アジア、東南アジアに比べて優先順位の低い戦域であった。

　1943年11月から12月にかけて開催されたカイロ・テヘラン会議は、日ソ中立条約を気にするソ連の立場を考慮して中ソ同席を回避すべくカイロにて米英中首脳会議、テヘランにて米英ソ首脳会議がそれぞれ行われた。テヘランでは、ソ連がドイツ降伏後の対日参戦を確約した関係で、英米にとって対日戦苦戦中の中国の軍事的価値が激減する可能性があった。

　とはいえ、アメリカは中国を見捨てることはもちろんなく、むしろ戦後秩序における英米ソと並ぶ大国、特にアジアにおけるアメリカのジュニア・パートナーに成長すべく対中支援を続けた。

　しかしながら、1944年春以降の米中関係は水面下で緊張していた。1944年春から夏にかけて日本軍が1号作戦で中国沿岸部全域を再び制圧したさい、蔣介石と当時中国方面米軍総司令官兼中国軍軍米国事顧問団長スティルウェル（Joseph Stilwell）元帥が、フランクリン・ローズヴェルト（Franklin Roosevelt）大統領に強く働きかけて中国軍を含めた中国方面全軍総司令官になろうとして、アメリカは、蔣介石と激しく対立することとなった。この権力闘争は、スティルウェルの解任とウィドマイヤー（Albert Wedemeyer）の中国方面アメリカ軍総司令官就任という、蔣介石によるどんでん返しで幕を閉じた。しかし、その一方でアメリカ政府は、1945年春に、国民党と水面下で対立していた中国共産党の本拠地延

安へアメリカ使節団を派遣し、ゲリラ戦で日本軍と効果的に戦っていた中
国共産党軍の有用性を検討しだしていた。

　1945 年 2 月 4 日から 11 日にかけてクリミア半島のヤルタで行われた米
英ソの首脳会談で、米英とソ連は、ソ連がドイツ軍を追い払い軍事占領し
ていた東欧の戦後について、米英が主張する亡命政権のこれらの国々におけ
ける復帰を可能にする選挙の実施と、ソ連が樹立した傀儡政権の維持をめ
ぐって対立した。一方、ドイツが敗北していない状況においてこの対立の
決着は、先送りになった。クリミア会談で、ローズヴェルトは、ソ連の指
導者スターリン（Joseph Stalin）書記長と、ドイツ敗北後 2 カ月から 3 カ
月にソ連が日ソ中立条約を破棄して対日参戦を約束したヤルタで密約を交
わした。この参戦の条件は、モンゴル人民共和国の現状維持、サハリン南
部と千島列島を日本からソ連に戦後引き渡すこと、そして、日本が傀儡国
家満州国を通じて支配していた満州の港湾施設と南満州鉄道の権益をソ連
に確保させることが条件となっていた。最後の満州に関する密約は、連合
国の有力国であった中華民国の了解なしに行われていた。

　この密約については、アメリカ政府内の外交・安全保障を担当する上層
部は把握していたが、海軍長官フォレスタルもその 1 人であった。フォレ
スタルは、戦後米ソ対立を予想し、ソ連の欧州およびアジア・太平洋地域
への拡大を懸念し、ソ連とその影響圏拡大の封じ込めを企図していた。た
だ、ローズヴェルト大統領が戦後の米ソ友好関係を維持することを狙って
いる状況下で、できることがあるとすればソ連の参戦前に日本が連合国に
降伏することを促すことであった。

　硫黄島の戦いは 3 月 26 日に終結し、日本全土を B29 が往復しながら空
爆を行う拠点が確保された。マリアナ諸島からの同機の発着よりはるか
に硫黄島は日本近海に位置していた。硫黄島をアメリカ軍が制圧していく
中、硫黄島の視察を終えたフォレスタル海軍長官は、部下に命じてソ連参
戦前に日本の降伏を促す対日心理作戦の放送を命じた。

　海軍諜報部（Office of Naval Intelligence, ONI）副部長で対日作戦責任
者であったザカライエス（Ellis Zacharias）海軍少将は、「対日占領を行う
ための戦略計画」と「オペレーション計画 I—45」（対日心理作戦戦術計

画）を依頼主であったフォレスタル海軍長官に提出した。3月19日、これら計画はフォレスタル、海軍艦隊総司令官アーネスト・キング（Ernest King）大将、戦時情報局（Office of War Information, OWI）デービス（Elmer Davis）の承認を得ていたのであった。これら計画の中でザカライエスは無条件降伏の定義を明確化する必要性を訴えていた。

　これら計画を踏まえて無条件降伏の定義を明確化する大統領声明文の案は、おそらく OWI からホワイトハウスへ送られたが、ローズヴェルトがこのことを検討する前の4月12日に急死したのであった。大統領の死後、陸軍省軍オペレーション局、合同情報委員会、合同作戦スタッフ（Joint Staff Planners）で無条件降伏の定義を明確化する必要性が議論されたのであった。

　トルーマン（Harry Truman）が大統領に就任した4月下旬、戦時情報局長官デービスは無条件降伏の定義の明確化を大統領に進言する話を進めたのであった。デービスは、国務省と統合参謀会議からこの問題に関する見解を得てからこの話を進めていた。統合参謀会議は、日米の死闘が繰り広げられていた沖縄戦終結後にこの演説が行われることを望んでいたのであった。しかし、大統領首席補佐官リーヒー（William Leahy）提督は、沖縄戦がすぐに終結するような状況でないことから、デービスの提案が早く実現されるべきであるとする判断を示した。

　5月7日、ドイツは連合国に無条件降伏した。その翌日、トルーマンは、その演説の中で対日無条件降伏は日本人の皆殺しや奴隷化を意味せず、日本軍の無条件降伏を意味することを明らかにしたのであった。この演説は、戦時情報局長官デービスとの打ち合わせに基づくものであった。

　その2時間後ザカライエスはこの演説の要旨を伝える OWI 対日放送を行い、以後毎週1回日本語と英語の対日放送を行ったのであった。[1) ザカライエスと彼が所属する海軍諜報部対日作戦課は、サイパン（1944年夏）と硫黄島が陥落した時期、アメリカ側は日本国内で敗北を意識する傾向が存在していることを、アメリカ側は複数の日本国内からの情報としてキャッチしていたと、1946年に出版した回想録で述べている。こうしたザカライエスの主張は、北山節郎の著書で検証されており検証の余地があ

ろう。また、ザカライエスは、天皇と親密な鈴木貫太郎の首相任命を日本の指導部内で和平派が台頭していることと理解した。[2]

　なぜ鈴木首相が、和戦両論、しかも和平については、軍部が同意し得る対ソ交渉を推進したのかというと、そうすることで陸軍が陸相を引き上げて倒閣に至る事態を回避したのであった。また、本土決戦を辞さない覚悟を内外に示すことで、国内が厭戦気分になって秩序が乱れることを回避し、また、強硬姿勢が英米に対する揺さぶりになれば、より有利な条件で和平に漕ぎつけるかもしれないと考えていたからあった。[3]

　太平洋の前線で、ザカライエスの対日心理作戦と補完関係にあった対日作戦を、陸軍元帥ダグラス・マッカーサー（Douglas MacArthur）の側近（軍事秘書）フェラーズ（Bonner Fellers）准将が実施していた。マッカーサーは、フーヴァー政権時代にフーヴァーの意向で陸軍参謀総長に抜擢されて出世した経緯があり、フェラーズは、1939 年以来フーヴァーと親交があった。

　フェラーズは、マッカーサーの対日心理作戦部の部長を兼任していた。心理作戦部は、5 月 8 日から 8 月 4 日のザカライエスの OWI 対日放送と補完　関係となる対日心理作戦を展開した。

　3 月 29 日のマッカーサー宛の覚書で、フェラーズは、ソ連の日ソ中立条約延長の通告期限である 4 月 24 日までにソ連は通告延長をしない可能性が高く、その場合、まもなく起きようドイツ降伏ののちに、ソ連の対日宣戦布告の可能性があると考察し、このような事態とアメリカ軍の本土空爆がピークを迎えて日本の国民が国家存亡の危機に直面していることを実感する中で、日本国政府内の和平派は、軍部を押さえ込むように行動するであろうと論じた。また、この覚書でも、フェラーズがもう 1 つ論じたこととして、日本国内の穏健派指導者たちは、天皇制存続が明示されるのであれば、喜んで占領地からの撤退と軍国主義者たちの追放に応じ、アメリカに運命を委ねるであろうと論じたのであった。

　この覚書でフェラーズが強調したことは、戦後のアジア秩序をアメリカ主導で行う必要があり、その際、日本は中国やソ連より、アメリカとの経済関係強化を望むであろうし、アメリカもそれを歓迎すべきであるという

点であった。

　フェラーズのこうした対日見解を示す書類は、鈴木内閣に対するフェラーズの認識を除き、彼がマッカーサーの了解のもとで5月7日（つまりドイツが降伏した日）から8日（つまり、グルー（Joseph Grew）国務次官とフォレスタル海軍長官がスティムソン（Henry Stimson）陸軍長官より原爆開発計画を知らされた日）にマニラで開催された対日心理作戦会議で披露された。この会議は、マッカーサーの管轄区域のアメリカ軍の対日心理作戦の代表者による区域内の対日心理作戦の共通の目標と政策を決めるものであったが、フェラーズのこうした見解は、会議で異論を唱える出席者はいなかったので、代表者たちに受け入れられたといってよいであろう。そして、フェラーズの対日見解を示す前述の心理作戦関係の書類と同会議の議事録は、『対日心理作戦基本軍事計画』（Basic Military Plan for Psychological Warfare Against Japan）という表題の冊子にまとめられた。

　なお、このマニラ会議の議事録では、心理作戦におけるフェラーズの相棒であったマシビアー（Sidney Mashbir）大佐が、出席した心理作戦担当者たちに、日本の戦闘行為を終結させることができる唯一の存在は日本人の天皇制崇拝の対象である天皇であり、この観点から天皇を処刑することは間違いであり、むしろ天皇を利用しながら、天皇に戦闘を中止させる命令を出させることが重要であることを強調していた[4]。

　フェラーズは、5月21日、友人のサムナー（Jessie Sumner）下院議員（元女性判事）に、①欧州ではソ連が東欧とバルカン半島諸国を影響下に置く中で、イギリスとソ連は、主導権を争い始めており、欧州における平和の確立は夢物語になりつつある、②対日戦争にソ連が参戦した場合、ソ連は東アジアにおける海軍力がほとんどないことから日本本土上陸は不可能であり、このことは中国についても同様である、③イギリスはアメリカが対日占領を行うにあたり小規模なイギリス軍か英連邦軍の派遣を要請するであろうが、イギリスのアジアにおける主たる関心は東南アジアと南アジアである、④そうすると、日本降伏後の対日占領はマッカーサー率いるアメリカ軍により行われることになり、マッカーサー率いるアメリカ軍は、占領政策をうまく実行することで、血なまぐさかった米比戦争終了後

フィリピン人たちがアメリカに好感をもつようになったことと同様に、日本人の親米志向を勝ち取ることを狙うつもりであると論じたのであった。[5]

　ただ、この書簡を送った時点では、マッカーサーが対日占領の最高司令官になる内定は全くなかった。4月3日、統合参謀会議は、オリンピック作戦（九州上陸作戦）に向けて準備に着手するよう、太平洋方面の陸海軍のトップ2人に指示した。この指示とあわせて、統合参謀会議は太平洋戦争遂行の管轄については、マッカーサー元帥が全太平洋方面陸軍、ニミッツ（Chester Nimitz）提督が東南アジア戦域の一部を除いた全太平洋方面海軍を指揮することとなっていた。マリアナ諸島とインド・ビルマ（ミャンマー）・中国方面に拠点を構えるB29を中核とする空軍は、引き続き統合参謀会議の直属となっていた。オリンピック作戦実行の場合、マッカーサーが陸戦を、ニミッツが上陸作戦を担当する予定であった。

　フェラーズはドイツ敗北後、アメリカ国内で厭戦ムードが広がる中、日本でも士気が実際には低下しだしていて、日本政府は焦燥感を募らせていると見ていた。彼は、前述のトルーマン大統領の日本に対する無条件降伏に関する5月8日の演説は、無条件降伏を軍部のみに適用させるものであると定義したことで日本に逃げ道を与えたことを高く評価していた。彼は、日本国内には軍の指導者たちへ不満をもつ人々が多くいて、この人たちは保守的な傾向で、彼らはアメリカ人と同様に一刻も早く軍閥を追放させたいと思っていると見ていた。

　フェラーズは、アメリカが日本本土へ徹底的に空爆を行い、そして日本の船舶をほとんど沈めてしまったうえで対日上陸作戦を行った場合、日本がアメリカ側の条件を受け入れて降伏する確率は最大5割であると考えていたのである。[6]

　アメリカ社会内で急速に高まってきた厭戦ムードが背景となって、6月から7月にかけて、アメリカ議会内やマスコミでは無条件降伏の定義を日本に明示すべきとの声が高まったのであった。[7]

　無条件降伏の意味をめぐる議論は、7月の前半アメリカ政府内でも取り沙汰されていたのであった。上院の共和党のリーダーであるホワイト（Wallace White）院内総務（メイン州選出）は、後述するフーヴァーと同

様アメリカ政権が日本と交渉による和平を推進した場合支持することを示
唆する発言を6月と7月に行っていた。[8]

　7月2日、上院議会でホワイト上院議員はアメリカ国民も日本人も無条
件降伏の意味がわからなかったため、その定義が必要であるという発言を
行った。この発言のあと民主党の保守系上院議員で、元アメリカ・ファー
スト（アメリカ参戦前の時期に参戦に反対した最大・最有力の政治団体）
の強力なシンパであったウィーラー（Burton Wheeler, モンタナ州選出）[9]
は、グルー国務次官を議会で数名の上院議員を交えて話し合ったのであっ
た。この会談の結果、上院議員たちはグルーの主張に同意し、無条件降伏
は何を意味し、何を意味しないかをはっきり説明する宣言はもうしばらく
待つこととした。グルーは、大統領、陸軍長官、海軍長官も彼と同様これ
以上あまり先延ばしすべきでないという点では同感であると上院議員たち
に説明した。

　ウィーラーは、グルーに、後日共和党の議員グループはタイム・ライフ
のルース（Henry Luce）と会談すると告げた。グルーは、ルースも無条
件降伏修正論者であったことをよく知っていた。ルースは、5月から6月
にかけて太平洋艦隊に同行してフィリピンや日本沿岸部を視察していた。
彼は前線のアメリカ海軍のトップたちと面談した。また、マニラではマッ
カーサーとの4時間に及ぶ会談を行ったのであった。[10]

　ルース率いるタイム・ライフは、アメリカの第二次世界大戦参戦前ロー
ズヴェルト政権の対英援助政策と対中援助政策を支持していたのであっ
た。この点でマッカーサーを支持する傾向にあり、またローズヴェルト政
権の国内政策と外交政策に批判的なマコーミック（Robert McCormick）
率いるシカゴ・トリビューン、ハワード（Roy Howard）率いるスクリッ
プ・ハワード、ウィリアム・ハースト（William Hearst）の新聞社などと
は敵対関係にあった。[11]

　ルースは視察旅行で得た情報を総合して、日本はもうすでに敗北してお
り、そのことを認識しているという結論に至ったのであった。ルースは、
6月24日に帰国した直後にグルーと意見交換を行った。[12]

　フェラーズ、フーヴァー、グルーが戦後世界秩序におけるソ連の影響力

の拡大を懸念していた5月、ルースも同様の見解を示していたのであった。彼は戦時中ローズヴェルト政権がソ連を同盟国として紹介し、アメリカ内で親ソ感情を強めるプロパガンダから距離を置き始める編集方針をタイム誌とライフ誌で進めようとした。そうすることで戦後の米ソ対立の可能性にアメリカ世論を慣れさせようとした。ルースは、タイム・ライフがソ連のポーランドをめぐるヤルタ協定違反や、戦後の欧州やアジアにおけるソ連の拡張を封じ込める必要性を論ずる論調を形成していこうとした。この形成は社内の編集陣の慎重論によりルースの思惑どおりには必ずしも進まなかった。しかし、ルースは反ソ連・反共産主義、無条件降伏修正論（天皇の処遇は戦後日本の国民が決めるべきであるとする見解）を社内と社外で広めていった。後者については、太平洋視察後7月6日の大統領との面談では対日情勢分析をなんら披露する時間はなかったと思われる。また、7月11日の連邦議員たちとの個別面談では、そのことに言及したかは不明である。しかしそこではっきりしていることは、ルースが日本はすでに敗北しており、そのことを自覚しているという持論を展開していたことであった。ルースはこのことをグルーとの会談やフォレスタル海軍長官との面談でも話したと思われる。ルースは、天皇の戦後の処遇を含めた対日心理作戦の重要性を強く認識していた。彼はフーヴァーやフェラーズと同様、ソ連の参戦前における日本の降伏を望んでいた。[13)]

　連邦上院議会では7月上旬の共和党院内総務の発言に続いて、共和党の有力議員が7月12日と23日に無条件降伏の明確な定義をトルーマン政権に求めたのであった。12日、インディアナ州選出有力上院議員ケイプハート（Homer Capehart）が、無条件降伏は日本国政府の破壊を意味せず、降伏の条件は、武装解除、征服した地域の返還、戦争犯罪人の引き渡し、戦争賠償金の支払いに限定すべきであると公言したのであった。

　世界最初の原子爆弾の爆発実験は、7月16日にニューメキシコ州でアメリカ軍により行われた。マスコミも議会もこのことは知らなかったのである。

　7月23日、ネブラスカ州選出の有力上院議員ウェーリー（Kenneth Wherry）は、ポツダム会議出席中のトルーマン大統領に無条件降伏の正

確な意味を日本に提示することを勧告したのであった。[14]

　フェラーズは、こうした国内政治の空気を察知していた。また、ルースと意見交換を行った海軍関係者たちと同様、何よりも前線から考察していた対日動向に基づき無条件降伏という概念そのものに批判的になっていた（彼がルース・マッカーサー会談時、ルースと会話を行っていたかは不明である）。[15]

　こうした厭戦ムードがアメリカ社会で深刻になる中、政府中枢では天皇を利用する形で日本の降伏、武装解除、占領改革を推進するという観点から天皇制の存続の可能性を示す無条件降伏が検討されていた。1945年4月に急死した民主党のローズヴェルト大統領とは憎悪の関係にあった共和党のフーヴァー元大統領と民主党のトルーマン大統領との会談が成立したのは、ソ連の支配地域の拡大の懸念と反共産主義で見解が一致するスティムソン陸軍長官、グルー、そしてフォレスタル海軍長官の支持が背景として存在していた。

　フーヴァー自身この反ソ・反共産主義思想を共有しており、5月15日に彼はスティムソンにドイツ降伏後の今こそ米英中が連携して中国の蔣介石を介して日本との早期和平を目指すべきであると論じた。それは、アジアの戦後秩序におけるソ連の影響力を最小限に抑え、また、日本を資本主義国として戦後発展させてアメリカ主導の秩序を目指すものであった。フーヴァーは、トルーマンに戦争終結を18ヵ月短縮させることで米兵50万人から100万人の命を救うのみならず、アメリカの資源を節約できると進言した。つまり、フーヴァーは、ヤルタ協定の中の秘密事項（ソ連のドイツ降伏後2、3ヵ月以内の対日参戦）は知らなかったものの、4月にソ連が日ソ中立条約の延期を破棄する対日通告は公の情報として知っており、太平洋戦争の長期化は、アメリカの経済力と人命の犠牲により終結したところでソ連が参戦すると考えられ、その際に起こるソ連のアジアにおける影響力の拡大を強く懸念したのである。

　そして、5月28日にトルーマンに戦後欧州の食糧問題について意見を求められて、12年ぶりにホワイトハウスを訪問したフーヴァー（第一次世界大戦後の欧州復興政策の中心的存在であった）は、同問題についてコ

メントする一方で対日政策にも言及し、大統領の関心を引きつけた。フーヴァーは、大統領との会談内容を当日日記に記録し、また、大統領の要請に基づき5月30日にトルーマンに覚書を提出した。

　トルーマンとの会談とトルーマン宛のこの覚書でフーヴァーが論じたことは、スティムソンに述べたのと同様、ソ連の対アジアにおける影響力拡大がなぜアメリカにとって不利益であるかということであった。

　また、フーヴァーは、この覚書で4月7日に発足した鈴木貫太郎内閣は穏健派であることを指摘し、会談でも述べたように同覚書で日本は天皇制存続を望んでいると考察した。そこで、フーヴァーがトルーマンに、アメリカとイギリス、そしてできれば中国とともに対日共同宣言を行い、早期講和を達成させることを提言した。フーヴァーは、和平達成の確率は非常に少ないが、これを推進すべきであると論じた。この対日共同宣言は、日本の軍隊の無条件降伏（間接的な言い回しで）、無条件降伏は天皇制の廃止ではないことを示す必要性、長期間（おそらく1世代）にわたる日本の非武装化という内容を盛り込むべきであるとトルーマンに進言したのであった。

　5月29日の夜には、フーヴァーの側近キャッスル（William Castle）元国務次官の邸宅で、青年時代からフーヴァーを敬愛し、また、フーヴァーを師匠と仰いでいた共和党連邦上院議員タフト（Robert Taft）ら10名ほどの議員が大統領へ進言した内容について説明を行った。

　フーヴァーは対独・対日戦後経済復興計画について、スティムソン、フォレスタル、グルーと同様にモーゲンソー計画のような過酷な案について、欧州と東アジアの経済復興の観点ならびに日独を重視する観点から反対し、戦争賠償請求を行うことにも否定的であった。

　フーヴァーと会談した5月28日の午後、トルーマンは、今度はグルーから、無条件降伏は軍隊に適用されるものであり、天皇制の廃止を意味するものでないことを、日本側に少なくとも間接的に示す演説を行うべきであることを進言すると同時に、同趣旨の覚書を渡された。翌日大統領は、このことがスティムソン陸軍長官、マーシャル（George Marshall）参謀総長、フォレスタル海軍長官などの出席による会議で検討することを命じ

た。

　この会議では、グルーとその側近ドーマン（Eugene Dooman）が提言し、フォレスタルも支持していた「連合国は日本の将来の政体を決定する意思がない」ことを大統領が日本に示すことは、「ある軍事的理由」により否決された。その理由の1つは、沖縄戦が進行中であるため、このような提言のタイミングとしては、現状において不適切であるという見解に出席者は反論しづらかったのである。トルーマン、スティムソン、グルー、フォレスタル、マーシャルらは、別の理由が原爆開発計画が進められていることによる反対であったことは分かっていた。スティムソンは、対日原爆投下をいつ、いかなる方法で行うべきかを大統領に勧告する暫定委員会に国務省と海軍省の代表を必要としたことから、5月8日にグルーとフォレスタルに対して原爆開発計画の説明を行っていた。しかし、フーヴァーは極秘の原爆計画について知る由もなかった。

　この約2週間半後、太平洋戦争で最も凄惨であった沖縄戦が終結に近づいた。フーヴァーは、グルーの5月下旬以降の動向を把握していなかったものと思われるが、フェラーズ准将が、『対日心理作戦基本軍事計画』を6月上旬にフーヴァーの手元に届けた。フェラーズは、6月3日付のフーヴァー宛の書簡で、対日戦争終結を早めるために展開中の対日心理作戦に関する同資料を同封したことをフーヴァーに述べているが、後者は6月14日付のフェラーズ宛の書簡で対日心理作戦の動向に対する関心と敬意を伝えていた。

　この資料をフェラーズが送ってきたことで、フーヴァーは太平洋戦争の最前線で繰り広げられていた心理作戦で、日本に対して無条件降伏は天皇制廃止を意味しないことと伝えようとしていることを把握していた。[16]

　トルーマン大統領は、グルーなどに対してフーヴァーの5月30日大統領宛の覚書についてコメントすることを要請した。6月12日、大統領の要請で開催されたグルー、フォレスタル、スティムソン3者協議では、フーヴァーが5月30日大統領宛の覚書で示した、日本の無条件降伏は天皇制の破壊を意味しないことを日本に示す必要性に同意見であるということで一致し、スティムソンはこの点について、最近マーシャル参謀総長と

ともに同じ見解に達していると述べた。翌日、グルーは、6 月 13 日の大統領宛の覚書で、フーヴァーが覚書で述べていた天皇制存続を日本に示す重要性を強調し、6 月 15 日、16 日、18 日の会議で同趣旨を強調した。

　6 月 18 日以降終戦まで、この天皇制問題に関する取り扱いの中心人物はグルーからスティムソンに変わった。

　アメリカ社会は厭戦ムードが深刻になっていたとはいえ、この時期のギャラップ社の天皇に関するアメリカ内世論調査が物語るように、7% のみが天皇の免罪もしくは天皇を利用することによる占領を支持し、38% は天皇の処刑を望み、37% は天皇の訴追・終身刑あるいは流刑を望んでいた。

　このような状況下で、新しく国務長官に就任したバーンズ（James Byrnes）は、世論に敏感であることも貢献して、5 月 28 日の大統領宛グルー覚書に反対したアチソン（Dean Acheson）およびマクリーシ（Archibald MacLeish）両国務次官補を支持し、天皇制存続を日本に明示することに反対する姿勢を 7 月 3 日グルーとの会談で明確にした。

　トルーマンもバーンズもアメリカ国内世論と日本が国体護持以外の要求をいろいろと行うことを警戒したのである。こうしてポツダム宣言には天皇制存続は明示されず、間接的なもの（日本軍の無条件降伏）に留まったのである[17]。

　ポツダム宣言における無条件降伏に関する表現について、フェラーズは高い評価を与えていた。しかし、彼の上司であるマッカーサーは、ウルトラとマジックによる解読を通じて日本の対ソ交渉を把握していたもの[18]の「日本は、ポツダム宣言を却下するかもしれない」と悲観論をフェラーズに述べていたのであった[19]。

3　日本の降伏のタイミングとオリンピック作戦

　オリンピック作戦が想定した九州の上陸地点について、日本側は的確に予測していた。しかもアメリカ側の準備状況について 10 月頃と予想し、アメリカ側が決行日としていた 11 月 1 日をほぼ想定していた。アメリカ

側は、ウルトラによる日本陸海軍暗号解読、マジックによる日本外交暗号解読により6月から終戦までの時期の日本陸軍の九州における増強は、アメリカ側が想定していた規模をはるかに上回っていたことを把握していた。[20] このため、長崎原爆投下後から8月13日までの時期において、マーシャル統合参謀会議議長は、アメリカ国内で深刻化していた厭戦ムードが背景となって、オリンピック作戦決行時には数発の原爆を事前に上陸地点に投下する必要があると判断していた。[21]

さらに、アメリカ陸軍上層部は、長崎原爆投下後から8月13日の時期において、オリンピック作戦決行の場合、生物化学兵器の使用も検討していた。こうしたマーシャルの考えは、先述のアメリカ国内の厭戦ムードが背景にあった。このようなアメリカ国内の厭戦ムードに対して、アメリカ軍は、あらゆる手段を使って日本を屈服させるシナリオも描いていた。鈴木首相がのちに戦略爆撃調査団に語っているように、天皇による国家の非常事態への実質的判断を仰いだのであった。これは、鈴木も瀕死の重傷を負った2・26事件のときに前例があった。[22] 結果的にはマッカーサー、フェラーズ、そしてアメリカ政府内の政策決定者たちの想定以上の早い時期に日本の降伏が実現した。8月10日と14日の「聖断」であるが、これはポツダム宣言受諾の条件として、それまで軍部が主張した他の条件はすべて捨てられ、国体護持が保証されれば降伏するという天皇の決断があった。これは、国体護持を唯一の条件とする議論で賛成派と反対派が詰抗する中で鈴木首相が天皇に判断を仰いだ結果であった。

これが無条件降伏の修正であったのかどうかはあいまいである。日本側はそう信じていたが、8月10日の「聖断」の際、天皇の大権を維持することを日本国政府は、アメリカ政府にスイスを介して照会したが、アメリカ政府の返答はあいまいであった。しかし、このいわゆるバーンズ回答で国体護持は維持できるとした首相・外相・海相の考えを天皇が支持し、天皇大権についての平沼騏一郎枢密院議長の見解を支持する陸相・参謀総長・海軍軍令部長の見解は天皇により抑えられたのであった。天皇による「聖断」で戦争を終結させるシナリオは1944年夏、重光外相（当時）や近衛元首相らにより描かれていたが、これが現実のものとなった。

4 現在も続く原爆投下をめぐる議論

ポツダム会議開催中に原爆実験が成功すると、アメリカはソ連の対日参戦を重視しなくなっていたが、スターリンはトルーマン大統領のそのような態度変更を突っぱねて満州、南樺太、千島列島に至る日本が支配する地域を制圧していった。

日本国政府の降伏の判断に至る決定打は2回の原爆か、それともソ連の対日参戦、あるいは両方のいずれかという見方に分類できる。いずれを論ずる場合でも原爆投下とソ連の対日参戦の両方は重要であるとしている。これを前提に、麻田貞雄は原爆投下が日本を降伏に至らしめたより重要な要因であるとし、長谷川毅はソ連の対日参戦を重視している。波多野澄雄は、本土決戦を本気で進めていた陸軍にとってソ連の対日参戦はより重要な要因ではあったものの、他の政策決定者たちにとって原爆のショックは大きく、原爆とソ連の対日参戦は同じくらい重要である、中間的な立場である。これらの議論につけ加える見解として鈴木多聞は、「天皇が降伏の判断をしたのは、本土決戦の準備状況が不十分であったことを根拠にしていた」と指摘している。これは、天皇独白録にも記述されている。[23)]

5 「聖断」のタイミングの地政学的波及とマッカーサーの連合国最高司令官の就任

トルーマン大統領は、8月8日頃の判断と英中ソの同意を取りつけたうえで、マッカーサーを連合国最高司令官に8月15日任命した。ガリッキオの最近の著書33ページで指摘するように、海軍は8月8日から8月9日にかけてマッカーサーの最高司令官就任に反対し始めた。九州での日本軍増強が想定以上であったものの、マッカーサー側は、オリンピック作戦の変更は不要であると主張していたのに対して、海軍のキング（Ernest King）軍令部長はオリンピック作戦にも反対する方向へ傾きだしていた（ニミッツ提督は、5月以来キングに対して私信で九州上陸作戦不支持を

表明していた）[24]。天皇の「聖断」のタイミングは、マッカーサーやフェラーズの軍歴も変えた。

　昭和天皇の運命は、ニミッツ提督のようなマッカーサーと比べると政治力のない軍人が対日占領政策の総司令官に任命されなかったことで大きく変わっていくこととなる。ニミッツのような海軍の関係者が、陸軍を主力とする占領軍を統括することは確かにあり得なかったであろう。しかし、陸軍の別の人物が対日占領軍の総司令官になった場合、マッカーサーほど政治力を発揮できず、その結果その裁量権は急速にワシントンに抑えつけられることとなったであろう。仮に、その人物が占領政策に天皇を利用しようとしても、天皇の取り扱いはワシントンの政策決定者たちに左右されることとなったと考えられる。

　日本は、2度の原爆投下とその間に始まったソ連の日ソ中立条約に違反する対日参戦が背景となった天皇の2度の「聖断」により、ポツダム宣言受諾をし1945年8月15日、敗戦を迎えた。カイロ会談における米英中の首脳が日本に示してきたとおり日本は占領地域からの撤退のみならず、満州などにおける傀儡政権や、台湾・朝鮮などの植民地を失った。アメリカは、ソ連の北海道分割占領を退けてマッカーサー元帥率いるアメリカ軍が日本本土の実質的単独占領を行い、日本軍の武装解除・戦犯取り締まりなどの占領政策を実施した。対日占領におけるアメリカ以外の連合国の兵力の規模は微々たるものであった。一方、日本が第二次世界大戦中に支配していた東南アジアでは、欧州の宗主国の軍隊がそれぞれの植民地において日本軍の武装解除や戦犯取り締まりなどを行った。中国（香港・マカオを除く）・台湾・（一時的）ベトナム北部については、蔣介石率いる国民党政権が、日本軍の武装解除や戦争犯罪人の取り締まりにあたることになった。朝鮮半島は米ソの合意となった北緯38度線を境界線にその北側をソ連が占領し、その南側をマッカーサー元帥指揮下のアメリカ軍が占領し日本軍の武装解除などを進めていった。

　ここで留意すべきことは、日ソの軍事衝突が8月15日後も満州、中国辺境地域、樺太で続き、8月16日には、やむを得ない自衛戦闘を日本国政府（大本営停戦命令）は認めていた。これが内外一切の戦闘の停止命令

になったのが 8 月 25 日、アメリカ軍の先遣隊が厚木に到着する 3 日前、マッカーサーの厚木到着 5 日前であった。

　大日本帝国の崩壊は、東アジアと東南アジアにおける権力の空白を作り、これら地域では、新たな権力闘争が繰り広げられた。アメリカ陸軍と海兵隊は、日本の降伏後華北に進駐したが、その理由は 1945 年 7 月のアメリカ軍上層部の決定に基づき蔣介石が日本の撤収後同地域へ進出することを支援するためであった。これは、1938 年以来四川省重慶に逃げていた国民党軍が、中国沿岸部を南部から北部まで日本軍から引き継ぎ再支配するための中国内陸部からの移動をアメリカ軍が支援する一環として行われていた。華北に進駐したアメリカ軍は、日本軍の引き揚げも推進した。国民党軍は、日本の降伏後ソ連が支配する満州に進出することをソ連により阻まれた。ソ連は、朝鮮北部の工業地域と同様、満州の日本の工業用設備などの多くを、戦争賠償・戦利品としてもち去りながら撤退したのみならず、満州における中国共産党とその軍の伸張を容認した。同地域に対日戦争終結後いち早く大軍を送り込んだ中国共産党と、それに反発した国民党は満州で激しく対立した。日本降伏後も国共の武力衝突は続き、こうした国共の争いを解決するためのアメリカの調停は行き詰まり、駐華米国大使パトリック・ハーレー（Patrick Hurley）は 11 月に辞任した。

　それでも、トルーマン大統領の要請で 1945 年 12 月より国共の休戦に尽力し始めたマーシャルは、1946 年 1 月 10 日に国共の休戦協定までにこぎつけた。しかしながら、同年 5 月にソ連撤兵完了に伴い満州における主導権の確立を目指す国民党軍と、それに反発する共産党軍との間で国共内戦が再び起きたことで、この協定を出発点とする国民党主導の国共連立政権と新憲法制定による民主化を中国に実現させ、日本に代わって中国を東アジアにおけるアメリカの最重要パートナーとするという、第二次世界大戦中以来アメリカが抱いていた構想は、1946 年 7 月国民党軍が共産党の支配地域に総攻撃を始めて内戦が全国に広がる中で急速に遠のいた。マーシャルは、1947 年 1 月に国共合作の調停が失敗に終わったことを認め、国務長官に就任した。

　日本の降伏後、アジアにおける脱植民地化は現実のものとなった。フィ

リピンについては、アメリカは 1934 年に約束した通り、アメリカからの
独立を認め、また、イギリスはインドとビルマの独立を 1947 年と 1948 年
にそれぞれ認めた。一方、オランダ軍は、日本の降伏後のインドネシアで
宗主国の再確立を狙う軍事介入を行ったが、4 年後の 1949 年にはオラン
ダはインドネシアの独立を認めた。ベトナムについては、ホー・チン・ミ
ン（Ho Chi Minh）率いる共産主義勢力が日本の降伏後独立を宣言したも
のの、宗主国のフランスはこれを認めず軍事介入を行った。1950 年 1 月、
中国とソ連はベトナム北部のホー政権を承認した。結局 1954 年にフラン
ス軍が敗退するまでベトナムでは独立戦争が続いた。フランスはベトナム
南部にバオ・ダイ（Bao Dai）傀儡政権を樹立した。[25]

6　マッカーサーと日本の民主化

　フェラーズの東アジア戦略は中国情勢が混乱を深めていく中、天皇を利
用しながら対日占領政策を実施し、マッカーサーが成功するよう支えなが
ら、日本をアメリカの影響下にしっかりと置くという内容であった。

　フェラーズは、日本に到着して間もない時期、中国情勢の混迷化をアメ
リカ主導で収拾することについて、かなり懐疑的であった。

　11 月、フェラーズは来日中のウィドマイヤーと会談した。フェラーズ
はウィドマイヤーの陸軍士官学校一期上の先輩で、フォート・レベンス
ワースの陸軍指揮幕僚学校では 1935 年卒の同期生であった。当時ウィド
マイヤーは、マッカーサーとの会談のため滞日中であったが、フェラーズ
は 1918 年と 1919 年陸軍士官学校卒業生の合同同窓会を彼の自宅で開催
した。この一期違いの卒業生たちは全体として、親密な関係を築いていた。
ウィドマイヤーは 11 月 11 日、フェラーズに宛てた礼状の中で、中国情勢
についてソ連の中国における動向と、中国国民党軍と中国共産党軍の衝突
の増加を考えると、西安事件以来鎮静化していた国共対立は、日本という
共通の敵が除去されたため内戦に至るのは必至である、と述べていた。そ
の際、アメリカ軍は巻き込まれるのを避けるべく、直ちに中国から引き揚
げるべきであると、ウィドマイヤーはフェラーズに論じていた。[26]

　日本については、アメリカ主導で連合国の占領政策が推進されていたが、この政策の具体的な実施については、連合国総司令官マッカーサーに大幅な裁量権があった。占領地域の司令官の権限は当時絶大で、大統領やアメリカ外交の主導権を国務省から戦時中以来奪い続けていた陸軍省でさえ、マッカーサーに指示することは至難の業であった。

　日本の軍国主義排除と民主化を行うための戦後日本政治と社会の枠組となった新日本国憲法の制定は、マッカーサーが対日占領を開始してから約半年で実行された。マッカーサーはフェラーズが元帥に提案した昭和天皇を利用しながら、占領政策を実行することを推進した。両者はポツダム宣言受諾後、日本軍が軍の大元帥であった昭和天皇の命令により速やかに武装解除を行ったことを高く評価していた。マッカーサーは、9月下旬に行われた初めてのマッカーサー・天皇会談で、天皇を利用しながら占領政策を進めることを確信し、フェラーズは昭和天皇の戦犯訴追回避の工作を実行した。

　戦後日本国憲法が定めた象徴天皇制と憲法9条は、マッカーサーとGHQ民政局が主導して作りだし、日本国政府とアメリカ政府がこれを追認する形をとった。憲法9条は、日本の軍隊の保持と交戦権を否定したが、国会における憲法草案の審議における芦田均による修正により自衛権までは否定されずに済んだ。マッカーサーは、連合国の対日占領政策の諮問機関である極東委員会が本格的に機能を始める前に日本の戦後の民主主義の枠組を既成事実にすることで、ソ連などからの占領政策への介入を封じ込めることに成功した。[27]

7　対ソ封じ込め政策——フーヴァー、フォレスタル、ジョージ・ケナン、原子爆弾

　1947年6月、マーシャル国務長官は、ハーバード大学で欧州に対する巨大経済復興支援計画を行うことを公表した。連邦議会で、このマーシャル・プランの具体的内容と予算が決まったのは、1948年春であった。

　このマーシャル・プランが実行される前に行われた、アメリカの欧州へ

の食糧支援は、フーヴァーが深く関わった。フーヴァー食糧調査団の貢献は、欧州と日本などにおいて、食糧不足に喘ぐ地域へ、食糧支援を拡充し、スピード・アップさせたことにあった。また、フーヴァーは、フォレスタル海軍長官が唱えていた対ソ封じ込め政策の具体的対応をトルーマン政権内でいち早く彼とともに唱えていた。大統領の飢饉に対応する緊急委員会とフーヴァーの世界食糧調査団は、フーヴァーにトルーマン政権内で政策提言と影響力を行使する重要な政権内の拠点を与えていた。こうした政策提言は、彼の 1919 年から 1923 年までの欧州とソ連に対する豊富な人道支援・外交・安全保障の経験があったからこそ、踏み込んだ政策提言を行ったのである。

　フーヴァーの対ソ封じ込め政策は、フォレスタル海軍長官の後ろ盾で 1947 年春以降対ソ封じ込め論で頭角を現したケナン（George Kennan）より早くからトルーマン政権内で推進していたと言えよう。

　ケナンは、1946 年 2 月 22 日モスクワのアメリカ大使館からバーンズ国務長官にソ連の拡張主義に対して辛抱強く対処する必要性を唱えた長文の電報を送っていた。これは、当時ソ連がなぜ創設されて間もない国際復興開発銀行と国際通貨基金の加盟に反対であったのか、また、なぜ最近ソ連政府がアメリカや西欧に敵対的な発言を増やしているのかについて説明するために作成されていた。ケナンはこの中で、ソ連はその政治体制が発足して以来、対外的脅威をソ連の国民に訴えることによって、その政治体制を維持しており、この傾向は、今後も続くことを強調した。ケナンは、ローズヴェルト政権が戦時中から推進してきたソ連を国際社会の中に組み込もうとしてきた政策が、間違いであったことを論じていた。

　これに対してフーヴァーはケナンのこの見解を直接読んでいなかったものの、第一次世界大戦後の西欧、東欧、バルカン半島、ウクライナ、白ロシア、バルト諸国、北欧、ソ連で行った人道支援と食糧援助の経験から、ソ連の政治体制は、容易に変わるものではないと痛感していた。

　この長文電報は、国務長官宛であったが、政府内で共有された。対ソ封じ込め政策を後押ししていたフォレスタル海軍長官は、ソ連の専門家であったケナンに今後対ソ政策をどう進めるべきかについて政策立案を行っ

てもらうことを期待して、ケナンの国務省本省への異動を国務省に働きかけ、実現させたのであった。

　ケナンがソ連を封じ込める政策を提案することを文章にし始めたのは、帰国後彼が国防大学の授業で教える準備のため、バーナード・ブローディ（Bernard Brodi）編著の『絶対兵器：原子力と世界秩序（*The Absolute Weapon：Atomic Power and World Order*)』が、1946年6月に出版された直後に、これを読んでからのことである。ブローディは、広島と長崎に原爆が投下されてから数週間のうちにこの本に収められた2本の論文を執筆したが、核兵器は通常兵器として取り扱うことができない大規模な殺戮と破壊をもたらす兵器であり、今後数年のうちに複数の国が核兵器を保有するであろうと予見したのであった（ソ連は1949年8月、イギリスは、1952年に保有）。アメリカが核兵器を大量に保有し他国が数発、あるいはアメリカより核兵器を少なく保有していたとしても、核兵器が容易に大都市を瞬時に破壊できることから、アメリカの核兵器の優位性は崩れていることになる。核兵器の有用性は、その実践使用ではなく、それを使用する可能性があるという脅威を相手に与えて牽制することにあった。そして、今後のアメリカ軍の目的は、戦争に勝利することを主眼とするのではなく、戦争を回避することになる。

　ブローディの本が出版された同月、国連では、その3カ月前に公表されたアメリカ政府の国務次官アチソンと元デネシー渓谷公社リリエンソール（David Lilienthal）による報告に基づき、アメリカ政財界の重鎮で当時アメリカの国連大使であったバルーク（Bernard Baruch）が原子力の平和利用に関するアメリカ政府の提案（バルーク計画）が国連で創設されたばかりの原子力エネルギー委員会において提案されていた。バルーク計画では、国連において、世界の安全の脅威になる核兵器関係の施設を規制・管理する権限とあらゆる核の平和利用に関する査察と許可の権限をもつ国際組織が創設され、アメリカは、この組織の発展を見ながら、段階的に核兵器の生産を止め、すでに保有している核兵器の廃棄をアメリカが行う用意があると宣言したのであった。

　ケナンは、このような国際組織にアメリカの核兵器を管理させた場合、

ソ連は必ず自国の核兵器開発のために必要な技術や情報を盗みだすと見ていた。ケナンは、アメリカの核兵器を国際管理下に置くことは現実的ではないと見ていた。ケナンはブローディの本を読んで、ソ連が核兵器を保有した場合米ソの戦争は双方の破滅につながるであろうと考えた。また仮に、ソ連が核兵器をもてないままで米ソが戦争になった場合、アメリカはソ連を制圧し、支配することになるが、こちらのシナリオは可能性が低いと見ていた。アメリカの平時の外交政策は、孤立主義、門戸開放、中立で、いずれも過去の遺物に写った。

　クラウセヴィッツ（Carl von Clausewitz）の政軍関係に関する軍事思想をこの時期に勉強したケナンは、アメリカの、平時の外交・安全保障政策にはドクトリンがなく、これを考案する必要性があると考えた。また、ケナンは国防大学の授業の準備で読んだ複数の研究書に基づき、アメリカ外交・安全保障政策は、ソ連と対立する場合、相手に後退できる選択肢を与え、仮に軍事衝突する場合、アメリカに有利な条件でのみ始めるということだと考えていた。（このような場合、ソ連は不利な状況でアメリカと軍事衝突を始めるような不用心なことはしないとも考えていた）。ケナンは、ソ連に対しては、クラウセヴィッツが指摘する心理的な圧力を加えて、その行おうとしていることの代償は大きすぎると信じ込ませる方法も検討すべきであると考えたのである。

　ケナンとしては、いかにアメリカとイギリスの死活的あるいは重要な利益をソ連の拡張主義から守り、そして、西側の脅威をソ連の国民に強調するソ連政府の信頼性を低下させて、その政治体制からソ連の国民の支持を離間させるかが課題であった。

　政策決定者間の反共コンセンサスは、1947年3月12日のトルーマン宣言（自由のために戦う勢力にアメリカの経済と軍事の支援を行う用意があり、この宣言では、イギリスがその経済的衰退から継続できなくなったトルコとギリシャの親英米勢力へアメリカがイギリスに代わって支援を実行する）へと発展していった。フーヴァーは、トルーマン宣言が実行したギリシャとトルコへの政策には反対しなかったが、ソ連の封じ込め政策の適用対象地域を拡大発展することにはアメリカの国力の温存・維持・発展に

鑑みて反対で、この見解は、彼が行政改革委員長になってからも強調し続けた。ケナンは、1947年3月にトルーマン大統領が行ったトルーマン宣言のような、後述する5つの経済・工業の中核的地域以外でも、ソ連と共産主義の影響力拡大の防止のために必要な軍事的支援や経済的支援を是認していた。

　ワシントンのアメリカ外交政策決定者たちは、1947年5月のアチソン国務次官が講演会で日独を世界の工場に位置づけると発言を行ったあと、この政策の転換を始めた。1947年4月29日国務省政策企画室初代室長に就任したケナンは、フォレスタルの依頼に基づいて書いた封じ込め政策に関する非公式的な文書を、フォレスタルに勧められて、1947年7月にアメリカ外交評論委員会の雑誌『フォーリン・アフェアーズ』に、匿名で公表した。この論文（"The Sources of Soviet Conduct（「ソヴィエトの行動の源泉」）"）は、X論文という俗称で有名になった。ケナンは、この論文で、ソ連は、その政治体制の維持のため、対内的に外国の脅威を強調し、政治的・社会的に混乱している地域に共産主義の影響力を拡大させることを試みるため、アメリカは辛抱強く長期に及ぶソ連と共産主義の封じ込め政策をあらゆる選択肢（政治、経済、スパイ活動、プロパガンダ、軍事）を考えながら対処すべきであると論じた。[28]

　対日占領政策についてフォレスタルがディロンの社長であった時期同社の役員であったドレーパー（William Draper）陸軍次官と、国務省のケナンを中心とするワシントンの政策決定者たちがマッカーサーから主導権を奪ったのは1948年春以降であった。[29]日本で1949年春以降経済安定化政策が推進される中、アメリカは対東南アジア経済・軍事援助と日本の経済復興（日本の同地域での輸出市場・資源確保）を急速に関連づけて考え始めた。

　ドイツの占領政策は、米英仏ソが連合国として決定する枠組が制約となっていたが、アメリカ主導で、米が占領している地域との経済的統合を進めてドイツ西部地域の経済復興を進めようとし、これに反発したソ連が1948年6月ベルリン封鎖を行い、米ソ間の冷戦が本格化した。

　ケナンによると、アメリカがソ連および共産主義の影響力の浸透から優

先的に守らなければならない最も重視していた地域は、軍事力に直結する世界の工業と経済活動の先端的地域であった。この地域は、アメリカ、イギリス、ライン川とその沿岸の工業地域（中欧のドイツの西部地域は、米英仏が軍事占領していて、ドイツの東部地域はソ連が軍事占領していた）、ソ連、そして日本であった。

アメリカは、西欧、米英仏が占領していた西ドイツ、そして日本を影響下に置くことで、ソ連およびソ連が影響下に置いていた中欧・東欧より、経済的また科学技術的に発展していた地域をアメリカの影響下に置くことで、ソ連との軍事面と経済面での競争に優位性を確保しようとしたのであった。[30]

8　国共内戦の終結とアメリカの対中政策

中国における内戦は、最初の1年間はアメリカの軍事援助と経済援助を受けていた国民党政府に有利に展開していたが、1947年5月以降それまで守勢に立たされていた共産党軍が攻勢に転じた。そして、1949年10月北京に中華人民共和国が正式に発足し、同年12月蔣介石率いる国民党政権は台湾へ逃れた。

アメリカ大統領と国務長官は1949年8月、まだ国民党が広東で戦闘を続ける中、国防長官と統合参謀本部議長の反対を押し切り、国共内戦における国民党敗北の最大要因が国民党政権の無能と腐敗にあったとする中国白書を公表し、中国共産党政権の承認を模索し始めた。

アチソン国務長官は台湾島民による政権樹立を検討したが、同島は国民党により支配された。

アメリカ国内では、国民党政権支持派の政治勢力がトルーマン政権批判を強めた。また、1949年11月から1950年1月における中国共産党政権下でのアメリカ外交官への暴行や嫌がらせ、そして、1950年2月の中ソ同盟の締結は、アメリカの中国共産党政権の承認を一層困難にさせた。[31]

9　国家安全保障会議 68 号（NSC68）

　ソ連と共産主義の影響力の拡大を封じ込めるにあたり、ケナンは辛抱強く長期にわたり行うことを唱えていた。封じ込め政策の手段には、外交的手段、プロパガンダ、スパイ活動、経済的支援、軍事的支援そして軍事介入があるが、ケナンは軍事介入には慎重であった。

　しかしながら、ソ連が 1949 年 8 月に原子爆弾の実験に成功し、また、中国における内戦が中国共産党の勝利に終わったことは、アメリカ政府に大きな衝撃を与えた。アチソン国務長官は、ケナンの部下でアチソン国務長官の庇護を受けたニッツェ（Paul Nitze）を中心として対ソ封じ込め政策を見直させた。ニッツェは、イェール大学の学部を卒業後ディロン・リード投資銀行の創業者の秘書を務め、戦時中は政府内でフォレスタル（1949 年 5 月心労により自殺）の右腕として活躍し、終戦後は戦略爆撃調査団の主要メンバーとして 1945 年に訪日した際、マッカーサーに経済担当の局長に就任することを懇請された優秀な人物であった（ニッツェの GHQ 経済科学局局長就任の構想は実現しなかった）。この戦略爆撃調査団の報告書で、ニッツェは日本の敗北は、海上封鎖と徹底的な空爆により早ければ 1945 年秋までに日本を屈服させることはでき、原爆投下は不必要であった、と述べていた。

　ニッツェのもとでケナンの封じ込め政策を見直した政策文書は、1950 年 4 月に NSC（国家安全保障会議）68（号）となり、新たな封じ込め政策の青写真として大統領によって承認された。

　ケナンは、アメリカ政府内における封じ込め政策の内容の改訂をめぐる論争に敗れた。ケナンは、ニッツェが NSC68 で唱えていたソ連のアメリカの軍事技術の追い上げは、意図的に誇張されたものだと思っていた。また、ケナンは、NSC68 が、ソ連の世界各地における影響力の拡大に対してアメリカは軍事的手段も辞さない覚悟で対処することを強調していたことについても慎重であった。

　NSC68 は、朝鮮戦争が起こっていなければ、お蔵入りしていたであろ

う。朝鮮戦争勃発により、アメリカは、NSC68 が提唱していた高度な国防国家の道を歩み始めたのであった。NSC68 は、冷戦時代のアメリカの封じ込め政策の枠組みとして冷戦終結まで続いたと言えよう。現在は、NSC68 のような考え方が、ソ連より手ごわいライバルになってきた中華人民共和国に適用されだしていると考えられる。[32)]

10 朝鮮戦争、核兵器、アジア・太平洋地域におけるアメリカの軍事同盟

　朝鮮戦争は、朝鮮半島の朝鮮民族にとっては大悲劇であり、また、大惨事であった。一方、朝鮮戦争は日本の重化学工業の復活の引き金になった。そして、台湾の運命も大きく変わった。アメリカは、北朝鮮軍が破竹の勢いで韓国軍を釜山に追い詰めていく中、蔣介石政権の存続とその援助に乗りだしたのである。

　1950 年 10 月、マッカーサー率いる国連の多国籍軍は、北朝鮮軍を中朝国境まで追い込み、北朝鮮軍の殲滅をアメリカ大統領と国務長官の追認のもと行おうとしたが、11 月に中華人民共和国の義勇軍の軍事介入を招き、マッカーサー率いる多国籍軍は 38 度線まで押し戻された。マッカーサーは、トルーマン大統領に満州に点在する中国の軍事拠点に原子爆弾の投下を進言した。大統領は、慎重な態度をマッカーサーに示したものの、このこと自体は検討した。しかし、中国との交戦に慎重な大統領をマッカーサーが公に批判したことで、1951 年 4 月、大統領は、マッカーサーを解任した。

　朝鮮戦争の最中、日本は日米安全保障条約とセットにサンフランシスコ講和条約に署名し、アメリカ軍を中心とする連合国占領に終止符を打った。1947 年 3 月にマッカーサーが早期講和を唱えたあとに、日本国政府側が講和後のアメリカ軍駐留継続を打診したことを起源とする日米安全保障条約が誕生した。独立回復後の日本が再び軍事大国に復活することを恐れていたフィリピン、オーストラリア、ニュージーランドに対して、アメリカは、米比軍事同盟と ANZUS 条約という同盟を結成し、これらの国々

の懸念を和らげた。アメリカは、朝鮮戦争の休戦協定調印の時期に米韓軍事同盟の条約を誕生させた。

　一方、アメリカは中華人民共和国に対しては、アメリカの後盾があると蒋介石が中国大陸への侵攻作戦を行うのではないかと懸念していたため、米台軍事同盟の結成については躊躇した。しかし、1954年米華相互防衛条約が誕生した。これが引き金になって第一次台湾海峡危機が始まった。

　台湾海峡危機は、1958年にも生じた。いずれの場合もアメリカの国防総省内では、朝鮮戦争中のマッカーサーと同様、中華人民共和国に対して核兵器による攻撃を提唱する制服組上級幹部もいた（アメリカ政府は、1954年春、北ベトナム軍がフランス軍をディエンビエンフーの戦いで勝利する情勢において、核兵器をベトナムに使用することを検討した)[33]。

11　おわりに──ユーラシア大陸にアメリカ陸軍を投入すべきか否かというアメリカ内の大論争

　1945年から1950年代前半のアメリカの政治・外交は、今日の国際政治の課題（アメリカのアジア・太平洋地域へのシフト、戦後日本外交、米欧関係、米中関係、米台関係、核戦争の可能性、トランプ政権期のアメリカの政治・外交）について考察するうえで、過去から継続している問題点を見出すことができよう。

　北大西洋条約機構（NATO）の発足や朝鮮戦争の勃発に伴い、1950年10月から1951年初頭にかけてアメリカ連邦議会の内外で国家安全保障の在り方をめぐって大論争が起きた。フーヴァーの発言がこの端緒となったが、彼はトルーマンやアチソンが推進し始めたグローバルな封じ込め（NSC68）には反対であった。

　彼やタフト上院議員（NATOの批准手続きで反対票を投じていた）が主張したことは、欧州からアジアにおけるユーラシア大陸の紛争に陸軍の兵力を投入することなく（ただし、大論争中のマッカーサー率いる国連の多国籍軍の軍事作戦は支持）、海軍・空軍、核抑止力を柱としながら西半球の防衛を安保の中心に位置づけ、アメリカの防衛線はイギリスと日本ま

で含むとするものであった。彼らは、アメリカが北大西洋条約機構の一方的な負担をしていることにも批判的であった。

フーヴァーは朝鮮戦争勃発の時点では、日本の武装化は想定していなかった。

朝鮮戦争の戦況が悪くなる中で展開されたこの論争ではあるが、フーヴァーやタフトがトルーマンやアチソンに問いかけたのは、アメリカの対外経済的コミットメントと対外政治的コミットメントについてアメリカの国力の温存・維持・発展の観点から限度を設けるべきではないかという点であった。この論争はトルーマンやアチソンに代表されるNSC68推進派の勝利となったが、論争に敗北したフーヴァーやタフトも、トルーマン政権やアイゼンハワー（Dwight Eisenhower）政権と同様に、海軍・空軍、核兵器に依存する国防政策を支持し続けたのであった。一方、財政支出の面ではフーヴァー、タフトらの中央集権化への抵抗と均衡財政主義は、両政権の財政政策の制約となり、社会福祉が連邦財政における犠牲となる結果を招いた。[34]

［注］

1) 米中関係については、Barbara W. Tuchman, *Stilwell and the American Experience in China, 1911-1945*（New York：Bantam Books 1972）, 580-642. 井口治夫「日本の復興と国共内戦・朝鮮戦争」第1節〜3節　服部龍二・川島真編著『東アジア国際政治史』（名古屋大学出版会、2007年6月）208-25, 360-61.

2) Ellis Zacharias, *Secret Missions：The Story of an Intelligence Officer*（New York：G.D.Putnam's Sons, 1946）.

3) 波多野澄雄「鈴木貫太郎の終戦指導」軍事史学会編『弟二次大戦（三）──終戦』錦正社、1995年。

4) Fellers to Hoover, June 3, 1945, Hoover to Fellers, June 14, 1945, "Fellers, Bonner Correspondence, 1940-1950," Box 57, Herbert C. Hoover Post-Presidential Individual File, Herbert C. Hoover Presidential Library, West Branch Iowa. なお、『対日心理作戦基本軍事計画』は、"Japan-Japanese 1933-1961," Box 203, Herbert C. Hoover Post-Presidential Subject File にある。なお、この冊子は、バージニア州ノーフォーク市ダグラス・マッカーサー記念文書館 RG 4, Box 56, "Psychological Warfare in the Southwest Pacific Area, 1944-1945". に含まれている。

5) Fellers to Sumner, May 22, 1945, B4F17 Bonner F. Fellers Papers.（以下 BFF と

略称）前掲マッカーサー記念館（以下 MA と略称）。

6) Fellers to Steeley, May 21, 1945, B4F13, BFF, MA.

7) Marc Gallicchio, *The Scramble for Asia : U.S. Military Power in the Aftermath of Pacific War* (Lanham : Rowman and Littlefield, 2008), 7-12.

8) Gar Alperovitz, *The Decision to Use the Atomic Bomb* (New York : Vintage Books, 1995), 635.

9) Wayne Cole, *America First : The Battle Against Intervention, 1940-1941* (Madison : University of Wisconsin Press, 1953), 153.

10) Robert E. Herzstein, , *Henry R. Luce : A Political Portrait of the Man who Created the American Century* (New York : Charles Scribner's Sons, 1994), 242-48、322-33, 335-42. フェラーズの軍事秘書日誌の 6 月下旬の部分に 1 ページほどマッカーサーとルースの会談に関する記述がある。バリクパパン上陸作戦出発前に書いたもので、6 月としか記されていない。ロイド・A・リーバス大佐からの伝聞。B5F27 BFF MA.

11) *Hertzstein, Henry Luce*, 223 ; Justus D. Doenecke, *Stormm on the Horizon : The Challenge to American Intervention, 1939-1941* (Lanham, MD : Rowman and Littlefield, 2000), 54.

12) グルーと上院議員たちとの意見交換については Grew, "Memoraudum of Conversation : Japanese Situation," July 2, 1945, Joseph Grew Papers, Houghton Library, Harvard University ; Alperovitz, 328, 331-32.

13) Herzstein, *Henry Luce*, 379-83. ならびにこの著者による *Henry R. Luce, Time, and the American Crusade in Asia* (New York : Cambridge University Press, 2005), 48-49.

14) Marc Gallicchio, *The Cold War begins in Asia : American East Asia Policy and the Fall of the Japanese Empire* (New York : Columbia University Press, 1988), 52.

15) Fellers to Frazier Hunt, July 21, 1945, Fellers Papers, Hoover Institute, Stanford University.

16) 井口治夫『誤解された大統領——フーヴァーと総合安全保障』、名古屋大学出版会、第 8 章。

17) 同上。

18) Edward Drea, *MacArthur's ULTRA : Codebreaking and the War against Japan, 1942-1945* (Lawrence : University Press of Kansas, 1992).

19) 井口前掲書。

20) D.M. Giangreco, *Hell to Pay : Operation Downfall and the Invasion of Japan, 1945-1947* (Annapolis : Naval Institute Press, 2009), 7-16.

21) Gallichio (2008), 7-12. Giangreco, 7-16.

22) 同上。"Suzuki, Adm., 2s 469, Int. # 531," Box 11 RG 243, National Archives and Records Administration, College Park, Maryland（戦略爆撃調査団　鈴木貫太郎尋問調書）。

23) Tsuyoshi Hasegawa, *ed. The End of the Pacific War : Reappraisals* (Stanford : Stanford University Press, 2007).

24) Gallicchio (2008), 7-12. Richard B. Frank, "Ending the Pacific War : Harry

Truman and the Decision to Drop the Bomb," *Footnotes : The Newsletter of Foreign Policy Research Institute's Watchman Center* Vol. 14, No. 4（April 2009）.

25）井口（注1）参照。

26）Fellers to Dorothy Fellers, September 23, 24, 29, 30, October 1, 7, 8,28 30, 31, November 3, 1945, Fellers Papers Box 2 Folder 1；Wedemeyer to Fellers, November 11, 1945, BFF, B5F12, MA..

27）井口治夫（2004）「戦後日本の君主制とアメリカ」伊藤之雄・川田稔編著『20世紀日本の天皇と君主制』、吉川弘文館、129-55頁。

28）井口（2018）　第8章。John Lewis Gaddis, *Strategies of Containment : A Critical Appraisal of American National Security Policy during the Cold War* (New York : Oxford Uiversity Press, 2005), 19-49 and George F. Kennan : An American Life (New York : Penguin Books, 2012), 233-36.

29）井口（注1）参照。

30）Gaddis, *Strategies of Containment* (2005), 19-49.

31）井口（注1）参照。

32）井口治夫（2012）『鮎川義介と経済的国際主義――満洲問題から戦後日米関係へ』、名古屋大学出版会、第11章。Michael J. Hogan, *A Cross of Iron : Harry S. Truman and the Origins of the National Security State, 1945-1954* (Cambridge University Press, 1998), 34-35, 191-208, 326-27, 363-65.

33）井口（2018）第9章。Gregory Kulacki, "Nuclear Weapons in the Taiwan Strait," *Journal of Peace and Nuclear Disarmament*, Volume 3 No. 2（2020）：310-41. 1954年のベトナム危機におけるアメリカ政府における核兵器使用の検討については、ハーバード大学教授でベトナム戦争の専門家 Fredrik Logevall, February 21, 2016, "We might give them a few." Did the US offer to drop atom bombs at Dien Bien Phu? - Bulletin of the Atomic Scientists (thebulletin.org). を参照。

34）井口前掲書。

［参考文献］

井口治夫（2012）『鮎川義介と経済的国際主義問題から戦後日米関係へ』、名古屋大学出版会。

井口治夫（2018）『誤解された大統領―フーヴァーと総合安全保障』、名古屋大学出版会。

第 **6** 章

中国政治論

開発政治学の視角から

1　中国政治へのアプローチ

（1）中国政治を学ぶ必要性

　中国（正式名称：中華人民共和国）は今日 14 億人に達した膨大な人口と日本の 25 倍以上ある世界第 3 位の国土、さらに世界第 2 位の経済規模を擁し、世界中に影響を及ぼす存在である。とりわけ、隣国であり、中国が最大の貿易パートナーとなっている日本にとって、中国の存在感は大きい。中国の日本進出も進み、中国について知らずには済まされない時代になってきている。

　その中国は 1949 年 10 月に中国共産党によって建国され、以来、一貫して一党独裁体制のもとにある。中国では経済や文化など、一見したところ政治と関係しないようなことでも中国共産党が密接に関与しており、党の意思が経済政策・文化政策として大きな影響を及ぼしている。その中国共産党を率いるのが党中央の最高指導者である（正確な肩書は時期により異なる）。したがって、中国を知ろうとするならば中国政治、中国共産党、そして最高指導者について理解することが必須となる。

　ここまでの記述からは中国共産党の最高指導者が意のままに大国のあら

ゆる資源を動員して中国の強国化に向けて突き進んできたようなイメージが浮かぶかもしれない。実際に、中国内外のメディアでもそうしたイメージが流布されている。

しかし、中国が多様な地方からなる大国ゆえの問題を国内に多々抱えており、歴代の政権・指導者がそれらの解決に必ずしも成功していないことも見落としてはならない。ここではそうした難題のうち、地域間格差問題に注目しよう。[1]

中国の地域間格差自体は歴代王朝や中華民国[2]の時代にも存在したが、格差縮小に取り組むようになったのは、平等な社会作りを目指す中華人民共和国が成立してからのことである。しかし、格差縮小を目指す長年の努力は実らず、むしろ1970年代末以来、中国は30年近くに及ぶ持続的成長の結果経済大国化した一方で経済格差も拡大し、近年では「アメリカからアフリカまでが一国に同居する」と言われるほど顕著になった。つまり、地域間格差問題は中国にとって古くて新しい問題であり、その展開をたどることで中国政治史・経済史や地理を学ぶことができる入門としてうってつけのテーマなのである。

(2) 基礎データの確認

議論に入る前に中国の地図とデータを確認しておこう（図6-1）。

中国の地域区分は、長らく沿海地方と内陸地方の2区分が一般的であったが、1980年代半ば以降、内陸地方を中部と西部に分けた、次のような東部・中部・西部の3区分が用いられるようになっている。

まず表6-1で地域間格差問題が特に深刻であった頃について少し詳しく見ておこう。国土や全人口に占める割合以上に、国内総生産（GDP）に占める東部の割合が6割と高く、1人当たりGDPも中部は東部の5割、西部は4割に過ぎなくなっており、人口と経済活動の東部への集中と東部住民の相対的な豊かさがわかる。西部に少数民族自治区が集中していることも確認しておこう。

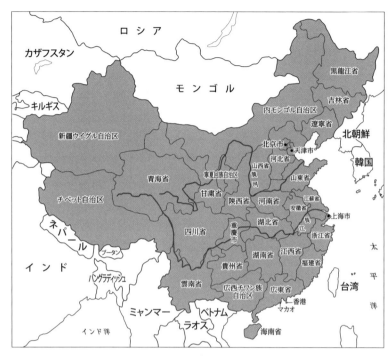

図 6-1　全国地図

南・牧野編（2016）をもとに筆者作成。なお、未画定国境は反映されていない。

東部：北京市・天津市・河北省・遼寧省・上海市・江蘇省・浙江省・福建省・山東省・広
　　　東省・広西チワン族自治区・海南省

中部：山西省・内モンゴル自治区・吉林省・黒龍江省・安徽省・江西省・河南省・湖北省・
　　　湖南省

西部：重慶市・四川省・貴州省・雲南省・チベット自治区・陝西省・甘粛省・青海省・寧
　　　夏回族自治区・新疆ウイグル自治区

表 6-1　三大地区基本データ（2005 年）

		土地面積 （万㎢：%）	人口 （万人：%）	GDP （億元：%）	GDP/ 人 （元：指数）
沿海地方	東部	129.83 (13.5)	55269 (43.1)	122009.4 (61.7)	22075.56 (1.00)
内陸地方	中部	285.25 (29.7)	44124 (34.4)	50257.6 (25.4)	11390.09 (0.52)
	西部	545.10 (56.8)	28930 (22.5)	25522.0 (12.9)	8821.99 (0.40)

出所：中華人民共和国国家統計局編（2006）『中国統計年鑑―2006』中国統計出版
　　　社に基づき筆者作成。

118

表6-2　全国国内総生産に占める各地域の割合（％）の変化

年	全国	沿海地方 東部	内陸地方 中部	西部
1978	100	52.5	30.8	16.7
1985	100	52.8	31.1	16.1
1990	100	54.0	29.9	16.2
1995	100	58.3	27.6	14.2
2000	100	59.4	27.0	13.6
2005	100	61.7	25.4	12.9
2010	100	61.5	25.3	13.2
2015	100	57.9	26.8	15.3

出所：中華人民共和国国家統計局編『中国統計年鑑』各年版に基づき筆者作成。

　表6-2で各地域の全国に占める経済的比重とその変化も確認しよう。中国の経済大国化の起点となった1970年代末から大国化するまでの30年ほどの間に生じた地域間格差の急速な拡大が明らかとなる。2005年をピークに格差はやや縮小しており、その後は西部の伸びが相対的に大きいこともわかる。

　では、なぜこうした変化が生じたのだろうか。以下で建国時点にさかのぼって明らかにしていこう。ただし、ここではよりシンプルに沿海地方と内陸地方の二分で話を進める。また、建国から今日までの歴史は、党中央の最高指導者の名を冠して、毛沢東時代（1949-78）、鄧小平時代（1978-92）、江沢民時代（1992-2002）、胡錦濤時代（2002-12）、習近平政権期（2012-）の5つに時期区分され、本章もこれに従う。ただし、今後どう変化するかわからない現政権について語るのは時期尚早であり、扱うのは胡錦濤時代までにとどめた。

2　分析枠組みの整理——成長と分配をめぐる「開発政治」

　各時代の歴史の細部を詳しく説明することは本章の目的ではない。全体の大きな流れを理解すること、各時代の特徴を把握、比較できるようにな

ることが目的である。そのためには、ポイントを絞り込んで整理・分析する共通の枠組みが必要である。そこで、この枠組みを用意するため、先に理論的な考察を加えておこう。

　地域間格差は地域間で発展の速度が異なり、また生じる格差を縮小する対策（再分配政策）がとられたとしても十分ではないことから生じる。この問題は、角度を変えると、経済成長の果実をどのように分配するか、つまり、成長と分配の問題と置きなおすことができる（効率と公平の問題とも表現できる）。

　一般に、経済成長には、投資効率のよい部門・地域に資源（リソース）を集中することが望ましいことはいうまでもないだろう。ところが、経済成長の過程においては、自ずと「勝ち組」と「負け組」が生じる。勝者と敗者、すなわち成長部門と衰退部門、あるいは成長地域と後進地域の間で経済成長の果実の分配に関して何らかの調整がなされなければ、その社会は一部から活力を喪失したり秩序の混乱が生じたり、やがては全体の持続的成長を阻害しかねない。

　したがって、持続的成長の実現を目指すのであれば、安定した政治的・経済的社会環境の維持が必要となる。そして、そのためには効率の追求のみならず、何らかの分配により格差拡大に歯止めをかけ、社会の不安定化を予防する努力が不可欠である。しかし、分配の公平ばかりを配慮すると悪平等となる。すなわち、成長部門・地域が衰退（後進）部門・地域の犠牲となり、成長にマイナスの影響を及ぼしうることもまた、誰の目にも明らかだろう。

　成長と分配のバランスがいかに達成されるのかという問いに関しては、従来、経済学、特に開発経済学が議論を繰り広げてきた。興味深いことに、代表的な主張のいずれも政府の介入を否定してはいない。別の言い方をすれば、成長と分配のバランスは市場を通じて自然に達成されるのではなく、政治によって決定され得ることを先行研究は強く示唆している。

　つまり、経済発展／経済開発（英語ではともに economic development）に伴う格差拡大の問題は、他の開発に関わる問題と同じく、政治学の問題として捉えなおすことができる。恒川（1998）の言葉を借用すれば、「疑

いもなく現代の開発は政治と不可分であり、開発は経済学としてよりも、政治学として語られなければならない」のである。そこで以下では、成長と分配をめぐる優先順位の決断や、決断に伴う利害調整を「開発政治」と呼び、中国における地域間格差の問題を、地域間再分配をめぐる開発政治の問題としてアプローチする。

　この地域間再分配の開発政治の分析の手順としては、便宜的に次のような一連の政治過程のサイクルを想定するときれいに整理できる。(1) 最高指導者の信念や開発戦略（以下では開発イデオロギーと呼ぶ）に基づいた具体的な目標設定がなされ、(2) 目標の実現に適合的な経済・財政制度が導入されるとともに、政策・投資が行われる。(3) その結果、経済発展などの成果と格差などの問題点に対する再分配を含めた対応がなされる。さらに、最高指導者または実務指導者の交代により次のサイクルへ移行することとなる。

3　毛沢東時代（1949-1978）

(1) 「均富論」と計画経済システム

　1940年代末の中華人民共和国建国時点において、鉱工業生産の70%が沿海地方（特に上海・江蘇・遼寧）に集中しており、さらにそのうち55%が8都市（北京・天津・上海・瀋陽・鞍山・本渓・大連・撫順）に集中していた。強烈な平等主義志向をもつ毛沢東を最高指導者とする新政権は、こうした近代部門の集中を、経済的合理性、社会的公正、国防戦略の各々の観点から好ましくないと判断された。

　そこで、建国直後の占領行政と経済安定化、そして朝鮮戦争の戦況が一段落したのち、産業立地を是正すべく旧満洲（現・東北地方）と沿海大都市の既存の工業を利用して内陸の重工業化に乗りだした。こうした沿海と内陸の均等発展を目指す立場を「均富論」と呼んでおく。そして、毛沢東らは社会主義国家特有の計画経済のメカニズムを通じて、内陸に投資を行うことで格差の縮小を図った。この選択が、その後の発展過程を決定的に

方向づけた。

　計画経済とは、中央政府が国の優先順位に基づいた「五カ年計画」など
の経済計画をあらかじめ策定し、中央省庁から各級地方の担当部署を通
じて企業に伝達される指令の達成に向けて、行政（中央・地方政府）が生
産・流通・分配にわたり「1つの工場のように」経済運営を行う経済シス
テムである。

　例えば、生産面ではどの工場でどの製品をどれだけ生産するか、そのた
め原材料とエネルギーはどこから調達するかを定め、流通・分配面では製
品をどの工場・商店にどれだけ配分するのかを定めるわけである。こうし
た計画運営のための前提として、生産手段の公有化と価格統制が幅広く行
われた。

　計画経済期の地域間再分配のメカニズムは、次のように機能していた。
まず、内陸地方で産出される農産物・天然資源など一次産品の価格を相対
的に低く設定し、沿海地方に輸送して製造される工業製品を相対的に高く
設定することで「利潤」が生じる。次に、この「利潤」を国営工場から政
府へ上納することで、国家歳入を確保したのである。

(2)　毛沢東時代における開発政治の展開

　計画経済システムは社会主義国家の先進国ソビエト社会主義共和国連邦
（ソ連）から 1952 年半ばに導入され、第 1 次五カ年計画（1953-1957 年）
から計画メカニズムを通じた資源配分が開始された。

　第 1 次五カ年計画では、沿海地方集中の産業構造に修正を施すべく東
北・華北・西北に重点を置き、沿海との均衡的発展を目指しソ連から援助
を受けた 156 の重点プロジェクト中、およそ 5 分の 4 が、そして、インフ
ラストラクチャーや工場設備など固定資産投資予算中では 56％が内陸に
配分された。この第 1 次五カ年計画は中国の基幹産業の土台を築くのに、
おおよそ成功したという評価が一般的であった。

　続く第 2 次五カ年計画（1958-1962 年）の策定にあたり、劉少奇、周恩
来、陳雲ら実務指導者らからなる集団指導部が打ちだしたのは、引き続き
ソ連型の中央集権的な計画経済を前提に、東北・沿海地方の既存重工業を

効率的に利用し、軽工業・民生を重視する方針であった。ところが、さらに高速度の成長を望む毛沢東がソ連モデルからの脱却を打ちだしたため、安定成長を目指す実務指導者との間で亀裂が生じた。

　毛沢東は平等主義と、それ以上に国防戦略の観点から、内陸重視、国防工業優先の開発戦略を打ちだした。そして、全国 7 大「経済協作区」の設置と、経済協作区ごとの独立した産業体系の構築や農村工業化を要求し、その実現のため地方政府の積極性を引きだす大幅な地方分権を推進した。

　この方針には、地方分権によって権限が拡大する地方政府指導者の支持を獲得し、同時に内陸開発の提起によって中央政府の重工業・国防工業部門と内陸地方政府指導者の支持を獲得するという政治的思惑もあった。

　こうした「地方に働きかける」戦略によって、毛沢東は政策転換に成功し 1958 年に大躍進運動を発動した。この政策転換は、中央指導層内部が発展戦略について一致しておらず、主導権争いの余地が生じた場合には、地方政府の支持の調達により政策転換が実現可能となることを示し、中国政治における 1 つのパターンを創りだしたのである。

　無謀な増産目標を掲げた大躍進運動は大失敗に終わり、3000 万以上とも言われる餓死者を出す史上最悪の大飢饉を発生させた。1960 年代前半は、劉少奇、周恩来、陳雲、鄧小平ら実務指導者が前面に出て、地方に移譲した経済管理権限を再び中央に回収して「調整政策」と呼ばれる一連の経済安定化政策を行った。

　しかし、1960 年代半ばに至って経済が安定すると、毛沢東は当時アメリカの介入が本格化していたベトナム戦争が中国にも及ぶと主張し、アメリカとの戦争準備を始めるよう求めた。傑出した軍略家であった毛に軍事問題で反対できる指導者はおらず、毛は再び経済政策の主導権を掌握した。そして、毛の要請に応えて、内陸奥地に戦略後方基地と国防産業を建設する「三線建設」の実施が決定された。

　この内陸傾斜政策の導入に、大躍進運動と同じ政治力学の構図を読み取ることは容易である。今回、毛は軍部・工業部門と内陸地方を味方につけたのである。三線建設は 1960 年代半ばから 1970 年代半ばまで、「文化大革命」[3] とほぼ対応する期間に行われ、ピーク時の第 3 次五カ年計画期

（1966-70）には実に国家固定資産投資の 70％が内陸に注ぎ込まれたのである。

　以上のような中央政府による投資を保証するため、財政制度としては、まず各級政府が自らの管轄する企業・組織・個人などから税や利潤徴収を担当する「地方が集め、中央が使う」、徴収コストの安価な「分級管理」システムが作られた。

　地方政府が徴収した歳入についての政府間の分配方式は「収入を総額分割し、一年に一度定める」（総額分成、一年一定）方式が長く用いられた。これは地方財政収入の総額を額の多寡にかかわらず一定率で中央上納分と地方留保分に分割する方式である。一年に一度定める点では煩瑣であるが、柔軟性が高い点が好まれ、大躍進期から文革期までほぼ一貫して用いられ、毛沢東から後継者に任命された華国鋒政権（1976-78）[4]もこれを踏襲した。

（3）毛沢東時代の成果と限界

　こうして毛沢東時代を通じて、均衡発展の観点から計画経済システムのもとで内陸開発が推進された結果、内陸部に重化学工業の基盤が形成された。全国としてみれば、1970 年代半ばまでには分散的な経済システムが形成されたことになる。そして、確かに構造的経済格差は部分的には是正された。

　しかし、内陸部の産業構造は重工業と農業に二元化したいびつなものとなった。しかも、三線建設は国防を優先し、経済効率を無視した投資であった。広東省や福建省はアメリカとの戦争時の前線になるという理由から投資が行われず、また東北や上海などの既存工業地帯も老朽化するなど、沿海の発展を犠牲にしたうえで、恐ろしく非効率な内陸傾斜配分が継続されたのであった。そのため、積年の内陸投資にもかかわらず、1970 年代においても鉱工業生産の約 60％を沿海部が占めたのであり、沿海依存の構図は変わらなかったのである。

4 鄧小平時代 (1978-1992)

(1)「先富論」と市場経済化改革

毛沢東時代には米ソ両大国との対立や文化大革命によって鎖国状態が長く続き、毛が死去した1976年当時の中国は、グローバル化し始めていた世界から取り残されつつあった。海外視察によって、この危険を痛感した鄧小平は、毛の経済開発戦略を反面教師とした。華国鋒との権力闘争に打ち勝ち、毛の後継者の地位を確保した1978年末、鄧は、従来の社会主義革命優先からキャッチアップ、国内経済建設最優先へと大きく舵を切った。次いで「改革開放」路線と呼ばれるようになる一連の経済改革に着手したが、それらは経済効率を追求する中で、やがて市場経済化改革へと収斂していった。[5]

鄧小平時代の時代精神として第一に挙げられるのは「先富論」である。鄧は毛沢東時代の「均富論」がもたらした悪平等主義から脱却するため、豊かになる条件を備えた一部の者や地方が、先に豊かになることを容認する「先富論」を打ちだした。これに伴い地域開発戦略については、投資効率のよい沿海への傾斜を一層強めていった。

沿海地方の対外開放拡大決定直後の1984年6月から鄧小平は「中国的特色をもつ社会主義」という言い方を使い始め、容認されるイデオロギーの枠組みを推し広げた。これを踏まえ、計画価格と市場価格の二重価格制の導入や計画経済部分の固定化など市場経済化に有用な改革が次々に打ちだされ、1984年10月に開催された第12期3中全会において画期となる突破を実現した。

この会議で採択された「経済体制改革に関する決定」は、中国の目指すべき経済システムの基本的特徴を「公有制に基づく計画的商品経済」という言葉で概括し、経済改革の重点を農村から都市へと移した。この「決定」は、全面的に市場調節に依拠する「市場経済」ではないという留保をつけてはいるものの、社会主義の名のもとで市場経済化を推進していく方

針を明確に打ちだし、古典的な社会主義と訣別したのであった。

(2) 鄧小平時代における新制度導入と経済改革の展開

農業改革と郷鎮企業の成功

　まず、経済発展をけん引したのは農業方面であった。大躍進政策の一環
として、1958 年に郷鎮レベルの政府に代わって設置された集団農場組織
「人民公社」に各農家は縛りつけられ、農業生産量は長らく低迷していた。
農業生産の向上のため、1979 年に農作物の政府買付価格が引き上げられ、
前後して農業経営の自由化（脱集団化）が始まった。それにより、農民の
生産意欲は、かつてなく刺激され農業生産は 1984 年まで年平均 8％とい
う驚異的な食糧生産高の成長率を達成した。一方、中国式社会主義の象徴
と喧伝された人民公社は解体されていった。

　同時期、この間の生産と流通の自由化にも後押しされ、農村部に立地し
郷鎮政府・村あるいは農民が所有・経営する、いわゆる「郷鎮企業」が自
然発生的に発展した。郷鎮企業は農業、工業、運輸業、飲食業など幅広い
業種にわたり、農産物加工、衣料・縫製や機械部品を主体とする零細企業
である。安価な労働力、小回りが利く経営を武器に、郷鎮企業は計画経済
では軽視されてきた軽工業やサービス業に進出し、折からの消費ブームに
乗って 1984 年から 1994 年にかけて、年平均 33.9％の成長率という爆発的
な成長を遂げた。これは中央当局にとっても想定外の出来事であった。

財政請負制度の導入

　鄧小平は、改革に対する地方政府の支持を、さらに確実にするため
1980 年 2 月、分権的な財政制度、「財政請負制」の導入へと踏み込んだ。
財政請負制とは、地方で徴収される国家財政収入のうち一定部分（定額ま
たは定率）を一定期間中央に上納し、残りは地方政府が自由に使えるとす
る取り決めである。地元経済が成長すれば財政収入も増加し、自由な資金
も増加するわけである。つまり、「地方が集め、地方が使う」地方に有利
な制度であった。

開放政策の展開

　開放政策の実施は、先進・中進諸国（特に華人系）の資金と技術の流入を期待して、1980年に広東・福建省に台湾の輸出加工区をモデルとした4つの「経済特区」が設けられたことに端を発した。ただし、当時は国内でも経済特区は実験的な存在とみなされていたこともあって、1980年代前半には外資は進出に慎重であり、当局が期待した効果は直ちに得られなかった。

　1984年以降には、経済体制改革の本格化と足並みをそろえて沿海開放も拡大した。1984年4月には14の沿海開放都市が指定され、1985年1月には広東省の珠江デルタ・福建省の閩南デルタ・上海市周辺の長江デルタが沿海開放地区の指定を受けた。対外開放を拡大した中国にとって幸運であったのは、1985年9月のプラザ合意後、日本円に続いて韓国ウォン、台湾ドルが切り上げられ、東南アジア諸国連合（ASEAN）地域への直接投資ブームが生じたことである。この流れを、中国に引きつけようとして行った1986年の人民元切り下げ、外資導入条件の緩和、開放地域の拡大などの措置が功を奏し、従来慎重であった外資が進出するようになり、広東・福建など沿海諸省の成長が軌道に乗り始めた。

　1988年初頭に提起された沿海地区経済発展戦略は、前述した投資ブームを沿海地域に呼び込み、郷鎮企業を中心とする労働集約型産業を発展させることを目指したものである。同戦略に基づき、1988年3月には遼東半島・山東半島など沿海開放地区の大幅な拡大へと至り、開放地域は日本全体に匹敵する面積32万平方キロメートル、人口1億6000万人となった。こうして対外開放の進展に伴い、沿海開放地区が発展し始めたのである。

人事政策

　地方政府が活発な経済活動を行ってきたのは、財政請負制や経済改革のみが原因ではない。実は、地方指導部とて人事考課を意識せざるを得ない。改革期に入って地方指導部の人事評価基準は、管轄する行政区の経済成長率など社会経済パフォーマンスが重視されるようになり、幹部は昇進

のためにはもちろん、地位にとどまるためにも、他の地方以上の成長とい
う結果を出し続けなければならなくなった。つまり、人事と財政という、
地方政府を成長競争に駆り立てる制度が功を奏したのである。

　地方政府は、分権化で得た投資・貿易などの権限を利用して管轄地区の
発展に資する手法を積極的に試み、毎年の歳入増加分を再投資して、さら
なる経済振興に努めた。この経営努力の積み重ねが、やがて中国特有の
「地方政府主導型」経済発展に結実することになったのである。

(3) 鄧小平時代の成果と問題

　「改革開放」路線への転換以降、国内総生産（GDP）は年平均 10％弱の
成長を続け、1978 年から 10 年間で 4 倍増、さらに 1988 年から 5 年間ご
とに倍増し、今日の経済大国化への道筋をつけたことの意義は計り知れな
い。他方、大別して地域間格差の拡大、地域保護主義の台頭、政治対立の
激化、特に天安門事件の発生という 3 つの問題点に触れないわけにはいか
ない。

　「第 7 次五カ年計画（1986-1990）の建議」では、計画期間中と 1990 年
代は、まず東部沿海地区の発展を加速すると同時に、エネルギー、原材料
の開発の重点を中部に置き、西部の任務は 21 世紀に行われる大規模開発
の基礎作りにあるとされた。こうした議論を反映して現実の投資において
も傾斜配分がなされた。第 6 次五カ年計画（1981-85）においては、基本
建設投資の 47.7％が沿海部に、内陸部には 46.5％とほぼ平等に配分された
が、第 7 次五カ年計画（1986-1990）においては基本建設投資の 51.7％が
沿海部に投じられ、内陸部には 40.2％が投じられるにとどまった[6]。内陸
支援の特別基金の設置と財政補助の増額など内陸への配慮もなされていた
が、1980 年代初頭から中央政府財政は、すでに赤字であって資金援助が
壁にぶつかるまで、さほど時間はかからなかった。こうして 1980 年代後
半には経済改革の面でも投資面でも地域間格差拡大が進行した。

　地方政府の発展競争も副作用を伴った。沿海地方を優先する中央政府の
構想に対して、内陸地方政府も原料供給役に甘んじず、高収益を見込まれ
た加工業へ積極的に参入していった。当時は、なお全般的に供給不足の経

済、つまり「作れば売れる」売り手市場であって、早期参入者の大成功を見て各地が横並びで参入したため、原料と製品市場の奪い合いが生じた。やがて、激しい競争から地元産業を保護するため、地方政府が地方保護主義的政策をとる、「諸侯経済」と呼ばれる地域経済封鎖現象が各地で見られるようになった。地方政府は自らの利益を守るために、中央政府とも公然と対立するまでになっていった。

　さらに「改革開放」が進行するにつれて、密輸入や汚職が蔓延したほか、旺盛な投資需要によるインフレの昂進など、改革・急成長に伴う混乱が1980年代末には多方面で見られるようになった。並行して、市場化を推進する改革派とそれに批判・抵抗する保守派の権力闘争が激化し、政治的不安定が続いた。1989年、これらの問題が爆発して天安門事件が起こり[7]、世界に衝撃を与えた。

　天安門事件後には、失脚した趙紫陽が推進した沿海優遇政策からの方向転換が図られた。内政上、計画経済の維持を重視する保守派にとっても地方政府からの支持獲得が必要であった。計画経済システムを通じて関係が深く、そして趙の政策に対して不満を抱いていた内陸地方の支持を引きつけると同時に、深刻化していた格差拡大への対策が急を要していたので内陸優遇への転換が模索された。

　胡耀邦、趙紫陽と自らが推した総書記が続けて失脚したことで鄧小平の立場は弱まっていたものの、彼の「先富論」や開放政策を全面否定することまでは、どの指導者にもできなかった。その結果、第8次五カ年計画期間（1991-1995）においては沿海内陸の同時発展追求へと転換が行われ、また、地域別開発政策から部門別産業政策へと重点が移り、基幹部門の発展が強調されることとなった。

　しかも、政策転換は沿海の特権が取り上げられるのではなく、内陸に沿海同様の優遇措置を与えるという形で行われた。そのため、興味深いことに、むしろ保守派主導とされる時期に開放政策は全国化したのである。まず、発展が停滞していた上海について、1990年4月の上海浦東地区開発が決定され、1992年には東部沿海から長江沿いの港湾都市を伝って西南部へと推進するシナリオが描かれ、政策転換を象徴する巨大プロジェクト

として三峡ダム建設が着手された。1992 年前半には「全方位開放」として、内陸の 18 省都、13 の国境沿いの辺境開放都市、6 つの長江沿岸開放都市など次々と開放都市が指定され、その各々に辺境経済協力区、開放技術区などが設けられた。先行した沿海に加え、沿江（長江流域地域）沿辺（国境地域）の「三沿開発」と称された。

5 江沢民時代（1992-2002）

(1)「社会主義市場経済」体制と「共富論」の提起

天安門事件で失脚した趙紫陽のあとを受け、上海で「改革開放」を推進しつつ自由化運動を抑制していた江沢民が後任に選ばれた。江は 1989 年 6 月に総書記に就いたのち、中央軍事委員会主席、国家主席という要職も兼任したが、「世代交代が完了した」と宣言したのは 1994 年のことであり、特に 1989 年から 1991 年頃までは計画経済を信奉する保守派の影響力が強かった。そこで、わかりやすく 1992 年 10 月の中国共産党第 14 回大会をもって江沢民時代の開始としておく。

天安門事件などの社会的混乱の反省もあって、1980 年代末から 1990 年代初頭には保守派が優位に立ち、集権的計画経済の枠組みに立ち戻ろうと試みた。この時期には上述のように、上海浦東地区の開放決定や価格改革、証券取引所の開設など重要な施策はあったものの、経済活性化の面では行き詰まり、集権的計画経済の限界が露呈した。景気後退からの回復を牽引したのは、計画経済の枠外にある郷鎮企業・私営企業・外資系企業であり、1990 年代初頭には、これら非国営企業数が国営企業数を上回るようになった。同じ頃、ソ連・東欧では経済不振などから社会主義政権が崩壊していった。

事態打開を図る鄧小平は、1992 年初頭の南方視察中の談話で「社会主義でも市場経済をやってよい」と宣言して、「市場か計画か」というイデオロギー論争にピリオドを打ち、経済成長への檄を飛ばした。この「南巡講話」はまず地方政府に熱狂的に歓迎され、鄧小平と地方政府からの強烈

な圧力を受けて、中央も改革を再加速させた。同年秋には、中共第14回
党大会で「社会主義市場経済」体制の確立が提起され、全面的市場化への
道が開かれた。

　江沢民が独り立ちした1990年代半ばに至り、1980年代末の混乱を繰り
返さないためにも中央集権的再分配と格差縮小、均等発展を目指し、とも
に豊かになる目標を掲げる「共富論」が打ちだされた。

(2) 分税制の導入と市場化改革の進展

　1992年中には価格改革も峠を越え、市場化にさらに拍車がかかった。
対外開放も全国化し、サービス業などで国内市場の開放が進められた。一
連の改革に香港、日本、アメリカなどの経済界も好感を示し、また折から
の台湾の対中投資規制が緩められたことも加わって外資の流入は、1992
年と1993年で2年間続けて倍増し、1980年代とは質的に異なるレベルに
達した。

　同時期、「南巡講話」を受けた地方指導部が、流入する外資と、ハイテ
ク産業育成政策（1991年の湾岸戦争で用いられた、アメリカのハイテク
兵器に衝撃を受けた中央が進めていた）を利用して管轄区の発展に邁進し
た結果、中国経済は1992年には久しぶりに2桁の高成長を達成した。実
際には、全国的にハイテク開発区（工業団地）設置ブーム、土地・株式投
機などが生じた。土地と資金を求める地方政府が農地を開発区に転用した
り、農業支援資金や農民の貯蓄を開発資金に流用したりしたことから、こ
の年末には農村部各地で農民暴動が頻発するようになり、中央を震え上
がらせた。加えて、都市部でもインフレが天安門事件前の水準を越えつつ
あった。

　そこで1993年には経済危機を口実として、江沢民政権は積年の課題で
あった財政制度改革——地方政府の抵抗のため先送りされてきた——を断
行した。財政請負制は下級政府ほどメリットが大きく歳入増への誘因は強
かったが、中央財政の規模は拡大せず、財政のマクロ経済調節機能や再
分配機能が効きにくくなる問題があったからである。地方政府との交渉の
末、地方の既得権維持の点で譲歩はしたものの、中央財政収入の確保を目

指す「分税制」への切り替えが、ついに実現した。さらに 1994 年の為替レートの統一（実質的には人民元切り下げ）や、中央銀行の機能強化・政策銀行の設立といった銀行制度改革などの市場化改革を経て、3 年がかりでインフレ抑制と経済成長を両立させた。

　分税制の基本枠組みは、中央と地方の職権の分掌に沿って支出項目の分担を決め、税目を中央収入と地方収入に分類するものである。国家の権益を守り、マクロ・コントロールを実施するのに必要な税目は中央税、経済発展と直接関係のある主要税目は中央と地方で分割する共有税、地方が徴収管理するのが適しているものは地方税とそれぞれ区分される。交付金制度は、中央政府が財政収入の 60％、財政支出の 40％ を確保し、その差額の 20％ を交付金に充当するとされた。総じて、地方政府の中央政府への依存度が高い「中央と地方が集め、地方が使う」制度になったわけである。

　財政金融制度改革と並行して、内陸発展政策、貧困対策が次々に打ちだされたことも見落としてはならない。第 8 次五カ年計画期における内陸支援策として、沿海での成功に学び 1993 年 2 月「中西部地区郷鎮企業発展加速に関する決定」において、郷鎮企業育成のための貸付資金が設立された。そして 1994 年には、従来の貧困対策の経験を踏まえた総合政策として、2000 年までの 7 年間に 8000 万の貧困層の基本的解消を目指した「八七貧困扶助計画」が公表された。「計画」の対象に指定された県は雲南、陝西、貴州、甘粛、河北、四川、河南など内陸部に多く、事実上の内陸支援政策とみなすことができる。

　内陸地方政府の突き上げを受けて 1996 年 3 月に第 8 期全国人民代表大会第 4 回会議で承認された「第 9 次五カ年計画（1996-2000）と 2010 年までの長期計画」では、地域間バランスの追求を目標とし、中西部地域への政策について詳述し、6 項目の支援政策を挙げた。政策の内容は、中西部の資源開発とインフラ建設を推進し、そのために中西部への傾斜的投資または誘導政策を実施する、安価な人件費を利用した比較優位産業を育成し、貧困層には引き続き公的扶助を行うなど妥当なものである。開発資金としては中央の投資・外資導入のほか、沿海地方からの援助増大を呼びか

けた。

(3) 江沢民時代の成果と限界

　江沢民時代の最大の貢献は政治的安定を維持したことである。その間経済改革と成長は継続できた。1993年の国内経済危機、1997-1998年の国際的経済危機を克服し、2001年12月にWTO加盟を実現したことも大きい。

　しかし、地域間格差問題については結局、格差縮小できず新たな突破口が必要とされるようになっていた。1997年4月の重慶の直轄市昇格決定はそうした突破口を開く動きとして注目された。進行中の三峡ダム建設とからめ、五カ年計画で定められた長江上流地域の内陸開発の拠点としての役割を期待されたものである。この時点では、まず西南部開発が先行し、のちに2010年頃西安を中心とした西北部の開発に乗りだす予定であったようである。ところが、建国50周年にあたる1999年、江沢民総書記はさらに大規模な内陸開発計画、「西部大開発」戦略を打ちだした。

　この政策転換の背景にはいくつかの要因が考えられる。間近に迫る新世紀と次の党大会（2002年）を意識した政治的アピールが1つ。1998年来のデフレ傾向に加え、アジア経済危機により外需が期待できず、内需拡大を目指したこと。また、WTO加盟を間近に控えて内陸部の改革を促進する意図も指摘されている。さらに、対象地域が従来の西部に内モンゴル自治区（中部）、広西チワン族自治区（東部）を加えた12省・市・自治区とされていることからもわかるように、少数民族問題への配慮が前面に出たものとなっている。ただし、同戦略の本格的な実施は次の政権に委ねられ、成果が出るのはさらにその先のことであった。

6　胡錦濤時代（2002-12）

(1) 新しい開発イデオロギーの提唱

　2002年11月の第16回党大会と2003年3月の第10期全国人民代表大会（全人代）第1回会議を経て発足した胡錦濤＝温家宝政権の政策は、

「科学的発展観」など一部で前政権との相違を強調しているものの、全般としては、前政権期の政策・方針を着実に実施しており、スタイルは異なるものの、実質面での連続性は高い。

　まず、政権の格差問題に対する認識は「和諧社会」（調和のとれた社会）の建設および「都市と農村、地域間、経済と社会、人間と自然、国内発展と対外開放」の「五つの全般的配慮」というフレーズに結晶化された。そして、高成長路線を前提としつつも、「五つの全般的配慮」に基づく均衡発展を目指すことを内実とする「科学的発展観」を唱えた。また、とかくエリート志向との批判が高かった江沢民に対し、新政権は発足当初から「立党は公の為、執政は民の為」「人を本とする」などのスローガンと「親民」路線を打ちだし、首脳部の地方視察では、貧困地区の農家を訪問するなど基層重視の姿勢を強調した。

(2)　新制度の導入と政策の実施

　いくら素晴らしい開発戦略・政策が策定されても、それに見合う財政的裏付けがなければ絵に描いた餅に終わることはいうまでもない。中国でも実際に西部大開発など後進地域への再分配的投資のため、前政権末期から財政面での、さらなる中央集中が進められた。

　地域傾斜政策については、第 10 次五カ年計画（2001-2005 年）で西部大開発に本格的に着手した。ただし、西部のみに注意を払っていたわけではなく、建国以前から初期にかけて建設された企業の多い旧工業基地である東北地方の再開発にも高い優先順位が与えられた。

　さらに、第 11 次五カ年計画（2006-2010 年）では、これらに加え、中部地域の台頭を促進し、引き続き東部地域が全国を率先するという総体的戦略を提示している。「第 11 次五カ年計画に関する建議」によると、具体的な政策重点としては長江デルタ・北京天津地区と並んで、従来必ず言及されてきた珠江デルタが外され、代わって四川省の成都重慶地区が入ったことが注目に値する。

(3) 胡錦濤時代の成果と限界

　中国は WTO に加盟して、「世界の工場」だけでなく「世界の市場」に
もなった。北京オリンピックや上海万博の成功、リーマン・ショックから
の V 字回復など中国はついに世界から経済大国として一目置かれるよう
になった。

　他方で、格差問題はむしろ深刻化した。相次ぐ財政集中化により中央政
府歳入は増加したが、地方政府は歳入減に陥った。大国中国には地方政府
にも省、地区、県、郷の 4 つのレベルが存在するが、各級の地方政府が税
源を集中したり下位地方政府からの上納を積み増ししたりして税収減を切
り抜けようとしたため、最終的には、末端の郷レベルの政府が財政的に立
ち行かなくなり、農民から種々の制度外課徴金を取り立てざるを得ない状
況に追い込まれた。先進国化する沿海地方都市部と貧困にあえぐ内陸地方
農村部とは別世界のようになったのである。

　また税制改革の結果、県レベルのような中位の地方政府財政も「土地財
政」と称されるほど財政収入源は住宅・不動産産業関連が過半数を占める
ようになった。このため、地方政府が無償同然で（往々にして実質上、居
住者を追いだして）土地を接収し、（再）開発したうえで、使用権を不動
産業者（しばしば指導者の親族や友人）に売却して財政収入を調達しよう
とした。この過程で不正・汚職が蔓延し、住民らのデモや暴動も頻発し
た。

　強化された財政収入を投下した「西部大開発」も毀誉相半ばする。確か
に大規模なインフラストラクチャー投資自体によって西部地域の GDP は
毎年着実に伸びた。しかし、そうした工事は地元の少数民族の懐は潤さ
ず、むしろ漢族の流入やビジネス進出をもたらした。並行して進められた
宗教・教育面での民族統合政策強化は少数民族の文化継承に対する危機感
を強めた。これらが積もり積もって少数民族の独立運動が激化するなど、
対立は深刻化した。

　つまり、2012 年に習近平が政権を引き継いだとき、国内はデモと暴動
が各地で多発しており、胡錦濤が目指した「和諧社会」から程遠い状況に

立ち至っていたのである。

7　おわりに

　以上本章では、大国中国ゆえの地域間格差問題を手がかりに、毛沢東時代から胡錦濤時代までの中国の政治と経済の特徴を、開発政治という視角から把握することを試みた。再整理しておこう。そもそも、中国経済の初期条件として、巨大規模の国土と人口を擁し、地方ごとの立地・資源や発展段階が大きく異なるため、経済成長に伴い地域的不均衡が生じることは不可避である。つまり、格差問題は歴史的・構造的問題であり、歴代の指導者はそのときどきの問題意識に則り、成長と分配のバランスをとるため、さまざまな取り組みを行ってきた。

　地域間再分配をめぐる基本的な開発イデオロギーは、毛沢東時代の「均富論」、鄧小平時代の経済効率を重視する「先富論」から、1990 年代半ばには公平に配慮する「共富論」へと移行し、これに伴い、地域開発計画は内陸重視の「三線建設」から「沿海地区経済発展戦略」、そして 1990 年代初頭の「全方位開放」を経て、1990 年代末以降の「西部大開発」へと展開を遂げてきた。そして、地域開発計画の裏づけとなる財政制度もまた、計画経済期の総額分割方式から、財政請負制を経て、分税制へと変遷した。

　これら一連のダイナミックな政策転換、制度変更はタイミングよく、またスムーズになされたのではない。中央レベルにおいては政策対立や権力闘争があり、地方レベルでは沿海・内陸地方政府の間で利害が異なっていた。さまざまな関係者の間での複雑な駆け引きを経て、ようやく政策決定に至り、決定後も政策実施段階において各層の地方政府が自分の利益にならない政策を忠実に行ったわけでもなかったことには注意を要する。

　したがって、最高指導者や中央政府の政策は適切とは限らず、実行されるとも限らず、計画で描かれたような目標が実現するわけでもない。こうした不都合な点に触れない中国当局の公式報道を事実と信じてならないのは当然である。このように信頼できるデータが入手困難な中で、いかにし

て謎を解き、またどこまで実態に迫ることができるかが中国研究の難しさであり面白さでもある。

　それでは、習近平政権はどのように地域間格差の問題に取り組んでいるのか。この点については、講義当日に最新状況を紹介することとしよう。

[注]

* 本稿は筆者の複数の旧稿を再構成し、データをアップデートしたものである。
1)　他の難題として、国際的に問題視されている少数民族問題や香港問題も挙げられる。それぞれ熊倉（2021）、倉田（2021）を参照されたい。
2)　中華民国は 1911 年 10 月の辛亥革命を経て 1912 年 1 月 1 日に成立したが、中国本土に中華人民共和国が成立したのち、1949 年 12 月に台湾に移転して現在に至っている。ここでは大陸部に存在した 1912-1949 年について述べている。
3)　毛沢東が自分の望ましくない方向に国を導いているとみなした劉少奇、鄧小平らに対して発動した、中国社会を広範かつ長期間にわたり巻き込んだ権力闘争。一時は内戦状態に陥り、最新の研究では約 160 万人が命を落としたとされる。
4)　毛沢東死去の時点ではなく華国鋒が 1978 年末に鄧小平との権力闘争に敗れ、主導権を失うまでが毛沢東時代とされる。
5)　今日では改革開放路線の起点とされる 1978 年 12 月 18 日から 22 日にかけて開催された第 11 期 3 中全会の会議コミュニケには「改革開放」という表現は使われていないし、経済改革の明確な青写真があったわけでもない。
6)　全国的投資もあるため、足しても 100％にはならない。
7)　1980 年代に「改革開放」が進むにつれ、経済改革から政治改革へと改革が広がっていった一方で、党官僚の汚職や腐敗など経済発展に伴う問題が頻発するようになり、社会的不満が高まるとともに、学生の間では自由化・民主化への要求が高まっていった。そうした要求を掲げた学生運動へ理解を示したために失脚した胡耀邦元総書記が 1989 年 4 月 15 日に死去すると、胡の名誉回復を求めて学生・知識人が北京市中心部の天安門広場を占拠し、さらに共産党独裁の打倒と民主化を求めるデモに発展した。政治改革を推進中で、運動に理解を示した総書記・趙紫陽は長老たちに解任された。運動は結局 6 月 3 日未明から 4 日にかけて人民解放軍に武力鎮圧され、多くの犠牲者を出した。民主化運動の挫折の結果、政治改革も頓挫した。今日でもこの事件は政治的タブーである。

[参考文献]

大西康雄編（2001）『IDE　Topic Report 中国の西部大開発——内陸発展戦略の行方』、アジア経済研究所。

片山裕・大西裕（2010）『アジアの政治経済・入門 [新版]』、有斐閣。

加藤弘之（2003）『シリーズ現代中国経済 6　地域の発展』、名古屋大学出版会。

熊倉潤（2021）『新疆ウイグル自治区』、中央公論新社。

倉田徹（2021）『香港政治危機』、東京大学出版会。

恒川恵市（1998）「開発経済学から開発政治学へ」、川田順造『岩波講座　開発と文化 6
　　　　開発と政治』、岩波書店。

益田実・齋藤嘉臣・三宅康之（2022）『デタントから新冷戦へ』、法律文化社。

丸川知雄（2021）『現代中国経済　新版』、有斐閣。

三宅康之（2006）『中国・改革開放の政治経済学』、ミネルヴァ書房。

第7章

米ソ冷戦から米中対抗へ

米中の政治・経済対立とその背景

1　はじめに

　火山の爆発で、溶岩流が至るところに出現し、状況が日々刻々と変化する。そうした山裾の各所に向かっての溶岩の流れが、時間の経過とともにやがて固定化し、土地の形状が爆発以前と比べて激変してしまう。国際政治構造が一変されるとは、たとえてみれば、そんな状況を経ての結果なのだ。

　本章で扱うグローバル現象としての「米中の政治経済摩擦」という当初テーマを、筆者が執筆しにくかったのはウクライナ戦争という、さながら溶岩流の流出が眼前で発生し、しかもその震源地ロシアが台頭する中国を常に味方に引き入れ続けようとしている、そんな力学が顕著であったためだ。中ロ連携対アメリカを軸とする西欧諸国という構図が、どう固定化されるか判然としない中で、米中の政治経済摩擦だけを取り上げて、その沿革と輪郭をなぞるのは、過去の国際関係を理解するためにはともかく、動態としての将来の国際関係を見通すためには少し無理がある。そう考えて筆者は、本章のタイトルを「米ソ冷戦から米中対抗へ」と微妙に変えさせていただいた。読者諸賢のご了承を切に願うものである。

2　新冷戦の実相

　2022年初春、冬の北京オリンピックが幕を閉じた直後、ロシアがウクライナに侵攻した。この事態に、誰もが予想しなかった程に強烈な意志で、ウクライナのゼレンスキー大統領が抵抗、結果、恐らくは短期収束を前提としていたはずのロシアの侵攻が長引き、同国の一方的侵略行為が、否応なく、世界中の視線に晒されることとなった。

　国連の常任安全保障理事国で、かつ核大国のロシアが、武力を行使して、国際的に認知された国境を越えて、ウクライナ領に一方的に侵入した事態は、東西冷戦の終結（1989）以後、安全保障に特段の意を払わなくても済んでいた各国の心胆を寒からしめ、かつ、こうした際にこそ安全保障を担保するはずの国連が全く機能せず、さらに、当のロシアが禁句ともいうべき「核の使用」を何度も匂わせる事態に至ると、各国はそれぞれに、自国の安全の基盤を再構築する必要に迫られることになった。それまで長年、中立を保ってきた北欧のフィンランドやスエーデンなどが、NATO加盟申請に踏み切ったのも、あるいは当のウクライナが、NATO入りは無理と見て、EU加盟を正式に求めたのも、[1]核大国の無法を前に、いわば「大樹の陰に身を潜める」政治的本能のなせる技だろう。

　では、ロシアの言い分はどういったものなのか。世の東西を問わず、行為の基底にはそれぞれの大義がある。元もと、ロシアの安全保障戦略では、「ロシアは、敵対的なアメリカとNATOに攻囲されており、彼らは軍隊をロシア国境付近に移動させている……西側の経済制裁は、ロシアの主権・領土を侵す手段である……」との認識だった。加えて、ロシアはウクライナを1922年に旧ソ連が創設された際からの、Founding Member国だと認識しており、1941年から44年にかけてはナチス・ドイツによって占拠された地域で、ロシアが自らの手で解放した、いわば兄弟国である。

　そのロシアにとって、ウクライナが問題の弟と見え始めたのは、恐らく2014年だったはず。この年の2月、独裁色を強めていたウクライナの親

ロシアのヤヌコヴィッチ（Victor Yanukovych）政権が、国内の親欧派の抗議によって倒された（MAIDAN 革命）。暫定の新政権は、EU との間に通商協定を締結したが、これが最終的にはウクライナの EU 加盟につながるものと当時は理解されていた。要するに、ウクライナ国内の政治対立において、対外関係路線の違いが、内政のあり方の違いと相まって政変を引き起こしたのだった。

　こうした兄弟国の西欧傾斜に、危機感を募らせたロシアのプーチン（Vladimir Putin）大統領は 2014 年 4 月、黒海沿岸のロシア系住民が多いクリミア半島、ならびに、ウクライナ領東部のドネツク州とルハンスク州の主要部に侵入。かつ、クリミアでの占領地を一方的にロシアに編入してしまう。ウクライナ国内のロシア系住民の存在が、ロシアのウクライナ侵攻の名分として活用されたわけである。この一連の戦闘行為で、ウクライナ兵の死傷者は 1 万 3000 人に達したとされる。しかし、この戦闘は、2014 年から 15 年にかけて、ロシア・ウクライナ・フランス・ドイツの 4 者による「ミンスク合意」で、一応の停戦となるのだが、停戦内容は、今にして思うと、緩慢だったと評されている。

　そして 2019 年、前歴がコメディアンのゼレンスキーが新しく大統領に選ばれ、ウクライナの西側傾斜は一層顕著となる。これに対し、プーチン大統領は、「NATO はウクライナの加盟を認めず、また、NATO は 1997 年以降に、同機構に加盟した諸国に配属した軍隊を、すべて撤退させよ」との要求を繰り返し、その要求を NATO が拒否する事態に発展した（ウクライナの加盟を拒絶せよとのロシアの要求に対して、NATO は、加盟を申請するか否かは、申請国の自由という原則で突っぱねていたが、加盟を承認するか否かは、当然ながら明示しなかった）。

　いずれにせよ、筆者の推測だが、こうした状況下でロシアは、アフガニスタン撤退でのバイデン政権の失態を、アメリカの立場の弱化と見てアメリカと対立を深めている中国の理解を得ながら、したがって、北京オリンピック中は行動を控える姿勢で、ウクライナ侵攻の時期を見定めていたのではないだろうか。

　また、このようなロシア的見方に立てば、自らを攻囲しようとするアメ

リカやNATOへの警戒を緩めず、ゆえに、北東アジアでは、可能なら中国と組んでアメリカ牽制のための軍事演習を繰り広げるのは、ごく当たり前の行動となるのだろう。しかし、それは日本にとっては極めて強い脅威の現出と映る。日本がアメリカとの同盟関係を楯に、この事態に積極的に応じ始め、その結果が紆余曲折のやりとりの果て、日本のエネルギー源の重要な要サハリン2へのプーチン大統領による一方的契約解除可能性姿勢を誘導してしまう。

　さらに、このような視点からユーラシア大陸の東を眺めていると、台湾をめぐる米中の対立が、振幅の幅を増し続けていることも見てとれる。一部専門家が危惧しているのは、中国が台湾に、侵攻前のロシアがウクライナで採用していたのと同様な手法（つまりは、サイバー攻撃や社会分断工作）で仕掛けてくる可能性だった。こうした想定に、アメリカはサイバー専門家の派遣などウクライナ支援と同じやり方で対応していることを、公然と認める姿勢に転じ（これまでは、表だって認めていなかった）、さらに、中国の空軍機が台湾の防空識別圏を繰り返し侵犯している事実を、アメリカのオースティン（Loyed Austin III）国防長官は「将来の台湾侵攻に向けた演習の可能性もある」と、踏み込んで解説して見せた。これらは言い換えると、アフガニスタンでミソをつけたとの外部評価ゆえに、ウクライナや、ひいては台湾では、アメリカが一歩も引かない姿勢を取らざるをえなかった、ということを意味している。

　結果、ワシントンでは、ユーラシアの西ではロシアが、東では中国が、（国際法が認めない）「武力による一方的な現状変更を行う可能性のある国々」だと、いわば、明白に危険視する構図が出来上がってくる。[2]これを逆に、ユーラシアの両端のEUや日本の眼で見ると、アメリカの安全保障戦略眼が今や「新冷戦」とでも呼ぶしかない、新たな緊張関係を視野に"入れ始めている"ということになるのだ。

　トランプ前大統領以来、アメリカは「自国ファースト」を唱えているが、その実態は、まずは危機に直面する当事国に、「自らの国は自らからで守る」気構えと準備を要求、当事国のその決意の度合いに応じて、西ではNATOのフレームの中で実質アメリカが、東では、日米や米韓の同盟

の枠組みのもと、これまた、アメリカが武器の供給面などで、積極関与して行く姿勢を鮮明にしてきているわけだ。言い換えると、アメリカにとってはハブとしての同盟構築があって、その枠組みの中で各同盟国がスポーク的にそれぞれのことに対処しアメリカがその後ろ盾になる、そのような仕組みを整備しているということになろうか。

3　アメリカの立ち位置の変遷とソ連から中国への対抗相手の交代

　第二次世界大戦で、アメリカは名実ともに世界ナンバー 1 の国となったが、そのアメリカとイデオロギーや社会統治観で激しく対立したのがソ連（当時）だった。

　第二次世界大戦で戦場となった欧州の疲弊は極致に達していた。同時に、復興が遅れるとその分、共産主義勢力が欧州に浸透する可能性が高まる。そのためアメリカは復興を急いだのである。その際、有力な手段と目されたのが、アメリカ国務長官の名を冠したマーシャル・プランであった。

　欧州復興と一口にいっても、そこには問題もあった。ドイツの扱いである。欧州復興の中で、かつての敵国ドイツをどう位置づけるか。ドイツを抜きにした復興はあり得ない。だが、復興によって、ドイツがあまりに強くなりすぎるのもまた問題。だから、マーシャル国務長官は、「欧州の復興には、欧州自体でまず案を出すべきだ」という姿勢をとった。しかし、欧州全体というからには、ソ連の影響力が大きい東欧を排除するわけにはいかない。

　こうしたアメリカの動きを、ソ連は、"自分の預かり知らない動き"であって、アメリカはソ連の影響力が強い東欧までをも、援助の魅力で自陣営に引き入れようとしている、と認識した。それゆえ、ソ連は東欧諸国にアメリカのマーシャル・プランには乗らないように働きかけ、東欧諸国をアメリカの復興プランから切り離す措置を講ずるに至る。欧州諸国が西側と東側に分離される端緒は、このようにして敷かれたのだった。いずれに

せよ、この欧州諸国の東西への分離がその後、地球的規模に広がって一層固定化し、国際政治は東西冷戦というフレームで語られるようになっていく。

　東西冷戦構造は 1989 年、ソ連の崩壊によって終焉を迎える。1980 年代、アメリカのレーガン大統領は、ソ連を「悪の帝国」と呼び、同国への敵対姿勢を強め、徹底的な軍備増強競争を仕掛けた。レーガンは、国内にあっては歳出削減や減税、規制緩和や人為性を排した予見可能な金融政策といった、経済運営のやり方変更や市場重視の政策運営を通して、アメリカの産業構造を製造業中心から金融・サービスを軸としたものへと一変させ、対外的には、共産主義国家ソ連に猛烈な軍備拡大競争を強いた。結果的には、アメリカ経済は再生され、軍備力増強競争に打ち負けた宿敵ソ連は体制崩壊することになる。

　世界は、この勝負を市場主義自由経済の勝利、共産主義計画経済の敗北と断じた。世界の国々の多くは、市場経済の中心部あるいは市場の心臓部と直接つながっていなければ経済的繁栄はあり得ないとの幻影に惹かれていった。経済のグローバル化の基礎は、このようにして定着した。アメリカは北米自由貿易協定締結を通じ、カナダとメキシコを自国の経済圏に組み入れ、EU は加盟国拡大で対処し、一方、当時世界第 2 位の経済大国だった日本は東アジア経済圏形成によって、そうした状況に対応しようとした。言い換えると、広域経済圏創設競争が世界的規模で始まったのである。

　そのような、自国に優位となり得る広域市場形成競争の中、アメリカは、強固な比較優位をもつ金融・サービス分野での自国ルールを、他国に普及させるべく欧州諸国に金融分野での自由化を迫るようになっていく。今までの「モノ」の分野に加え、新たに金融やサービスの分野でも相手国市場をこじ開けようとする競争が始まったのだ。金融グローバル化時代の到来である。当時、ある欧州の金融機関の長が、シンポジュームで「金融のグローバル化を、アメリカ化にしてはならない」と絶叫していた姿が筆者の目に焼きついて離れない。

　以上要するに、冷戦構造の崩壊によって 1990 年代以降、それまで西側

と東側を隔てていた境界線は一気に崩れ、経済競争力上で優位にあった西側の資本や技術が低い賃金水準を求めて、それまでソ連の影響下にあった東側諸国に殺到し加えて、西側とりわけアメリカの金融・サービス産業も、そうした動きに追従するに至ったわけである。かくして、その随伴物としての、世界的な慢性的過剰生産とアメリカ流金融制度改革の結果としての過剰流動性も常態化することになる。

　皮肉なことに、こうしたいわば「平和の配当」の最大の受益者となったのは中国だった。中国は冷戦崩壊以降、資本や先端技術が旧共産圏に急激に流入し始めたときを同じくし、指導者鄧小平のもと改革開放路線を突っ走り始める。当初は外資導入型の輸出主導工業化、その後は発展した自国企業が投資を積極化させ、開放された先進国市場向けの競争力を強化し続けた。そして、こうした輸出と投資の2本柱で中国経済は1990年代、連年2桁台の成長を謳歌、結果、中国のGDPは2004年にはイタリアを抜いて世界第6位に、そして2006年にはイギリスとフランスを抜いて第4位に、さらに2007年にはドイツをも抜き第3位に、2010年には日本を抜いて第2位にと経済大国への途を駆け上っていった。

　一方、2000年代に入ると、アメリカの金融経済化にも弊害が出始める。主に2点が指摘できよう。第1に、実体経済に比しての金融経済の比率がほぼ倍増した。第2に、金融工学が発達し複雑な証券化商品が登場したために、それまでは鉄則とも言えた、信用供与者と受信者との間の、1対1の取引関係が崩れてしまった。

　まず前者から見ていくと、1980年代後半のアメリカ経済におけるGDP比の金融資産額は、6.5倍程度であった。ところが、2000年代後半には、その比率は10倍にまで拡大してしまう。この間、アメリカでは消費面でも生産投資の面でも、株や不動産の値上がりが経済メカニズムの中にビルト・インされ、この両面の継続的活性化を成長を支える車の両輪として活用するようになっていた。

　後者の2000年代に入ってからの証券化商品の本格的登場であるが、アメリカの金融業者は金融工学を積極活用して、信用供与者が受信者から受け取る返済元本や利子を、即時、第三者に転売する仕組みを考案した。そ

の際、何百もの個別ローンを統合する形で、それらからの受取債権をいわば、1つの人工的混合商品に仕上げ、しかもそれを小口化し少額の金融商品として第三者たる個人投資家に転売した。こうしたやり方を導入すれば、元々の信用供与者は本来自分が負担すべき長期リスクを、合成商品の小口化という手段で第三者に即時売却し、自己のリスク負担を逃れることができる。同時に、小口化した証券化商品を販売することで売却益も稼げることになる。

　しかし、このような人工的組成商品が生み出されると、本来のリスクがどこに行ったか、誰の手中にあるのか、誰にも見えなくなってしまう。さらには、信用供与メカニズムの中で相手との個別関係性が失われることで、信用創造の乗数効果が一層大きなものになってしまう。

　結果、経済全体のメカニズムから見ると、さもなければ生じなかったより大きな信用が、より幅広く創造されることになるのだが、その裏面では信用リスクの所在が誰の目にもわからないという信用創造メカニズムにとって最も大切な部分への皮肉なことに不安が、「知らず知らずに」増大しまう。要するに、アメリカ経済の金融経済化が大きく進む反面、内包する不安の種も、また大きく膨らんでいたのである。2008年後半のアメリカにおけるリーマンショックの発生は、こうした信用創造の行きすぎの、必然の結果とも言えるのだ。

　2008年後半から2009年通年にかけての、リーマンショックの後遺症でアメリカ経済が大きく落ち込む中、中国経済は専制国家の利点を十二分に発揮し、巨額の財政発動や為替管理の強化によって、外生ショックの国内波及を最小に抑えきり、国内経済の軟化を抑止、結果、その後数年を経ずして先頭アメリカの背中に手が届きそうになるほどに、中国のGDPは、相対的に高い成長を維持し続けた。このままの成長が続けば、2030年代には、経済の規模でアメリカを抜くことも射程に入り始めたのだ。先頭走者と2番手、お互いの相対的距離感が大きく変動するとき、両者の関係は悪化しがちであることは、国際関係論の常識だろう。この場合にも、まずは、中国の対米姿勢に変化が見え始める。そして、そうした中国の姿勢変化がまた、アメリカの対中観を大きく変えることにも連なってくる。つま

り、お互いが相手をどう見るか、認識変化（認識悪化）の連鎖が発生することになったのである。

4　アメリカから見た中国、中国から見たアメリカ

　同じ現象でも、右から観るか、左から観るかで、解釈が異なることが多々あり得る。大国間の紛争も、こうした視点の違いから発生するケースが多いだろう。米中間の現状を、そうした尺度で解釈し直してみよう。

　まずはアメリカの中国観である。東西冷戦期の 1979 年 1 月、米中国交回復をなした当時のアメリカにとって、中国はソ連圏への楔を打ち込むための対象だった。さらに、冷戦崩壊（1989）後、中国が改革開放路線を鮮明にし始めた頃のそれは、教導して世界に引き入れ、経済を発展させてやれば、中国の社会価値観も自ずとアメリカ風の色合いを増してくる。そんな上から目線の、教師的色彩の濃いものだった。アメリカの、その種の中国観に、当時の指導者鄧小平は、うまく波長を合わせた。その折の標語「韜光養晦」（爪を隠し、才能を秘し、時期を待つ）が、この姿勢を見事に物語る。

　しかし、中国がグローバル化の神益を受け、国内に巨大市場を育成しながらも、価値観やルールを、アメリカと必ずしも共有しない状況が現出、かつ、経済力で優れながら軍事力もあわせて強化して行く様を目の前にし始めると、アメリカのそれまでのナイーブな中国観も次第に変色し始める。とりわけ、2010 年代前半、中国の習近平主席がアメリカとの間の"新型大国関係"を提唱し始めると、アメリカ国内での中国の位置づけが急激に変わり始める。そしてついに、2016 年大統領選挙を契機とする、トランプ大統領（当時）の対中強硬姿勢が、アメリカ社会の中に涵養されつつあった中国警戒論を一気に表面化させることになった。

　中国にとって、そんなトランプ施政下のアメリカの姿勢硬化は、おそらく想定外だっただろう。「こちらの力が大きくなり、立場が強くなると、相手もこちらを、それなりに遇するはず」、おそらくは、それが中国指導者の暗黙の期待だったはずだが、トランプの反応は違った。

　2016 年の大統領選挙で、共和党のトランプ候補は民主党クリントン女史との間で選挙を争っていた頃から、選挙で有利との目論見のもと中国をアメリカにとっての諸悪の根源と決めつけていた。それゆえ、中国へのオバマ大統領（当時）の弱腰を非難し続けた。そのような姿勢のトランプは、大統領選当選直後から、即時に 4 年後の再選に向け始動し、その際 "AMERICA FIRST" と対中強硬の選挙公約の実現を基本方針とした。

　しかし、トランプ大統領の強硬な対中姿勢は、中国側の姿勢にも影響するようになる。2017 年 10 月、習近平の名を冠した政治思想が党規約に盛り込まれ、翌 2018 年 3 月には憲法を改正して国家主席の任期を撤廃、習長期政権でアメリカとの対立を乗り切る体制を構築し始める。もっともこれを逆に見れば、アメリカの対中姿勢硬化を利用して、習近平主席は自らの共産党内における立場強化の材料にしたとも見えるのだが……。

　この間の経緯を詳細に眺めると、そうはいっても現実的には、中国は当初そんなトランプ大統領に振り回され続けた。

　2018 年 11 月のアメリカ中間選挙を視野に、トランプ大統領が対中貿易戦争の口火を切り始めた頃、中国はそれをトランプ流交渉術だとみなし、貿易の不均衡是正やアメリカからの輸入増大で妥協しようとすら考えた形跡大であった。だが、さすがに 2018 年末になると中国もトランプ政権の強硬姿勢が、どうも交渉目的だけではないと気づき始める。そのきっかけが同年 10 月のペンス（Michael Pence）副大統領（当時）のハドソン研究所での対中強硬演説だった。ペンス副大統領は、中国のあらゆる政策、あらゆる慣行を批判した。例えば、「通貨を操作し、技術を強制移転させ……、中国製造 2025 を通じて、先端技術をがむしゃらに習得しようとし、軍事技術で優位に立とうとしている云々」。続く 2019 年は、中国の対米不信を一層深める年となった。そして、この頃から中国は対立が長期化することを覚悟するようになる。

　中国側の認識を推測すると、①両国関係の基礎となっている既存の認識・価値観がアメリカ側の一方的姿勢変化で崩れ、両国間の争点を管理するメカニズムそのものが失われた。②アメリカ、特にトランプは、国内での政治対立を対中強硬姿勢をとることで対外問題とすり替えた。③そんな

アメリカは、中国社会を分裂させようとすら考えている。④摩擦も当初は農業や工業製品だったが、2019 年頃からは次第にハイテクに焦点が移り、今では未来技術分野での覇権争いこそが対立軸となりつつある。結果として、⑤対立は次第に安全保障分野を抱合するものとなり、それとともに、軍事戦略戦面での衝突も懸念され始めている。⑥今後の展望として、米中はともに、周辺諸国を味方に引き入れることで、構造的バランスを有利化しようとせざるを得なくなるだろう。だからこそ、⑦中国は周辺アジア諸国や、欧州諸国、中南米諸国、南太平洋諸国などとの、政治・外交・経済関係を一層密接なものに仕上げておかねばならない。

そして、このような対米警戒心は中国政府に近い筋にいわせると、中国の一人あたり GDP がアメリカの半分、あるいは経済の規模がアメリカの 2 倍に達するまで続くという。そうなれば「アメリカの対抗意識が萎え、中国との共存を望むようになる」からである。つまり、この予言が仮に正しいとすれば、アメリカが折れて共存路線をとるに至るまで、今後 10 年前後かかるということになるわけだ。

そんな状況下、2020 年は中国が一層自信を深める年となった。トランプのアメリカは、コロナ禍で国内分裂の色彩が濃くなる一方だったが、コロナ禍を制圧できた（当時、少なくとも、一時期はそう思われていた）中国は、その後の経済回復もあって自国の制度の方が優秀だとの認識に行き着くことになったからである。そうした自信にはコロナ患者追跡メカニズム 1 つとっても、アメリカや日本では個人を追いかけるシステムとはなっていないのに、中国のそれは個人を特定して追いかけることができて、それだけ効率的だったとの評価が含まれる。つまり、「防疫面で中国が最もよくやれているのは体制的優位性があるからだ」との自信である。少し穿った見方をすれば、アメリカや日本ではコロナ患者追跡メカニズムが、国家の個人生活への介入度合いの深まりの中で警戒心をもって論じられざるを得ないのに比べ、中国ではそうした懸念は論じられていない、その違いを、体制上の優位とみなしているわけだ。

2021 年は、そんな中国の「傲慢さが反感を招いた年」となる。この年、バルト 3 国や、ポーランド、EU 等がこぞって台湾に接近し始める。そこ

には、中国の姿勢への不信感に加え、中国と近い関係にあるロシアへの、欧州各国の「差し迫った警戒感」があり、その反動として、それら諸国はいっせいに、台湾に目を向け始めたのだった。

　考えてみれば、これら諸国の台湾接近は、安全保障分野での通常鉄則が単純に応用されただけかもしれない。曰く、「遠交近攻」、「敵の敵は味方」云々。

　しかし、こうした現象が見られる際、忘れてならないのは、当事国、これらの場合はバルト３国やポーランドなどが、接近相手の台湾だけを見ているかというと決してそうではない点だ。彼らは、自らが台湾に接近することで、実はこうした国際関係の背後にいるアメリカを見ているのである。つまり、ユーラシア大陸の西部で、ロシアの「差し迫った脅威」に直面している国々が、ユーラシの東端の台湾に接近することで、いずれの背後にもいるアメリカと危機認識を共有しようとしているのだ。恐らく、そうした動きを前に、表面には出ないが、アメリカとそれらの国々との対話は一層進んだに違いあるまい。こうした対話と、「差し迫った脅威」への共通認識があったからこそ、2022年初春、ロシアが実際にウクライナに侵入したとき、バルト３国やポーランドが迅速な意思決定でウクライナ支援を決め、それをアメリカが後ろから力強く支える構図があっという間に出現したのである。

5　バイデン政権の対中政策

　2021年、バイデン政権が誕生するや新大統領は「３ヵ月ほどかけて、対中政策を総合的に見直す」方針を明らかにした。そして、事実３月の終盤ともなると新政権の対中観や対中政策の輪郭が次第にはっきりしてくる。その基本姿勢は、中国を最も深刻な競争相手と捉えアメリカ政府の総力、アメリカの官民の総力、同盟国の総力を、それぞれ総動員して対峙しなければならないというもの。

　こうした認識形成の背景には、バイデン大統領自身の、中国との長い個人的付き合いや、さらには、オバマ時代の外交・国防分野を担った民主党

系高官たちの、「胡錦濤の中国と、習近平の中国が、これほどまでに違ってしまうとは思わなかった（オバマ・ホワイトハウスの国家安全保障会議の中国担当者の、イギリス BBC とのインタビュー時の発言）」との対中幻惑があった。言い換えれば、そんなに甘かった、自己の中国理解に裏切られた形となった、彼らの多くが再び、バイデン政権に舞い戻り対中政策の立案・実行を担うようになり、さらに加えれば、その実力を熟知すればするほど、中国は行政府の単なる一部門だけで対処できる相手ではなくなったとの認識が相まって、上述のような対中総力戦体制論にたどり着いているわけである。

　こうして、バイデンの対中政策立案チームは、通常なら新政権発足時にとりがちな融和の姿勢を一切見せず、いきなりトランプ前政権の硬派のアプローチを踏襲することからスタートする。新疆ウイグルやチベットの自治区、そして香港などでの人権問題、報道の自由問題、ミャンマーでの軍事クーデターへの中国の対応振りへの批判などは、そうした姿勢の表れ以外には考えられない。

　また、このような姿勢の背景には、アメリカ議会内に、超党派の対中強硬意志があることを、あえて指摘の必要もあるまい。少し皮肉な表現をすれば、世相がそれほどまでに中国を厳しく見ているがゆえに、オバマ時代に臑に疵持つ専門家たちが、対中姿勢を強硬化せざるを得なくなっている、とも言える。だから、今、仮にそうした専門家たちに問うならば、彼らは「そもそも中国という国自体が、行政府挙げて、あるいは、国を挙げて、対米総力戦体制を築いているではないか」と弁明するはずだ。

　だが一方で現実にはアメリカのアジア・太平洋における足場は、かつてないほど弱体化している。経済面では TPP からの脱退がある。今さら、復帰しようにも、アメリカ国内世論が容易に許容しない雰囲気だし、加えて、中国は、東アジア経済連携協定（RCEP）を成立させるなど、アメリカに比べ、自身に有利な経済競争土俵をアジアですでに確保してしまっている。

　さらに実体的に見てもリーマンショック以降、勢いをなくした世界の経済に比べ、中国経済が軟化しなかった事実もあってアジア各国の経済は、

中国を軸とした地域経済メカニズムの中に組み込まれる度合いを増している。1970年代から1980年代には、日本の企業がアジア各国に進出し、精密部品を日本からもち込み、現地で当該部品などを組み立て最終製品を欧米市場に輸出していた。ところが今や、中国企業が大量にアジア各国に進出し、製造した製品を、欧米はもとより中国市場にももち帰っている。つまり、日本型のやり方が主流だったときには、いわば日系企業を軸とする垂直型の統合が全域に行き渡っていたのだが、中国市場向け生産がシェアを広げている現在では、中国企業を軸とするフラットな水平分業がアジア域内の主流となってきている。

　だから、経済とりわけ部品生産分野などでの技術競争が激化し、かつ、アジア市場でも中国企業の果たす役割が極端に大きくなっている現状、中国とアメリカが、アジアや他の地域でぶつかり合う場合、アメリカの取り得る戦略は、中国企業排除を明白に意図したものにならざるを得なくなる。例えば、安全なサプライ・チェーン構築を掲げての、部品供給メカニズムから中国企業を排除する。金融手法を通じて中国の影響力を排除する。さらには、アメリカ通商代表が示唆しているような、情報分野での新たな枠組みをアジアに構築し、その仕組みから中国を排除するなどである。言い換えると、そこに見える未来の企業活動のイメージは、機微技術を内包したサプライ・チェーン、軍事と結びつきやすい未来技術、さらには情報空間の確保指向などが、結局は経済安全保障の概念で一括りにされ、企業活動自由の範疇外とされて一気に政府規制の中に囲い込まれていく、そんな姿だと考えられる。

　経済から国際政治に目を転じると、そのような傾向は一層鮮明となる。米中対立の激化が新冷戦のイメージと結びつき、安全保障の概念が一層明白に国際関係構築の中心軸に据えられる。それゆえにアメリカは、アジア・太平洋での同盟・準同盟のフレームを新規に構築しようとしている。米印豪日のクアッド・フレーム、AUCAS創設、中国が主張する第一列島線沿いにミサイル防衛網を配備しようとのアメリカ海軍の動き、さらには、日米などからの英独仏へのアジア・太平洋地域への軍艦派遣要請、あるいは日本の防衛予算中のアメリカ軍基地維持のための予算費目に、今年

から共同演習費が顔出ししたのも、まさにそうした動きの典型例なのである。そして、そうした西側諸国のアジア太平洋での動きの震源地となり得るのは、今では誰の目にも台湾だと映っている（後日のバイデン・岸田の日米共同声明はこうした動きの集大成だった）。

　しかし、アメリカのバイデン政権は、中国を「最大の競争相手」と規定しても、それ以上の過激なレトリック（例えば、かつてレーガンが使ったような、悪の帝国といった類の言葉）を使うことは慎重に避けている。と同時に、表面の強硬姿勢とは裏腹にアメリカは裏では首脳同士、あるいは軍幹部間での意思疎通の効率的なパイプ創出・維持を求め続けている。

　例えば、2021年初頭、バイデン政権と習政権の幹部たちが、初めて遭遇したアラスカ会議では、両者はマスコミの前で前代未聞の激論劇を演じて見せた。それから10ヵ月後の同年11月に実現したバイデン・習両首脳のオンライン会議でも、冒頭こそ融和ムードで始まったが、その後、台湾や人権問題などで双方が譲れない一線をぶつけ合う形で終始した。この首脳会議の直後、『ニューヨーク・タイムズ』は「協力関係を誓約し合ったが、主立ったブレイク・スルーはなかった」と報じ、『日本経済新聞』も「米中、緊張緩和探るも溝」と記述した。

　ところが、そうした「主張のぶつけ合い」という報道から受ける印象も実際にそれぞれの議論が、前者では直後非公開で8時間も続き、後者でも3時間半続いたと聞かされると、裏面の実態は表面の伝わり方とは、少し違うのではないかと思えてくる。それだけの長時間、おそらくは両者が、ありとあらゆる問題を俎上に挙げ、互いが内々に想定しているレッド・ラインが、どのあたりにあるか探り合ったのだろうと……。この両政権間の初期の会談の目的は、何らかの肯定的成果を得ることにあったのではなく、むしろ最低限の衝突回避策がどこにあるかを模索し合ったのだと……。

　こうした、表面上の姿勢とは裏腹に、あるいは、そうした姿勢ゆえにこそ、米中は不用意な行き違いや、不慮の出来事が想定外の事態に結びついてしまうリスクを、十分に心得、突発的な緊張が出現することを「予防に予防を重ねる」姿勢で、避けようとしている。現状、両国指導者の間の会

議が長くなりがちな根本原因はこんなところにあるのではないだろうか。そしてここに、国際政治の最大の皮肉が顔を出す。

　10歳の幼子なら言うだろう。「それほどケンカしたくないのなら、初めから仲よくすればよいじゃない…」と。だが、社会を構成している、異なった価値観（個人の自由や表現の自由などの各種自由権、多数の反対党を許容する民主制政治、国家統制よりは市場主導の経済運営、政府規制の在り方の違いなど）を基盤としている大人たちは、「自分たちがよって立つ仕組みや制度こそが、社会全体の厚生と人々の生活向上に資するもの」との立場を譲れない。政治は制度を要し、制度の基礎には価値観がある。逆に言えば、異なった価値観ゆえ、異なった制度に依拠せざるを得ない。そして、異なった制度は必然的に軋轢（あつれき）のもとになる。だからこそ、競合する大国同士、少しでも軋轢を緩和するため、「違いを違いと認め合う」戦略的対話が必要になってくるのだ。

6　米中間の戦略思想の違いに関する一考察

　視点を変えれば、アメリカも中国も似たところがある。それは、物事を前に徹底して議論をつくす性質である。中国が文治の国で、統治に関し数々の専門哲学・専門理論を生みだしたことは今さら言うには及ぶまい。一方、アメリカも建国の初めから、議論と熟慮は統治行為の不可分の一体だった。例えば、建国の際の憲法制定過程では、建国の父たちは、それこそありとあらゆる場面を想定・熟慮し、憲法草案をまとめている。三権分立、人事、上院と下院の役割分担、大統領が欠けた場合の規定など……。同様に中国でも、歴史を紐解けば為政者たちが統治絡みの議論に慣れ親しんできた。

　だが、そうした場所で論じられてきた価値観や方法論は、米中双方で同じではない。だからこそ、互いに異なった体制を基盤とするアメリカや中国といった、大国同士の関係を律するに際し、たとえ十二分には互いをわかり合えなくとも、両者の間での長時間の実質的議論が何よりも重要視されるべきなのだ。より直接的に言えば、わかり合おうとする真摯な努力を

互いが見せ合う過程が必要である。繰り返し強調しておくべきは、米中が長時間議論し合ったからといって、その導きだす結論が双方同じになるとは限らない点だ。歴史的に醸成されてきた社会観や戦術観が、アメリカと中国とで必ずしも同じではないのだから……。

　第二次世界大戦後の米中２カ国間の関係を、ここで再び振り返ってみると、アメリカがいかに中国の戦略観を理解していなかったかが、わかってくる。アメリカの認識論は、西洋流の「我思う故に我あり」の自我の世界を基礎とする。他方中国は、「表面に現れる矛盾を公然と認知し、その相反性を逆に社会を理解する基礎概念として位置づける、いわば受け身認識の世界」だからである。

　この辺の認識視点の違いゆえ、デレク・ユアンは、「中国の戦略思想は、西洋の戦略面での常識とは、多くの面で正反対に位置している」と記述している。少し彼の説明に耳を傾けてみよう。ユアンは、中国古来の陰陽論には、前提として、おおむね次のような社会認識があるという。曰く「中国の弁証法の核心は『陰陽論』にある。陰と陽は、現実の展開によって生みだされる２つの連続した段階である……したがって、陰陽を使えば、物事を正反対の視点から見られるようになる……現実には、陽の光が山を照らしている面と、その反対の陰が山の裏側を隠している部分とがあるように……」と。つまり、この中国的な見方では２つの相反的な概念を結びつけ、動的な全体像ができ上がっているわけだ。

　ユアンはまた、「陰陽を前提とする認識の、その兵法版としての孫子を読むと、次のようなたとえが至るところでちりばめられている……。混乱はきちんと治まった中から生まれ、臆病は勇敢から生まれ、軟弱は剛直から生まれる……充実している者にはこちらも備え、強い者は避け、怒り狂っている者は攪乱し、謙虚な者はおごり高ぶらせ、安楽にしている者は疲労させ、団結している者は分裂させる……」とも述べている。こうした主張が示すのは、自然な循環的傾向を、弱者がどううまく活用できるか、そこにこそ弱者にとっての勝機があるということだ。

　要は、このような認識視点の設定面で西洋（代表としてのアメリカ）と中国は決定的に異なっている。そして、それゆえにこそ、西洋流のクラウ

ゼヴィッツ（19世紀初頭の軍人・軍事掌者）的戦略論と中国の孫子的戦略論とでは、手法も決定的に異なってくるのである。前者では、目標は前もって設定される。対して、ユアンは、後者について、次のように説明する。「1つのことに固執する、というものほど危険なことはない。あらゆる可能性を秘めた状況の変化に対し、行為者が柔軟に対応しようとするのを妨げるようなルールや命令を設定することほど、最悪のものはない……」と説明している。だからこそ老子は、「柔弱（すなおさ）を保持することが、真の強さと呼ばれるのだ」と主張するのである。

前述のような中国の、アメリカとの認識姿勢の違いは、ユアンに言わせると、中国思想の随所に見出せるという。例えば、道教の中に「後発制人」という概念があるそうで、英語に訳すると、"Striking Second"、日本の剣道でいう「後の先」というものに近そうだが、この概念、アメリカの（クラウゼヴィッツ的）「先制」や「後発」の概念で理解されるものとは全く別物である。この概念の、より適切な解釈は「敵が攻撃する意図を先読し、それを徒過したあとに、攻撃を開始する」となるのだという。これをユアンは、「先を見越して待つ」と表現する。だからこそ彼は、中国の思想をなまじ英語に翻訳すると、実態は全く違うものになってしまうと指摘するのである。英語訳を読んで、アメリカ人が中国の考え方を誤解するというのである。

ユアンによれば、毛沢東はこの後発制人の考え方を、革命戦争の中で実践した。毛沢東にとって革命戦争とは、ゲリラ戦で敵を疲弊させ、時間を稼ぐだけではなく、意図的に敵に先攻させその反動で、潜在力や条件を自らに有利になるよう蓄積することだった。そして、これを達成できた瞬間、戦争を最終段階にまで進めることが可能になり、敵を戦闘で打ち負かすことができるようになるというのだ。

いずれにせよ、鄧小平時代の中国は、状況の進展から最大の有利を引きだす従来の陰陽路線をとっていた。前述の「蹈光養晦」は、その典型的姿勢だった。だが、習近平が主席になり、中国経済の高成長も続き、いずれアメリカ経済を追い抜くとさえ予測されるに至ると、それらの実績に背中を押され習主席は、「偉大な中国夢」や「対米新型大国関係」などの概念

を矢継ぎ早に打ちだすことになる。そして、これら概念が百歩譲っても、中国民衆向けの自信付与策だったとしても、あるいは国内向けメッセージだったとしても、それらを打ちだすことでそれまで目くらましされていたアメリカの中国誤認を覚醒させてしまったという意味では、外交政策としては大いに問題のある打ち出しだったと、言わざるを得ない。アメリカ国内に、急速に中国警戒論が広がった理由である。つまり、現在の米中対立の基底に、上記のようなアメリカの中国流社会観への無知と、中国の欧米流レトリックのへたな運用が重なって双方が誤算をくり返す、負のスパイラルが発生してしまったのである。その意味では、習近平は焦りすぎたのではなかろうか。黙ってじっと従来路線を歩んでおれば、熟した柿が落ちてくるように、中国が国際政治の場でもっと重要な役割を演ずることになっていたものを、己の経済優位に惑わされ、あるいは交渉上手を自認したトランプ大統領（当時）の強硬姿勢に惑わされ、さらに最終的にはロシアの接近にノーと言えず、結局は中ロ連携の形にもっていかれてしまう。そんな過程のどこに、古の中国らしさが出ているというのだろうか。

　論点を変えれば、欧米の専門家の描くシナリオではウクライナ戦争でロシアが弱体化すれば、経済面ではロシアはますます中国依存を深めざるを得なくなるだろうとのこと。今でもすでに、ロシア経済の規模は中国経済のそれの1割程度でしかない。それ故窮すればロシアは、ますます中国を頼ることになる。中国は、そんなロシアを無碍に突き放せない。結果、ユーラシア大陸の中心部に、かつてイギリスの地理学者（地政学の祖）マッキンダー（Halford Mackinder）が懸念したような「ユーラシア大陸を独占的に支配する国家群が出現しないよう、欧米のシーパワーによって、常に監視が必要」という事態が再び顕在化してくることになる。

　「再び」と記したのは、冷戦構造下の状況がまさにそうだったからである。ただ、今回の対立構造の顕在化の兆しには、かつての冷戦構造下でのそれとは明らかな違いがある。それは中ロの役割逆転だろう。昔は、ソ連が圧倒的に優越だった。だが今では、前述のように中国が相対的に優越である。「相対的に」と記したのは、ロシアは現在でも核戦力では中国より優位であり、それだけでアメリカと対峙する力があるが、こと経済力では

中国が圧倒的に優越している。つまり、それだけ中ロ間の相対的力関係も流動的なのである。

　こうした中ロの立場逆転は、北東アジアに位置する日本にとっても重大な関心事である。プーチン大統領はこれまで台湾問題や尖閣列島問題では中国の主張とは一線を画して接してきていた。ところが、ウクライナで状況が不利になると、自ずと中国寄りの姿勢をとらざるを得なくなる。それは日本にとっては極めてまずいことなのである。

　日本海を挟んで、日本はこれまでずっと中国、北朝鮮、そしてロシアという３つの国からの軍事的脅威と対峙してきた。そんな日本が最も避けなければならないことは、この３国のいずれとも同時に敵対関係に陥ることである。それだけは、外交力を駆使して、絶対に避けるべき事態なのだが、ウクライナ戦争の発生で、そうした最悪の事態が現出してしまう可能性も高まってきているわけだ。そして、北東アジアの安全保障分野で、日本の立場が不利になればなるほど、日本はまた、アメリカ依存を強めざるを得なくなる。その行き着く先は、誰もが避けたい、新冷戦を生みだしかねない国際政治構造の顕在化というわけなのだ。

7　おわりに（反語的解釈）

　ウクライナ戦争をめぐっては、中国は明らかにロシア寄りの姿勢をとっている。だが、そんな姿勢だから即、ロシアを「積極支持」していると決めつけるのもいささか早計だろう。例えば、中国の対ロ貿易の実態を統計的に見れば、貿易全体に占めるロシアの比率は、想定外とも言えるほど低い。これなど中国がロシア支援を、最低限に抑えていると証左とも理解できるではないか。あるいは、国連の場などでのロシア糾弾の動きに、中国は常に反対票を投じているのだが、これとても糾弾には賛成できないと言っているだけで、ロシアを支持するとは言ってはいない。つまりロシアへの制裁反対はロシア支持では決してないのである。そうした見方を実証するように、最近では中国内にロシアとの距離をとろうとの動きも散見できる。

　要は、世間で流布されている物事に対する白か黒かの見方にあまりとらわれない方がよい。例えば、仮に事態が新冷戦に向かうとしても、そうならないようウクライナ戦争を早急に、かつ無理筋で早期決着を図るのが、本当によいのかどうか、じっくりと吟味する必要もある。むしろ多摩大学の國分教授などは、「新冷戦を長期化させることこそが国際政治にとってはよいことだ」とすら主張している。早期決着は、かえって緊張を高めて最悪の事態を招来させる可能性が高まるというわけである。

　バイデン政権の基本姿勢も、中国の不当な手法による経済成長を遅らせることである。しかし一方で、その間の偶発的危機勃発を避けることでもあると思われる。そのような視点で事態を見ていると少し探偵小説風になるが、プーチン大統領の核使用発言などを前に、アメリカが中国にロシアの核使用だけは絶対に阻止するよう協力を求めている可能性も否定できない。要は、国際政治では安全保障確保のために、どんなシナリオでもあり得るのだ。もちろん、このようなシナリオは、所詮はフィクションだろうが……。いずれにせよ、国際情勢を理解するには表面を一皮、二皮、三皮もむく、そんな深読もまた必要なのである。

　2022 年秋、中国では習国家主席 3 選が決まり、アメリカでは中間選挙でバイデン大統領の与党民主党が当初の大敗の予測を覆し、土壇場で踏ん張りを見せた。そうした状況は、米中両国が問題解決は遠い夢だとしても、これ以上の関係悪化、あるいは、不測の事態の発生を防ぐ何らかの予防的外交活動を活発化させるきっかけになるそんな予兆をも感じさせる。

［注］

1)　事態が急速に進展している。ウクライナが NATO に正式に加盟申請すると、再び言い始め云々…。しかし、本章では執筆時から出版時までの変化は、筆者の当然の想定シナリオ通りであったため、個々の情勢進展はあえて記述しないことにした。

2)　ウクライナ側がロシアの侵入を、国境線を武力で一方的に破る、国際法違反だと主張するのに対し、ロシア側がウクライナの主張を、誤った歴史認識だと切って捨てている。これなどを、尖閣や竹島での日本の主張と、中国や韓国の主張と対比してみると、その類似性に驚かされる。

160

[**参考文献**]────────────────────────────────

ビアード夫妻（松本重治他訳）(1964)『新版　アメリカ合衆国史』、岩波書店。
鷲尾友春（1985)「1984 年大統領選挙から観た米国」、竹内宏編『新しいアメリカ革命』、東洋経済新報社。
鷲尾友春（1999)「政策決定過程の変化と争点の変遷」、外交政策決定要因研究会編『日本の外交政策決定要因』、PHP 研究所。
鷲尾友春（2013)『20 のテーマで読み解くアメリカの歴史』、ミネルヴァ書房。
鷲尾友春（2014)『6 つのケースで読み解く日米間の産業軋轢と通商交渉の歴史』、関西学院大学出版会。(中国語翻訳版は 2021 年；中国友誼出版公司)

第8章

世界の言語教育の理念・

実践から学ぶ日本の英語教育

1　はじめに

　現在、英語を母語とする人口が約4億であるのに対し、その6.5倍にあたる約26億の人々が第二言語（second language）あるいは外国語（foreign language）として英語を使っている。文字通り「国際共通語」の地位を築いた英語は世界で唯一の hyper-central language とも呼ばれ、世界中で広く学ばれている。日本も例外ではなく、中学・高校・大学はもちろん2020年からは小学校においても、「外国語（英語）」として教科の1つとして週に2時間の英語学習が実施されている。

　英語に限らず、言語とは「コミュニケーションのためのツール」だとよく言われる。もちろん言語を使用する本来の目的は人と人との意思疎通であるので、言語がコミュニケーションをとるためのツールであることは間違いない。そして、日本の英語教育においても、長年続けられてきた伝統的な指導法である文法訳読法に対する反動として、そして、国際化の進展とともに日本語以外の言語を母語とする人たちと英語を使って口答でやりとりする機会が増えてきたこともあり、中学や高校のカリキュラムにおいても1990年頃からコミュニケーション（正確に言えばオーラルコミュニケーション）能力の育成を重視する流れへと舵が切られた。その結果、読

み書き能力に加えて英語によるコミュニケーション能力（話したり聞いたりして互いに理解する能力）をいかにして効果的に育成するかということが日本の英語教育界での中心的な課題となってきた。

　その高い通用性から、英語や英語学習の必要性・重要性を否定するものではない。世界はもちろん、アジアの近隣諸国と比較しても日本語を母語とする私たちの英語力の低さを示すとされるデータも多く存在する。また、「国際共通語」として英語が果たす役割は少なくとも当面の間は変わりそうになく、近年の英語学習の低年齢化も相まって、日本において英語教育が今後ますます盛んになるであろうことは想像に難くない。その一方で、英語も含めた言語、そして言語教育・言語学習のもつ意味を私たちは今一度考えるべきではないか。現状を見るに、往々にして言語のもつ実用的な側面、コミュニケーションのツールとしての側面が注目を集める傾向にあり、それは英語教育の専門家の間でも同様である。果たしてそれだけでよいのであろうか。

　この章では、まず世界各地域の言語教育の理念・実践を見てみたい。そして、その考察に基づいて日本の英語教育を考え直すと同時に、英語も含めた言語、言語教育あるいは言語学習のもつ本来の意味を再検討することを本章の最終目的としたい。

　以下、世界の言語教育の理念と実践の例として、バイリンガル教育、欧州言語政策、国際英語論、そして批判的応用言語学を取り上げ、まずそれらの主な内容を概説するとともに中心的理念を説明したのち、日本における英語教育へ示唆すると考えられるものを述べていく。

2　バイリンガル教育から日本の英語教育を考える

　バイリンガル教育とはその名の通り、学校などの教育機関において2言語（以上）を用いて言語教育を行うことである。その2言語とは、例えばカナダにおける英語とフランス語のようにともに社会の主流言語（dominant language）といった組み合わせの場合もあれば、アメリカにおける英語とスペイン語のように主流言語と少数派言語（minoritized

language）といった組み合わせの場合もある。そして、その目的としては
ヨーロッパにおけるバイリンガル教育が主として経済的なメリット（複数
言語が操れることで職を得やすいなど）とヨーロッパにおける言語的・文
化的多様性を重視するものであるのに対し、アメリカのバイリンガル教育
は、少数派言語（例えばスペイン語）の話し手が主流言語（英語）ができ
ないために社会の犠牲になることなく、アメリカの主流社会の自立した構
成メンバーとなるための助けになると同時に、自分の母語や母文化を継承
する助けになることをその大きなミッションとしている。その意味では、
アメリカにおけるバイリンガル教育は社会正義（social justice）、公平・
公正（equity）、多様性（diversity）、さらには言語に関する人権（linguistic
human rights）と深く関わっており、これがバイリンガル教育と通常の外
国語教育との大きな違いである。アメリカにおけるバイリンガル教育のこ
ういった特徴にはその歴史的変遷が大きく関わっているが、それについて
はここでは割愛することにする。以降、主としてアメリカのバイリンガル
教育について、その理念を日本における英語教育に関係すると思われるも
のを中心に述べる。

　前述のようなミッションをもったアメリカのバイリンガル教育にとって
重要だと考えられているのは、まず、学習者（言語少数派）の言語的・文
化的な多様性を重視するというスタンスである。つまり、主流言語（英
語）や主流文化（アメリカ文化）の中にあって、主流言語（英語）能力
を伸ばすと同時に学習者の母語や母文化の価値を認め、学習者（言語少
数派）達が自分の母語や母文化を大切にする姿勢を育てるという考え方
である。その過程を通して多様な文化に対する意識・目覚め（cultural
awareness）を育成する。さらには学習者の母語を補助言語（scaffolding
language）として、それを通して学習者がそれまでに得た経験や知識を伸
ばすこともバイリンガル教育の大きな役割と考えられている。そうしたこ
とによって、ともすれば主流文化、主流社会に埋没しがちな言語少数派の
子どもたちの自尊心を育成することにもつながるという考えがある。さら
には、学習者の母語や母文化にとどまることなく、広く異言語や異文化、
そして、それらを背景とする人々に対する寛容な精神を育成することがア

メリカのバイリンガル教育では重要視されている。

　次に大きな点としては、前に挙げた社会正義（social justice）、公平・公正（equity）が挙げられる。一般的にいって、アメリカでバイリンガル教育の対象となる学習者には有色人種が多い。そういう学習者たちは、人種の問題、言語の問題、そして文化の問題が絡んで、ヨーロッパ系移民を中心としたアメリカ主流社会においてその立場が必ずしも強いとは言えない。ともすれば社会の犠牲になりがちな言語少数派の人たちをサポートすることもバイリンガル教育の大きな役割と考えられている。その意味において、バイリンガル教育においては単に学習者の母文化や母国の習慣などを知識として共有したり、社会文化的に学習者をサポートするような教育を行うだけでは十分ではなく、人種や異言語・異文化に対してより積極的に「平等」や「社会正義」を擁護し支持するものでなければならない。バイリンガル教育というのは社会に変化をもたらし、社会の不平等を是正するツールとなり得るからである。また、社会の主流言語の覇権に疑問を投げかけることもバイリンガル教育が通常の外国語教育と大きく異なる点である。

　一方、バイリンガル教育の言語面に目を向けると、最近の研究動向として単一言語主義から見たバイリンガリズム（monolingual view of bilingualism）から複言語主義から見たバイリンガリズム（plurilingual or holistic view of bilingualism）と言われている。従来からあったバイリンガル（二言語話者）に対する考え方は、その人個人の中にモノリンガル（単一言語話者）が2人存在するというものであり（monoglossic ideology）、言語能力として見た場合、その人のもつ言語能力は2つ別個に存在するというものである。それに対して最近の考え方によると、バイリンガルの言語能力はあくまでも1つの言語システム（unitary language system）であって、その個人の中に言語能力として存在するものは2つの言語を統合したものであり、その統合体がその人の総合的な言語能力であるという考え方である。

　この考えに基づいて最近、トランスランゲージング（translanguaging）と言われている。バイリンガルの話者が会話の途中で言語を切り替えるこ

とは従来からコードスイッチング（code switching）と言われてきたが、どちらかと言えば言語（code）に注目したこの用語ではなく、その話し手個人のもつ言語能力の総体に注目した言い方がトランスランゲージングである。バイリンガルの人が複数の言語能力を運用するとき、コードスイッチングのような、独立した別々の言語間を行き来して言語を選択し、簡単な切り替えを行うのではない。その人のもつすべての言語能力を 1 つの言語レパートリー（linguistic repertoire）と見なし、言語行為者はその混ざり合った言語システムをその人固有の言葉として駆使している。バイリンガルの人の中では異なる特徴をもつ言語能力が混然一体となっていて、自分のもつ言語資源の総体を駆使して意味内容を理解しようとする（meaning making）のが、バイリンガルの人が行っている言語使用の実態であるという捉え方である。この考え方に基づいたバイリンガル教育というのは、各学習者がもつ複数言語の総体に注目し、その人がもつ言語資源（language resources；母語と学習言語）をフルに活用させることで、母語や第二言語の習得を含めたすべての学習効果を最大限に伸ばすという考え方である。

　同時に、トランスランゲージングとは単にこういった流動的な（fluid）言語使用を表すにとどまらず、複数言語を統合的なもの、その使用を流動的なものと捉えることで、社会的政治的に定義された個別の言語（named language）の枠にとらわれることのない考え方を表すものでもある。

　次に、アメリカにおけるバイリンガル教育が日本の英語教育に対して示唆を与えると思われることを考えてみる。

　まず、バイリンガル教育がさまざまな言語や文化の多様性とそれらの価値を等しく認めるとともに、異文化や異言語に対する寛容の精神を大切にしている点が挙げられる。もちろん、アメリカにおけるバイリンガル教育の対象となる学習者と日本における英語学習者はその性格が大きく異なるが、日本における英語教育も決して英語の覇権を助長するものであってはならない。「国際共通語」としての英語の利便性は認めつつも、英語を含めた外国語教育の本来の目的はその実用性のみであってはならないと考えられる。外国語を学ぶことによって、母語や母文化を中心とした偏狭な考

え方を改め、世界のさまざまな言語や文化の理解、ひいては世界を理解するうえで複眼的な視点を得ることも英語を含めた外国語を学習する本来の目的である。そう考えるとき、日本の英語教育がアメリカのバイリンガル教育から学ぶものは多い。日本における英語教育は、もっと英語以外の言語や英語圏以外の文化に配慮した（同じ価値を認める）ものであるべきだと考える。

　次に、バイリンガル教育において社会正義、公正・公平が重視されている点がある。繰り返しになるが、日本における英語学習者の多くが社会的少数派ではないことを考えるとき、バイリンガル教育におけるこのような考え方を日本における英語教育の場に単純にあてはめることはできない。しかし、「国際共通語」となった英語や英語圏文化を過大評価するのではなく、学習者の文化的背景、言語的背景をまず認め、それらを基盤にした英語指導というものを考えなければならない。これは日本語を母語とする英語学習者に限ったことではないが、学習者の社会文化的な背景を十分に配慮した英語指導を行うことが肝要であると考える。

　最後に、バイリンガル教育における個人のもつ複数言語に対する考え方、それに基づくトランスランゲージングという考え方は日本における英語教育にとっても大いに参考になると考える。英語・日本語という個別の言語にこだわることなく、学習者の総合的な言語能力に注目すべきではないか。日本では、これまでの指導の反省からか、またその指導効果を狙ってか、「英語の授業は英語で行うことを基本とする」という考え方がある。もちろん、これは目標言語での言語活動を増やすことでその指導の効果を狙ったものであろうが、必ずしもその狙いが現場や学習者に正しく伝わっていないと感じる。逆に、英語嫌いを助長するという結果をも招いているケースがあるのではないか。目標言語に拘泥するよりも、むしろ英語指導において学習者の母語（日本語）を積極的かつ有機的に活用することで、英語も含めた学習者の総合的な言語能力を伸ばすことができると考えられる。

3　欧州言語政策から日本の英語教育を考える

　欧州言語政策を具現化したものに「ヨーロッパ言語共通参照枠(Common European Framework of Reference for Languages：CEFR)」がある。CEFR とは、欧州評議会（Council of Europe：1949 年にイギリスやフランスなど 10 カ国が議会制民主主義と法秩序の維持、人権擁護を基本理念とする欧州の平和構築を目標に設置された国際機関。2007 年現在、47 カ国を擁する）の言語政策部局によって 1970 年代から 30 年かけて作成された、欧州における外国語学習・教育・評価の基準作りのための枠組みである。そしてその目的は、第二次世界大戦に対する深い反省から、言語教育を促進することで戦争を回避し、欧州に平和を構築することである。そして CEFR に代表される欧州言語政策の根本理念としては、欧州文化憲章の「文化・言語の多様性維持」の方針のもと、複言語学習（複言語主義に基づく言語学習）、異文化理解、そして生涯続く言語学習を可能とする自律学習である。なお、ここでいう「自律学習」とは、ある一定期間、外国語を学んで一定のレベルまで到達することを目標にするのではない。むしろ、学習経験を通して継続的自律的に学ぶ、そして、将来的に新たな外国語を学ぶことになった場合に備えて「学び方を学ぶ」ことである。

　欧州言語政策の根本理念の 1 つである複言語主義（plurilingualism）を正しく理解するためには、似た概念である多言語主義（multilingualism）との比較が参考になる。まず、多言語主義とはある国や地域において複数の言語が使われている状況を指す。例えば、カナダは英語とフランス語がともに公用語として共存する多言語国家である。それに対して複言語主義とは、個人が複数の言語を目的に応じて使い分ける状況を指す。そして欧州言語政策は、多言語主義とともに、統合的に個人が複数言語を学習し、使用する複言語主義を提唱している。さらに重要な両者の違いとして、多言語主義が複数の言語をそれぞれの母語話者並みに身につけることを目標としているのに対し、複言語主義では多様なレベルの言語能力（つまり部分的な言語能力）に対して肯定的な価値観を与えていること

である。そして、たとえ部分的でも各個人の有する複数の言語能力の総体（linguistic repertoire）がその人のもつ言語資源（linguistic resources）であり、それを活用することによって異言語を背景とする人たちと積極的にコミュニケーションをとることを推奨するものである。なお、前述のトランスランゲージング（複数の言語間を柔軟に行き来し、個人がもつ言語レパートリーを活用すること）は複言語主義に通ずるものがある。両者は、複数の言語を１つの複合体として見るホリスティックな考えであるという点で共通している。カナダのバイリンガル教育の提唱者であるカミンズ（Jim Cummins）が提唱する共有基底言語能力（Common Underlying Proficiency）にも通じるものがある。

　CEFR は、「欧州言語ポートフォリオ（European Language Portfolio）」と並んで欧州言語政策である複言語主義を体現するものであって、例示的能力記述文（can do リスト）による「言語能力の段階レベル」を示している。「欧州言語ポートフォリオ」は学習者の言語学習や異文化体験を記録し、それを公的な形で認めるものである。そしてそれらを可能にするのが「言語能力の段階レベル」であって、その段階レベルは当初６段階であったが、2018 年公開の CEFR 増補版によるとさらに細かく分かれ、11 段階となっている。また、CEFR 増補版（2018）では、「母語話者を外国語学習・教育のモデルにしない」という考えを明確にするため、能力記述文から「ネイティブスピーカー」という用語をすべて削除している。

　それでは次に、CEFR に代表される欧州言語政策が日本の英語教育に与えると考えられる示唆について考えてみよう。

　まず多言語主義・複言語主義がある。欧州連合（EU）の理念は「多様性の中の統合」（united in diversity）であり、その目的のために多様な言語と文化の違いを積極的に認めるとともに、それらの平等性を重んじている。EU の中では加盟国 27 カ国の 23 の公用語のすべてを、その言語人口の多寡に関係なく EU の公用語としている。その背景には、各言語は対等で等しい価値をもつという考え方（言語相対主義）がある。この姿勢は日本における英語教育にも大いに参考になる。ともすれば英語を過大評価し、英語一辺倒に走りがちな日本の外国語教育を見直すこと、英語以外の

言語、英語圏以外の文化も視野に入れ、関心をもち、それらに同等の価値を置くことによって平等に重んじることが重要であると考える。そして、そうしたことを意識したうえで（英語という言語を相対化したうえで）英語を学ぶのがよいと考える。そうしたことを意識しながらの英語教育は、英語の相対化につながるだけではなく、学習者の将来的な多言語、多文化への興味や関心につながると考えるからである。さらに言えば、そうした言語や文化の相対化を通して私たちは、自分の言語や文化、価値観などを相対的に見る目を養うことができると考える。

　異文化理解は欧州言語政策の重要な柱であるが、異文化理解能力とは、異文化を理解する能力だけではなく、自己や自文化を、ときには批判的に見て相対化する能力も含まれる。自分の文化的特徴やコミュニケーションのとり方の特徴などを客観的に把握することによって自文化の価値観のみで相手の文化を評価するのではなく、相手の文化やその特徴をうまく理解することができるようになるのである。異文化理解・国際理解は日本の現在の英語教育でも重要視されているが、欧州の例を参考にさらに踏み込んだ異文化理解・国際理解のための教育が求められている。

　日本における英語教育（外国語教育）が置かれている状況は欧州とは大きく異なっている。欧州ほど国と国との間の複雑な歴史的背景はなく、多くの国と国境を共有し合うといった状況もない。それでもこのグローバル化の中（日本において、異言語・異文化を背景とする人たちの数も確実に増えてきていることもある。2016年現在で公立の小中高で学ぶ外国人児童・生徒は7万人以上、社会のニーズが欧州化している）、日本の外国語教育においても、もっとグローバルな考え方（多言語多文化を相対的に見る目）が求められている。外国語教育の本来の意義が多様な価値観の涵養であることを考えるとき、現状の日本の英語教育（外国語教育）はまだまだ改善の余地があると考えられる。

　次に、複言語主義における「部分的言語能力」に対する積極的な姿勢、そしてそれに関連して、外国語学習のモデルとしての「ネイティブスピーカー」に対する考え方が参考になる。繰り返しになるが、たとえ部分的であっても複数の言語を操り、それらの間を柔軟に流動的に行き来すること

（トランスランゲージング）、母語も含めて学習者がもつ言語レパートリーを総動員することで積極的にコミュニケーションをとることを複言語主義は推奨している。また、必ずしもその言語のネイティブスピーカーをモデルとするのではなく、自分のアイデンティティを大切にし、それを伝える一方法としての言語使用を複言語主義は推奨している。そういった姿勢は私たちが英語を学び、英語を使う際にも大いに参考になると考える。

　前述したが、日本の英語指導の現場（教室）に目をやると、「英語の授業は英語で」と言われる。もちろんこのキャッチフレーズの趣旨は、英語の授業といえども英語での言語活動が少なかった伝統的な英語指導に対する反動であり、英語をもっと使う、あるいは使わせることで英語力を伸ばそうということだと理解するが、果たしてその考え方はどの程度現場に浸透しているのか、キャッチフレーズだけが一人歩きしていないか、見直すことが必要だと考える。欧州言語政策における「母語の重視」と日本における「英語の授業は英語で」は対照的である。また、日本の学校の英語の授業現場を考えたとき、学習者が共通した母語（日本語）をもっているのが一般的であろう。その母語を英語指導においてもっと積極的かつ効果的に使うのが日本の英語学習環境に合ったやり方ではないかと思う。

　また、日本では教員の間でも学習者の間でも、ネイティブスピーカーに対する拘泥が必要以上に強いと感じる。目標を高く設定すること自体は悪くはないが、多くの学習者にとって達成可能な目標を示すことは動機づけの点でも重要である。また、ネイティブ英語を目指す（達成目標にする）という考え方は、ネイティブ英語の優越性という言語差別を助長する点でも問題である。ネイティブ英語を目指さないのは、決して妥協ではなく、さまざまな英語を平等なものとして認めようとする積極的な考え方から来るものである。日本の書店の棚を見ると、いまだに「ネイティブ云々」と題した英語学習書が多く見られる。英語も含めた外国語学習に対する私たちの姿勢を見直す時期に来ていると感じる。欧州と日本、確かに状況は大きく異なるが、それでも言語や言語教育に対する考え方において、私たちは大いに学ばなければならないと考える。

　最後に、日本ではCEFRは「評価のための基準」と考えられている向

きがあるが、私たちがCEFRに具体化された欧州言語政策から真に学ぶ
べきは、CEFRの背景にある複言語主義であることを強調しておきたい。

4　国際英語論から日本の英語教育を考える

　ここまでは、日本の英語教育を考えるうえで、英語だけではなく英語以
外の言語やその文化を視野に入れることの価値や重要性を考えてきた。こ
こでは、あくまでも英語（ただしさまざまな英語）を対象として議論した
い。

　広い世界を見ると英語母語話者以外にも人々がさまざまな英語を話して
いて、それらは母語話者の話す英語と同様に体系立ったものである。国際
英語論とは一言で言えば、それぞれの話し手の文化や価値観を反映したこ
うした「国際英語」は英語母語話者の英語と同等な価値をもつものであ
るとする考え方である。国際英語論の考え方には主に3つの種類がある。
「世界英語（World Englishes：以降WE）」、「共通語としての英語（English
as a lingua franca：以降ELF)」、そして「国際語としての英語（English
as an international language：以降EIL)」である。順にその核となる考
え方を概説する。

　まずWEであるが、インド出身の言語学者であるカチュル（Braj
Kachru）が先駆者となって考えだされた概念であり、世界の英語を3つ
に分類している。第1が、英語を母語とする国々（内円；例えばアメリカ
合衆国、イギリス、カナダなど）の英語である。第2が、英語を第二言
語・公用語としている国々（外円；例えばインド、シンガポール、マレー
シアなどかつてのイギリスやアメリカの植民地）において発達した英語で
ある。そして第3が、英語を外国語として使う国々（拡大円；例えば日本
や韓国など）の英語に区別した。そのうえで、特にカチュル自身の出身
であるインドの英語が属する外円に軸足を置きながら、3つの円に属する
それぞれの国や地域の文化や歴史、言語を反映した英語の変種（variety）
について研究した。WEは、上記の3区分におけるさまざまな英語の変種
の総称であるが、一定の基準を満たしているという条件のもと、そのいず

れにも地域性を反映した英語として平等な価値を与え、その多様な存在を積極的に認めようとする考え方である。

　次に ELF であるが、主に英語を外国語として使用している国々（カチュルのいう拡大円）において使われている英語の変種の共通項に注目し、それらを核（lingua franca core）とした。そして、異なる母語をもち、英語を外国語として使用する人たちの間の共通語としての英語を EFL とした。イギリスの音韻学者であるジェンキンス（Jennifer Jenkins）などが先駆者となって始められた。WE と比較して、多様な英語を認めるというよりも、多様性の中の共通項に注目した考え方である。また、外国語として英語を使う際、コミュニケーション（相互理解）に欠かせない言語的な正確さと、コミュニケーションにはそれほど支障をきたさない非標準英語の側面（例えば、三人称単数現在の s を落とす、think を sink と発音する、discuss *about* などと余分な前置詞を入れる）とを区別していることも ELF の考え方の特徴である。そして、アメリカやイギリスといった特定の国や文化から切り離され、規範となる標準英語となるものは存在しないというのも ELF の考え方である。興味深いことに、英語母語話者に比べて、外国語として英語を使う人たちの方が ELF を柔軟にうまく使いこなして意思疎通を図ることができる（accommodating）という指摘もある。かえって英語母語話者の方が、その文法的不正確さ（というか、自分たちの使う英語からの逸脱）のために ELF に対して違和感を覚えるという。

　最後に EIL であるが、これはアメリカ人言語学者スミス（Larry Smith）を中心とした考え方である。文字通り英語を国際語として、英語母語話者（内円）だけではなく第二言語（外円）、そして外国語として英語を使う人々（拡大円）もすべて含めた共通語として使用するといった状況を表す。英語に多様性や変種を認めようとする点は WE と似ているが、それらの多様性や変種を、WE が想定するような 3 つの円を越えて認めようとする考え方である。結果的に、さまざまな母語をもつ人々が大きな問題を感じることなくコミュニケーションをとることができるよう、わかりやすい英語を話すことになる。言語的特徴よりも、むしろ共通語として

英語が果たす役割、そのための指導内容や指導法に注目した考え方が EIL
の根底にある。

　以上が 3 つのタイプの「国際英語」の内容と基本的な考え方である。そ
れぞれ若干の違いはあるが大きな点では共通している。それは、英語が
「世界共通語」となった今、英語母語話者が話す英語以外の英語の変種に
も等しい価値を与え、認めようとする点である。「国際英語」はそれぞれ
話す人たち、話される地域の文化・歴史・価値観などを反映した豊かな英
語であり、その点では英語母語話者が話す英語と比べて同等の価値をもつ
ものであるというのが「国際英語」の基本理念である。

　こうした「国際英語」の考え方から日本の英語教育が学ぶことができる
ものは何だろうか。やはりそれは、英語の母語話者や英語母語話者が話す
英語に対する私たちの考え方を見直すことではないだろうか。一言で言え
ば、英語母語話者の話す英語だけが正しい英語ではないということであ
る。日本においてはいまだにネイティブスピーカー信仰が強く、英語学習
者のモデルや学習評価の基準としてネイティブスピーカーを設定する傾向
が強い。確かに、英語指導や英語学習においては何らかのモデルは必要で
あろう。ただし、それをアメリカ英語やイギリス英語に限定する必要は必
ずしもないし、また、仮に母語話者の英語をモデルにするとしても、それ
を達成目標にすることは、どう考えても現実的ではない。

　また、学習者の英語力の評価を母語話者の話す英語との比較において行
うことは、現実的ではないだけではなく健全でもないと考える。あくまで
も達成可能な目標を設定することは学習者の動機づけの点でも重要であ
る。評価の観点に関してさらに言えば、文法的な正確さやきれいな発音と
いった表層的なものだけではなく（これらもよいに越したことはないが）、
言語とアイデンティティの深い結びつきを考えるとき、いかに自分らし
い、自分の文化・考え方・価値観を反映した英語を自信をもって使えてい
るかといった観点、そして、自分が言いたいことをいかにわかりやすく、
説得力をもって相手に伝えることができているか、相手が伝えようとして
いることをいかに熱心に理解しようとしているか、といった内面的な英語
力をも評価するのが「国際英語」の考え方に沿った評価方法ではないかと

考える。合わせて、英語を母語としない人とのコミュニケーションを想定したさまざまな方略（communication strategies）や調整能力、柔軟さも評価の対象にするとよい。

　また、特定の文化に偏りすぎた（too culture-specific）イディオムなどを教えることも「国際英語」の観点からするとあまり望ましくない。とは言え、「国際英語」とは文化的要素を消し去った単なる世界共通の記号ではない。むしろ、それぞれの話し手の地域性、文化、歴史などを反映した豊かな英語である。

　英語の多様性を認める「国際英語」の発想は、世界中で英語母語話者よりもはるかに多くの人が第二言語や外国語として英語を使用している現状や、世界の言語や文化には優劣がないとする言語相対主義・文化相対主義の時代にあって、よりふさわしい考え方である。「国際英語」の考え方に沿って英語指導をするにあたって重要なことは、英語学習者はもちろん、指導する教員側も、多様な英語に対する意識を高め、英語という言語に対する認識を改めること、世界のさまざまな英語の変種、そしてそれらが表す文化に対する寛容の精神をもつなど、発想の転換だと言える。その意味では、「国際英語」の考え方は異文化理解・国際理解につながる。「国際英語」を話す相手を正しく理解するためには、相手が話す英語に現れる文化を理解すること、理解しようとする姿勢が必要だからである。また、少し別の見方をすると、ネイティブ英語を目指さなければならないといった一種の強迫観念から解放されたとき、私たちはもっと気軽に、そして自分らしい英語力を身につけることができるのではないかとも考える。

　最後に、「国際英語」は英語の多様性を認めるとはいっても結局は英語に変わりはない。国際英語論は多様な英語の間の不平等を是正しようとするものではあるが、そもそも世界のさまざまな言語間の不平等を解決するものではない。私たちが考えるべきは、この２つの不平等である。さまざまな英語間での平等を意識するとともに、世界に数多ある中の一言語に過ぎない英語の限界をも意識しながら英語を使うと同時に、他の言語も視野に入れなければならない。英語万能主義に陥ったり英語の覇権を助長することのないような配慮が求められる。

5　批判的応用言語学から日本の英語教育を考える

　言語とは大いに社会的政治的に作られたもの、定義されたものであり、その結果、社会的政治的側面が強い。例えば、「世界英語」の話の中で「正しい英語」という表現が出てきたが、何が正しいか、何が標準かを決めるのは政治的な力関係である。英語母語話者と非母語話者の間には存在する力関係によって「正しい英語」が決められる。現実には、英語母語話者の話す英語の中にもさまざまな英語の変種が存在するが、そういったことは問題にならない。このように、言語と社会的政治的権力とは切っても切り離せない。1980年代後半から発展してきた批判的応用言語学とは、社会に存在するこうした力関係を見直すことで、言語がもたらすさまざまな不平等・不公正・不公平を明らかにし、それらを是正することによって、より公平公正な社会の実現を目指すものである。

　本章でこれまで扱ってきた内容は、バイリンガル教育であれ、欧州言語政策あれ、「国際英語」であれ、世界の各地で具体的な形で研究され、実践されているものである。それに対して、批判的応用言語学とは抽象的な概念と言えるものである。そして、実はこの考え方は本稿でこれまで見てきた多くの実践の理論的背景となっている。例えば世界の言語や文化の多様性を認め、それぞれが平等であると考えること、言語少数派の人たちを含めてすべての人たちの言語権は尊重すべきものであること、また「国際英語」の立場をとるにしても英語万能主義や英語の覇権を助長しないように注意すること、ネイティブスピーカーが必ずしも英語学習のモデルではなく、ネイティブ英語だけが「正しい英語」ではないということ、英語学習において母語が重要な役割を演じること、英語に限らずすべての言語は単にコミュニケーションのためのツール以上の意味合いをもっていること、などである。

　さらに具体的な例を挙げると、例えば「国際英語」の話の中で、英語学習のモデルは必ずしもイギリスやアメリカの英語ではなくてもよいと書いた。ただ、現実を見ると、韓国や日本のような拡大円の国において外国語

として英語を教える場合、モデルとしてはアメリカ英語やイギリス英語が主流である。そのこと自体が必ずしも問題だということではない。そうではなく、「学校で教える英語は母語話者英語が当たり前」という意識そのものが問題なのである。

さらにいうと、英語に限らず、ある特定の言語が「共通語」になるという状況をあたりまえと捉えるような考えを学習者にもたせないことが大切である。むしろ、そういった状況を疑うような指導が求められている。他の言語と比べて英語が異言語間のコミュニケーションでよく使われているのは事実である。ただし、すべての人が常に自ら進んで英語を使っているわけではない。自分たちの言語を奪われる歴史を経験したり、政治的・経済的な理由により仕方なく英語を使っている人たちもいることを忘れてはならない。「言語の異なる者同士のコミュニケーションは英語」という見方を学習者に与えないような配慮が必要である。「世界では英語はあたりまえ」といった態度は相手を傷つけたり遠ざけたりすることもあり得る。まさに言語は諸刃の剣である。

批判的応用言語学は、言語や言語指導・言語学習に対する批判的な目を養い、批判的に考えることを私たちに促す。そして、批判的に考えるということは、言語のもっている力（language power）を認識し、言語と力の関係を考えることである。言語のもっている力は私たちの考え方に影響を与え、国・社会・個人の力関係を左右し、上下関係や優劣関係を生む。言語のもつこうした力がもたらす不公平や不平等について批判的に考えることが大切である。同時に、そのように考えることでまた新たな態度で外国語学習に向かえるのではないか。ネイティブでなくてもいい。ネイティブ英語でなくてもいい。さらに言えば、英語でなくてもいい、といった発想の転換である。批判的応用言語学の知見はこうした新たな視点を私たちに与えてくれる。

日本では小学校英語も本格的に始まり、英語教育熱が盛んになる一方である。かくいう筆者も英語教師の一人であるが、今後の日本の英語教育を考えるにあたり、このタイミングでちょっと立ち止まり、改めて考えてみ

たいことを、広く世界の言語教育の理念や実践例を参考にまとめてみた。日本の実状を考えるとき、中にはそのまま応用できないものもあるが、基本的な考え方は大いに参考になる。冒頭でも書いたが、日本では外国語と言えばまず英語、そしてその実用面が注目され、どうすれば効率的に英語が身につくかという点に注目が集まる。それだけ私たちの英語力には伸び代が大きい（英語力が低い）ということかもしれないが、本来の外国語教育・学習にはもっと本質的で深い意味がある気がする。それを考えることで、もっと高邁な理念に基づいた外国語教育（英語教育）を日本でも行うべきではないか。

　熱心に英語学習に取り組むことを重視する日本ではあまり考えないことかもしれないが、母語でもない英語を話すということは相手にとって社会・政治的にどういう意味を持ち得るか、という問題がある。広い世界に目をやると、英語・英語圏の人々・英語圏文化を歓迎する人ばかりではない。前にも書いたが、歴史的・政治的・文化的・経済的などさまざまな理由から、なぜ英語を使わなければならないのかと考える人、英語の覇権を嫌う人もいる。必ずしも喜んで英語を受け入れ、学び、使っている人ばかりではない。そうはいっても、と考えて、「必要悪」として英語を使っている人もいるかもしれない。便利さゆえに私たちが英語を使うにしても、広い世界にはそういった人たちもいるということにもっと配慮しなければならない。もちろんこういったことは英語に限ったことではないが、実質的に「世界共通語」の地位にのぼりつめ、強大な力を得た英語という言語の宿命だと考える。「国際英語」の考え方にもあるが、そういった意味でも、せめてネイティブの亜流ではない自分らしさを大切にした自分の考え方、自分の文化や価値観に沿った英語を使うことが重要だと考える。

　グローバル化と言われて久しい。日本ではグローバルな世界では英語を使うのは当たり前と考えられているが、ヨーロッパではそうではない。またアメリカはアメリカで、多言語の学習が奨励されている（母語が英語であることも関係しているとは思うが）。英語も含めた外国語学習の本来の目的は、欧州言語政策部局の言葉を借りれば異文化理解、平和の構築である。「使える英語」の習得のみを目指した英語学習でこれらが達成される

とは考えがたい。英語を学習しつつも広い世界を視野に入れること、そして世界に数多存在するさまざまな言語、文化、それらを背景とする人たちのことも考えながら、英語万能主義に陥らないように注意しながら英語を学んでいきたい。そして、多様性を目標とする国際学部において、英語教育を通して世界的な視野を広げる努力を続けると同時に、「私は英語は苦手だが、この言語は好き」といった考えを許容し、促すような雰囲気の中で、多言語・多文化に対して高い意識をもった学習者を育てるような言語教育を日本でも目指すべきだと考える。

［参考文献］

大谷泰照（編集代表）・杉谷眞佐子・脇田博文・橋内武・林桂子・三好康子（編）（2010）『EU の言語教育政策——日本の外国語教育への示唆』、くろしお出版。

久保田竜子（2018）『英語教育幻想』、ちくま新書。

塩澤正・吉川寛・倉橋洋子・小宮富子・下内充（2016）『「国際英語論」で変わる日本の英語教育』、くろしお出版。

柴田美紀・仲潔・藤原康弘（2020）『英語教育のための国際英語論』、大修館書店。

鳥飼玖美子（2011）『国際共通語としての英語』、講談社現代新書。

西山教行・大木充（編）（2021）『CEFR の理念と現実　現実編　教育現場へのインパクト』、くろしお出版。

西山教行・大木充（編）（2021）『CEFR の理念と現実　理念編　言語政策からの考察』、くろしお出版。

Baker, C. and Wright, W. E.（2021）*Foundations of Bilingual Education and Bilingualism (7th edition)*, Bristol, UK: Multilingual Matters.

Harmer, J.（2015）*The Practice of English Language Teaching (5th edition)*, Essex, UK: Pearson Education Limited.

Helot, C. and Garcia, O.（2019）"Bilingual Education and Policy," In Schwieter, J. W. and Benati, A.（eds.）*The Cambridge Handbook of Language Learning*, Cambridge: Cambridge University Press.

第9章

国際関係理論

主要なパラダイムの比較

1　国際関係理論のパラダイム

　国際関係論は、さまざまなトピックについての議論と意見の不一致に満ちた分野である。なかでも、国際関係論のサブフィールドの1つである国際関係理論は、とりわけ激しい議論を特徴としている。国際関係理論の研究者が国家の行動を解釈する際に影響を与えているパラダイム（理論的枠組み）にはいくつか種類がある。社会科学全般、特に国際関係論の文脈におけるパラダイムとは、分析の対象を概説し、調査する課題を明確にし、その問題に付随する理論的説明を提供する。つまりパラダイムとは、物事がなぜそのように起こるのかが説明できる非常に詳細な理論なのである。

　国際関係理論の文脈では、それぞれのパラダイムは、国際関係においてなぜ物事が起こるのかについて全く異なる説明をし、どのパラダイムが国際関係の事象を最もよく説明しているかについて激しい論争が起こる。国家が国際関係において、なぜそのように行動するのかという動機についての特定の見解の根底には、異なるパラダイムがある。国家がそのように行動する動機は何かという基本的な問いに対してさまざまな見解があるのであれば、当然のことながら国際関係論における幅広いテーマ（例えば、戦争の原因、国際協力の可能性、国際社会におけるパワー配分の及ぼす影響

など）について、著しく異なる見解が示されることは想像に難くない。[1]

　中核的な概念に関して見解が異なれば、国際関係理論の研究者の国際関係に対する理解も変わってくることをよく理解するために、本章では初めに、国際関係理論の分野において最も影響力のあるパラダイムであるリアリズム（現実主義、realism）に焦点をあてる。次に、国際関係理論における他の２つの主要なパラダイムであるリベラリズム（自由主義、liberalism）とコンストラクティヴィズム（構成主義、constructivism）を検討する。結局のところ本章が示しているように、リアリズムパラダイムの支配的な立場は冷戦の終結以来かなり弱まっているように見えるが、ロシアのウクライナ侵攻やアメリカと中国の間における緊張の高まりなどの近年の展開は、このパラダイムが今日でも依然として重要であることを示している。さらに、本章で明らかにされているように、国際関係理論の研究者は、なぜ国家がそのように行動するのか、あるいは、なぜ特定の出来事がそのように展開するのかについて、これらのパラダイムのうちのどれが、よりよい説明を提示するかについて激しく議論するかもしれないが、多様な視点をもつことは研究者が国際関係をよりよく理解する助けとなる。

2　リアリズム

(1) クラシカル・リアリズム
（古典的現実主義、classical realism）

　この名称が示すように、リアリズム的な思考で国際関係を見る人（リアリスト）は、世界のあるべき姿（つまり理想）ではなく、世界が現実にどのような状況にあるかということに焦点をあてる。リアリズム思考の中核にあるのは、国家が国際関係における主要な分析単位であるという見解である。そのため、リアリストは一般に政治体制や文化的価値観などの国内の状況に関係なく、諸国家を同様の単位とみなしてきた。リアリストは長い間、国家は自らのパワーを最大化しようとしていると主張してきたが、そのパワーは自らの自己保存という最優先事項によって動機づけられてい

る。つまり、歴史的に言えば、リアリストは個々の国力および他の国家との関係での戦略的能力は、いずれも生存の問題であるという見解で世界を理解してきた。

　国際社会は「アナーキー」の性質をもつため、この安全保障に関する懸念が他のすべての懸念よりも優先される。[2] 暴動や内戦を説明するためにアナーキーという言葉を使用する場合のように、「アナーキー」は一般的に混沌（カオス）や暴力と関連づけられることが多い。しかし、国際関係における「アナーキー」という用語は、文字通り各国に強制力のある一連の規則に従う義務を負わせる公式の統治機関が国際社会に存在しないことの意味であることに注意しなければならない。つまり、この場合のアナーキーとは必ずしも混沌を意味するわけではないが、国際社会には国家の統治や保護をする中央権力がないため、国家生存の問題に関しては、各国が自力で何とかしなければならないことを意味する。例えば、日本やアメリカのような国に住んでいる人は、自分に危害を加える可能性のある人から身を守るために政府に頼ることができる。誰かに脅かされている人は、単に警察に助けを求めればよい。対照的に国際社会では、ある国家を別の国家から守るための政府、ひいては警察は存在しない。したがって、各国は他国からの安全を確保するために独自の手配をしておく必要がある。

　世界情勢に対するリアリズムのこの基本的な物の見方は、議論の余地はあるかもしれないが2000年以上前にそのルーツをさかのぼることができる。古代アテネの歴史家トゥキディデス（Thucydides）は2400年以上前に、一般に『ペロポネソス戦史』と呼ばれるアテネ（とその同盟国）とスパルタ（とその同盟国）の間で起きた戦争についての説明を書いた本の中で、今日私たちがリアリズムとして特徴づけるであろう核心的な要素のいくつかを初めて概説した。この戦争に関する記述の中で、トゥキディデスは国際紛争における人間性の役割、自己保存主義的な行動を引き起こす国際社会でのアナーキー、国家が交渉する際のパワーの役割、いずれかの国家が強力になりすぎるのを防ぐための他国との同盟など、いくつかのリアリストの中核的な原則に触れている（以下のリアリズムのケーススタディを参照のこと）。

クラシカル・リアリズムのケーススタディ
—ペロポネソス戦史—

　トゥキディデスは、ペロポネソス戦争で将軍を務めたアテナイ人
だった。彼は歴史家でもあり、古代ギリシャにおけるこの記念碑的
な戦闘の主要な情報源である。当時、ギリシャは統一された単一国
家ではなく、特定の歴史的経験と文化的特徴を共有する独立した都
市国家で構成されていた。これらの都市国家は、外部勢力に脅かさ
れたとき、特にペルシャ帝国がギリシャを最初は紀元前 490 年、次
いで紀元前 480 年に再度攻撃したときは、ともに戦った。ギリシャ
がペルシャの 2 回の侵略をかわすことに成功したのち、2 つの都市国
家、スパルタとアテネは、2 国間の空前の規模の衝突につながる道を
歩み始めた。スパルタは長い間、古代ギリシャで無敵の軍事大国で
あったが、アテネはペルシャの侵略後に海軍大国として急速に成長
した。スパルタとアテネの関係はますます険悪になり、2 つの大国は
紀元前 460 年から 446 年にかけて一連の武力闘争を繰り広げること
になった。その後、両国は敵対行為をやめ、いわゆる 30 年休戦協定
に署名することに同意した。しかし、両国の同盟国間の紛争が 2 つ
の大国を本格的な戦争、すなわちペロポネソス戦争に引き込んだと
き、戦争が紀元前 431 年に再度勃発し、最終的に紀元前 404 年にス
パルタの勝利で終わった。

　トゥキディデスの歴史的記述は、リアリズムの基本的な原則を説
明する多くの出来事と解釈を提示しているが、特に彼の史書の 2 つ
の重要なポイントが象徴的な例として際立っている。まず、戦争に
ついての彼の説明は古典的なリアリズムの解釈である。例えば、な
ぜこの戦争の歴史を記録することにしたのかを説明するとき、彼は
次のような希望を述べている。「私のこれらの言葉は、過去に起きそ

して（人間の本性がそうであるように）早晩同じように将来繰り返されるだろう出来事を明確に理解したいと思っている人々にとって有用であると判断される。」このように戦争の不可避性とそこでの人間性の役割を強調することは、クラシカル・リアリズム思想の核心に存在している。さらに、彼は戦争の勃発を引き起こした2つの大国に関係するいくつかの具体的な不満や事件について概説しているが、「戦争の本当の理由」と「戦争を不可避にしたもの」は、「アテネの勢力の拡大と、そのことがスパルタに引き起こした恐怖であった」と強調している。この恐怖と生存の強調、この場合、アテネが強力になりすぎるというスパルタの恐怖は、リアリズム思考の核心に存在するのである。つまり、国際社会のアナーキーな性質を考えると、各国は生き残るために自分自身にしか頼ることができないため、スパルタが、強力になりすぎる前のアテネと戦争を開始する動機となった可能性があるのだ。

　リアリズム思考の古典的な原則として際立っている彼の史書のもう一つの重要なポイントは、トゥキディデスがアテネと小さなメロス島の間の交渉について述べた説明である。戦争中、メロスは名目上は中立を保っていたが、アテネ軍は紀元前416年にメロスに侵攻し、島の住民に単純な最後通牒を提示した。アテネ帝国に加わるか、それとも完全な破壊に直面するかである。メロス人は服従を拒否し、アテネに対して武器を取っていない民族をアテネ軍が征服するのは不当であると主張した。トゥキディデスによれば、アテネの使節は単刀直入にこう答えた。「…お前たちも我々同様に知っているだろうが…正義の基準は強制する力の平等に依存しており、実際、強者はそのもてる力でできることを行い、弱者は受け入れなければならないことを受け入れるということだ。」長い議論ののち、どちらの側も引き下がらなかったため、アテネ軍は街を包囲し始めた。メロス人は無条件降伏し、その時点でアテネ軍はメロス人男性全員を処刑し、女性と子供を奴隷として売った。

184

　イタリアのルネサンス期の政治哲学者、マキャヴェリ（Niccolò
Machiavelli）もまた彼の悪名高い著書『君主論』（1532 年）で政治に関す
る分析と政治家への助言を述べており、大まかに言えば古典的なリアリズ
ムの考えに属する。この短い本は君主（統治者）のための一種の手引書と
して書かれており、彼が提供するアドバイスはリアリズムのいくつかの本
質に触れている。そこで注目すべきなのは、道徳的原則に縛られることは
君主の没落につながると述べている点である。彼は、政治においては善悪
の概念を無視することが重要であり、代わりに権力の座にとどまるため
に必要なことは何でも行うべきであると説いている。17 世紀のイギリス
の政治哲学者であるホッブズ（Thomas Hobbes）もまた、一般的に初期
のリアリズムの思考に関連づけられているもう一人の古典的な人物であ
る。最後から 2 番目の著作である『リヴァイアサン』でホッブズは、政府
やいかなる種類の中央権力も存在しない社会とはどのようなものである
か仮説的なシナリオを描いている。この仮定の状況は「自然状態」と呼ば
れ、この状況下では、誰かを罰する法律や権限がないため他人から物を盗
んだり、他人を殺したりすることさえも含め、人々は何でも自由にするこ
とができる。ホッブズは、人間の本性について比較的悲観的な見方をして
おり、人間の行動は主として死への恐怖と、他者を支配しようとする力へ
の欲求という 2 つによって説明できると仮定している。それゆえに、ホッ
ブズは自然状態とは闘争状態になることだと示唆しており、「全員に畏敬
の念を抱かせる共通の権力（すなわち政府など）がなければ、万人の万人
に対する闘争になる」と述べている。リアリストは伝統的に国際社会のア
ナーキーな性質を理論的なレベルにおいては、このホッブズの自然状態に
たとえてきた。
　リアリズム的な世界情勢の解釈は歴史を通して見ることができ、最も古
いものではトゥキディデスにまでさかのぼるが、正式なパラダイムとして
のリアリズムは 20 世紀に初めて登場した。20 世紀より前の時代の思想家
は、紛争の一般的な説明と国家の自己保存のための助言を示しながら、リ
アリズムの基本的な性質を述べたが、20 世紀の国際関係理論の研究者た
ちは、世界情勢の詳細かつ体系的な理解を概説しようと試みた。[3] モーゲン

ソー（Hans Morgenthau）は、第二次世界大戦の終結直後に書いた著書
『国際政治——権力と平和』の中で、国家の行動と国家間の関係を決定す
るパワーの詳細かつ体系的な説明をした。モーゲンソーの著書で指摘され
ることの多くは初期の思想家の著作にも見られるものであった一方で、彼
はそれらを国際関係論の体系的で実用的な理論にまとめた最初の人であっ
た。のちに影響を与えたモーゲンソーのこの著書には、いくつかのリアリ
ズムの概念が述べられているが、とりわけ 2 つは注目に値する。その 2 つ
とは、国家の行動に影響を与えるのは道義よりもパワーであることと、国
家が安全保障を確保するためにどのように勢力均衡（balance of power）
を利用するのかということである。

　1 つ目の概念についてモーゲンソーは、国家が国益を追求する際に第一
に考慮するのは、その行動が国家のパワーにどのように影響するか、そし
て国益がその国家のパワーとどの程度一致しているかであると主張してい
る。例えば、世界での地政学的地位を維持しようとする国家は、現在のパ
ワーのレベルを変えない方法で国益を追求するが、世界での地政学的地位
を高めようとする国家は、国家のパワーを高めるような方法で国益を追求
する。さらに、モーゲンソーは、国家は道徳的理想ではなく、パワーを考
慮して行動を起こすことを強調している。モーゲンソーがいうように「普
遍的な道義の原則」は国家の行動には適用されないのである。国家の存続
はそのパワーにかかっていると考えると、国家は他国の善意をあてにする
のではなく、自国の安全は自ら守るという確実性に頼らなければならな
い。

　2 つ目の概念は、他国のパワーは自国の安全保障を脅かすため、国家は
他の国家が強力になりすぎないように警戒しなければならない。これは、
勢力均衡によって達成することができ、次の 2 つの形式のいずれかをと
る。国家は他の国家のパワーと互角になるために、自国の軍事力を増強さ
せるという内部アプローチを用いることができる。逆に、国家は他国とつ
り合うために外部アプローチの方策を採用することもできる。これは、あ
る国家の軍事力が増強するのに伴い、それに自国の軍事力を一致させるた
めに他の国家と同盟を結ぶ戦略である。おそらく、冷戦がこの両方のアプ

ローチの最良の例だろう。第二次世界大戦の終結後、アメリカとソ連はい
わゆる冷戦と呼ばれる対立構造に入った。ソ連が1949年に最初の核爆弾
の実験を行ったことをきっかけに恐ろしい軍拡競争が始まり、両国は互い
に破壊力のより強大な核兵器を開発し核兵器保有数を増やし、核兵器運搬
手段をより高度にすることによって、相手国と同等あるいはそれを上回る
核能力をもとうとした。[4]また、アメリカとソ連はそれぞれ多くの国と同盟
を築き、互いに相手国が他の国々を勢力範囲に取り込むのを阻止しようと
した。[5]

(2) ネオリアリズム（新現実主義、neorealism）

その後の数十年間、冷戦が幅広い影響を与える中で、リアリズム思考の
国際関係理論の研究者たちは、国家がなぜそのような行動をとるのか、ま
た国際関係において特定の出来事がなぜそのように展開するのかについ
て、より理解を深めるために国際システムそのものの構造に重点的に焦点
をあてた。ウォルツ（Kenneth Waltz）の著書『国際政治の理論』（1979
年）の影響を強く受け、国際社会の構造に焦点があたることによって、ネ
オリアリズムと呼ばれる新しいアプローチが生まれた。これは構造的リア
リズムと呼ばれることもある。大まかに述べると、ネオリアリズムを特徴
づける基本原則は4つある。1つ目には、国際社会は国家で構成されてい
るが、ネオリアリストによれば国家は自国の領土に対する主権をもってい
る限りみな法的に平等であり、また国際的なアナーキー（諸国家を統治す
る中央権力が存在しない）という状況下では、国家は何よりも安全保障の
追求を優先する。2つ目には、国際社会におけるパワー配分が国家の行動
を決定する。3つ目には、国家にとって他国との関係性における自国の地
位は重要な懸念事項であるため、国家は他国と協力する際に自国よりも他
国に多くの国益がもたらされる可能性に警戒心を抱いている。4つ目には、
アナーキーな国際システムにおいて国家が安全と生存を実現しようと探求
することが、いわゆる安全保障のジレンマを生みだす。

　1つ目の原則に関して、ネオリアリストは主権国家として法的に平等で
ある限り諸国家はすべて同じであるという点については同意するが、安全

保障の追求については意見の相違がある。防御的リアリズム（defensive realism）と呼ばれるネオリアリズムのバージョンの1つは、現代の国民国家に見られる確立されたナショナル・アイデンティティが征服を困難にし、高度な兵器が戦争の犠牲を劇的に増加させることで侵略の動機を失わせるのと相まって、国家の安全が高まっていると主張している。したがって、国家は安全保障をかつてのように最大の関心事とみなす必要はない。反対に、攻撃的リアリズム（offensive realism）は、国家が現在は安全だと感じていても、新たな軍事革新や他国の政治における予想外の変化など将来の不確実性によって、他国が侵略してくる可能性があると示唆する。したがって、国家は安全保障を優先し常に自らの軍事力を先制的に強化する強いインセンティブをもっている。結果として、国家はパワーを最大化したいと考え、現時点で他の国家が脅威を及ぼしていなくても、自国の安全を確保するためますます強力な方法を開発しようとする。

　2つ目の原則に関して、ネオリアリストは国際社会におけるパワー配分が国際関係を形成すると主張する。パワー配分は、一般的に極性（polarity）の観点から説明される。国際システムまたは地域システムは、いかなるときも次の3つの構造のいずれかである。3つまたはそれ以上のメジャー・パワーが存在するマルチポーラー（多極）、2つのメジャー・パワーが存在するバイポーラー（双極または二極）、支配的なパワーが1つであるユニポーラー（単極）である（これは覇権という別称で呼ばれることもある）。どのタイプの極性が特定の時点での世界秩序を最もよく表しているかについては、ネオリアリストの間で大きな論争となっている。例えば、現在の世界秩序は依然としてアメリカが圧倒的な力をもつアメリカ覇権であると説明するのが最も適切なのか、それとも世界情勢を形作る大国としてアメリカ、EU、そして急速に台頭する中国の多極構造として説明するのが最も適切なのか。さらに、最も安定している（つまり大国間戦争に陥る可能性が最も低い）極性はどれかという点についても論争が繰り広げられている。冷戦中の双極構造はかなり安定していたように見えるが、一方で、古代ギリシャにおけるアテネとスパルタの双極構造は両国間の全面戦争につながった。

　3つ目の原則に関して、ネオリアリストは国家を単に自国の利益のみに関心を寄せている独立した個体のアクター（行為者）としてではなく、他国との関係性における自国の地位に関心を払うアクターとして見ている。ネオリアリストは一般的に、国家にとっては生存こそが第1の国益であると主張し、そのため他国と協力する際には自国の利益と損失に関心があるだけでなく、相対的利得にも関心がある。つまり、他国がどれだけ利益を得るかに比して、自国がどれだけ利益を得るかが重要なのである。言い換えれば、国家は他国との協力の機会が与えられたとき、他国に対する自国の相対的な立場への影響に敏感になる。これは、他国が協定から離脱することを恐れているというだけでなく、他国がその協定から相対的に自国よりも利益を得ることを恐れていることを意味する。[6]

　最後に、4つ目の原則に関してネオリアリストは自国の防衛力を高めると、いわゆる安全保障のジレンマが生じる可能性があると主張する。ある国家が自国の軍事力を増強すると、それは他の諸国家の不安を増大させるという問題が発生する。したがって、ある国家が軍事力を増強すると、その国が他国の攻撃からより安全になるだけでなく他の諸国家にとってはより危険になる。ゆえに、他国も自らの軍事力を増強することでこれに対応するようになる。問題は、意図を読み解くのが難しいことだ。そのため、ある国家が純粋に安全保障上の懸念を動機としていたとしても、他国からは脅威と映る可能性がある。さらに、防衛力は容易に攻撃力に転化することを考えると、他国は同等の軍事力を開発することによって対応しなければならない。これは、各国がますます大規模かつ強力な武器を開発する悪循環に陥りかねず、潜在的な紛争を一層危険なものにする軍拡競争につながる可能性がある。これが、自国の軍事力を高めることが安全保障のジレンマになる理由である。当初は自国の安全保障を高めるつもりが、実際には長期的には自国の安全保障が低下することになりかねない。

(3) ネオクラシカル・リアリズム
　　（新古典的現実主義、neoclassical realism）

　ソ連が1991年に正式に解体され冷戦が終結すると、リアリズムの妥当

性は低下したように見えた。ソ連主導の同盟とアメリカ主導の同盟という文脈で非常に有用だったパワー・バランスの考え方への注目は減少した。冷戦の終結はまた、国際貿易の急成長と、急速にグローバル化する世界における国家間の相互連関と相互依存の強まりをもたらした。これらの変化はすべてリアリズム的思考の影響力の低下と、本章の後続の節で説明するリベラリズム的およびコンストラクティヴィズム的な物の見方の影響力を劇的に増大させることになった。

　リベラリズム的およびコンストラクティヴィズム的な視点が著しく注目されるようになり、国際関係理論を支配するかのように見えたが、最近の動向はリアリズムの考え方が引き続き妥当性をもっていることを明らかにした。最も顕著なのは、2022 年のロシアによるウクライナ侵攻と、近年の中国とアメリカの緊張の高まりで、これにより国際関係におけるパワーの役割についてのリアリズムの基本原則が再確認された。ネオクラシカル・リアリズムと呼ばれるリアリズムの新しいアプローチの出現により、リアリズムの妥当性はさらに復活した。大まかにいうと、ネオクラシカル・リアリズムには次の 2 つの要素が含まれる。1 つには、アナーキーの影響やパワー配分などリアリズムのコア原則を引き継いでいること。2 つには、なぜある出来事が国際関係において起こるのかを理解する際に、関係する特定の国や特定の状況について詳細を取り入れることである。事実上、ネオクラシカル・リアリズムは、過去のリアリズムのアプローチのグランドセオリーを拒否し、代わりにクラシカル・リアリズムとネオリアリズムからのコア原則を特定の現実世界の状況に適用する。

3　リベラリズム

(1)　リベラル・インターナショナリズム
　　（自由国際主義、liberal internationalism）

　リアリズムの場合と同様に、国際関係論におけるリベラリズムは、20 世紀の正式な学問に先行する知的伝統にさかのぼることができる。リアリ

ズムの見方は一般に、世界の厳しい現実をありのままに理解することを目的としているが、リベラリズムの見方では一般に、ある一定の改善がなされた場合に実現可能な、よりよい世界を概説することを目的としている。古典的なリベラル・インターナショナリズムの初期の思想家の1人に、18世紀の哲学者カント（Immanuel Kant）がいる。1795年の著書『永遠平和のために』の中でカントは、すべての国家が平和的な関係を築き、戦争が終結するビジョンを描いた。そのような結果を達成するために何よりもまず必要なのは、国家が民主的な政府をもつことであると彼は主張した。なぜなら、戦争で直接的に犠牲を払い最も苦しむのは一般人であるため、人々は戦争をすることにかなり消極的だからである。対照的に、国民から選出されていない統治者は犠牲を払ったり戦争がもたらす影響に直接苦しんだりすることはめったにない。カントはさらに、平和を達成するためには、国家が「平和連合」を形成して参加する必要があると提案した。これは、互いに平和的に行動することに賛成した国家からなる同盟であり、平和条約とは異なる。というのも、平和条約は既存の紛争の終結に関連して特定の状況や条件をもっているが、平和連合は将来的に戦争が起きることを先制的に阻止する協定だからである。

　カントのビジョンは、もし国家がそのような合意を形成したらどのような世界になるかという単なる理想であったが、彼の死後2世紀にわたる世界秩序の変化により、彼のビジョンは部分的に現実のものとなったようだ。民主的平和論として知られている理論は、民主主義国家は互いに戦争をしないと主張しており、カントの示した1つ目の論点をある程度立証している。真に民主的な国家とは何か、実際の戦争とは何かについては研究者によって意見が異なり論争があるが、実証的研究は一般的に民主的な国家間での戦争は事実上存在しないことを裏づけている。カントが提案したような「平和連合」は存在しないが、彼の1つ目の指摘は当時としては鋭い観察であったと思われる。民主的平和論の研究者が民主主義国家同士が戦争をしない理由の1つにあげるのは、カントも述べたように、国民は自分たち自身が戦わなければならないかもしれない戦争を支持することに消極的なことだ。つまり、民主主義国家では政治家たちは選挙により退陣さ

せられる可能性があり国民への責任がある。国民は自分の子孫や兄弟を戦いに送り込まなければならない紛争に、慎重に考えもせずに突入したがることはない。

　ただし、民主的平和論について注意すべき重要な点は、民主主義国家は互いに対立を回避する可能性があるが、非民主主義国とは頻繁に戦争をすることだ。これもまた結局のところ、人々が犠牲を払う理由に行き着くだろう。人々の意思を尊重する道義的に高潔な国とみなされている別の民主主義国家と戦争をする場合には、国民は紛争のリスクや犠牲を払いたくはないかもしれない。一方、独裁国家は民意を表しておらず、可能であれば排除すべき抑圧的な勢力とみなすことができる。敵がそのような存在である場合、人々はより簡単に戦争を支持しようという気にさせられる可能性がある。この種の紛争は、独裁政権を打倒し民主主義にとって代わる機会を提供するため、紛争そのものが道義的に高潔だと見えるからである。さらに、攻撃的で好戦的な行動は一般には独裁国家によって起こされるため、民主主義国家は通常そのような国に軍事的に対応する何らかの理由があるが、民主主義国家が軍事的対立を起こすことはあまりなく、民主主義国家がそもそも他の民主主義国家と軍事的に対立する理由をもっていることはめったにない。

　民主主義的価値の重要性に焦点をあてることに加えて、リベラル・インターナショナリズムはカントの 2 つ目の論点も重要視してきた。2 つ目の論点で注目すべきは、国際連盟という形で部分的に実現したことである。アメリカ大統領ウィルソン（Woodrow Wilson）は、1918 年に連邦議会で行った演説の中で 14 か条の平和原則を発表し、国際社会のアナーキーな性質を規制し、武力行使を抑止することによって戦争を防ぐことができる力として、国際連盟を創設することを提案した。第一次世界大戦の恐怖を受けて、彼は国家が法制度を必要とするのと同様に、国際社会にも規制の枠組みが必要であると主張した。そのような同盟が効果的に機能するためには、集団安全保障を確立する必要がある。これは、一国の安全保障が同盟に参加するすべての国家の安全保障にとって重要であることを意味し、各国は共同軍事行動に参加する義務を負う。

　しかし、1920 年に国際連盟が設立されたとき、この制度は全く効果的に機能しなかった。その理由の 1 つには、一見矛盾するメッセージがあり、平和的な意図を示すために軍事力を縮小することに焦点をあてた一方で、同時に武力行使に反撃するために軍事的支援を約束するよう加盟国に求めたことである。各国は自らの国益のために行動し続け、主要国は自国に直接影響を及ぼさない問題に資力を費やすことを望まず、その最たる例はアメリカが同盟への参加さえ拒否したという事実である。もちろん国際連盟の欠陥は、創設からわずか 20 年後に勃発した、人類史上最も致命的で破壊的な紛争である第二次世界大戦によって浮き彫りになった。[7] 第二次世界大戦の終結後から冷戦の最初の数十年に至るまで、国際関係論のパラダイムとしてのリベラリズムが実質的に信ぴょう性を失い、リアリズムを事実上無敵なものとして高めたのは、この国際組織をリベラリズムの支持する理想に基づいて設立しようとし、それが失敗したことだった。

(2) ネオリベラル制度論
（新自由主義制度論、neoliberal institutionalism）

　ネオリベラル制度論は冷戦の後期に出現し、事実上、ネオアリアリズムのパラダイムに対する主要な挑戦者となった。ネオリベラル制度論は、その呼び名が示すように明らかにいくつかのリベラリズムの原則を組み込んでいる。その原則とは、1）国家は紛争からの自由を実現することを望んでいる、2）国家は富を拡大することを望んでいる、3）相互に自国の国益を追求することが国家間の協力を可能にする、というものである。ネオリベラル制度論はまた、リアリズムによって提示された 1 つの核となる原則も組み込んでいる。それは、国際政治の社会はアナーキーの領域であり、国家間の合意を強制する中央権力は存在しないという考えである。つまり、他国が協定に違反することがあっても、国家を他の国家から保護する中央権力はない。したがって、ネオリベラル制度論は国家が独立した個体のアクターであり、自国の国益にしたがって行動し、アナーキーな国際社会で他国と関わるという世界観をもっている。国家が自国の国益を追求したいという動機をもち、他国とアナーキーな状況下で関わるとはいえ、これは

協力を妨げるものではないとネオリベラル制度論の研究者は主張する。複数のアクター（国家）が、それぞれ平和や収益性の高い貿易など自国の国益を追求している限り、この利己主義は協力を生みだすことができると考えるからである。

　この見解によれば、国家は何よりもまず絶対的な国益に関心をもっており、そのため協力に対する主な障害は他の国家が特定の協力条件に違反する可能性である。しかし、相互に自国の国益を追求することは国家が国際協定を遵守することを保証するのに、非常に効果的な規範と制度の作成につながる可能性がある。ネオリベラル制度論では、国際連合（UN）や東南アジア諸国連合（ASEAN）などの組織に見られるような国際制度は、国際協定によって確立された規則を必ずしも強制するわけではなく、むしろ、取引コストの削減や関係する国家への情報提供、国家が協定に違反しないように強く圧力をかけることができる規範の作成といった手段として主に機能すると示唆している。

　もちろんネオリアリストは、制度が純粋に協力を助長するというこの主張に異議を唱えるだろう。というのも、ネオリアリストは国際制度を既存のパワー配分の反映とみなす傾向があるからだ。例えば、民間航空機での旅行や国際郵便配達に関する国際協定は、純粋に共通の利益から生じる可能性がある。しかし、国家安全保障に直接的または間接的に関係するものなど国益の核心的な問題に触れる協定に関しては、ネオリアリストによれば、そのような協定は主としてそれが作成されたときのパワー配分を反映している。例えば、国連はその代表的な例である。国連総会はすべての加盟国に平等な立場を認めている一方で、国連の最も強力な機関である安全保障理事会（UNSC）はそうではない。UNSC の 15 議席のうち 5 議席は、第二次世界大戦の終結時に国連が創設された時点で最も強力な勝者であったフランス、中国、ロシア、イギリス、アメリカの 5 カ国によって恒久的に占められている。[8] あらゆる決議に対する拒否権をもつのも、これら 5 つの常任理事国のみである。さらに、2003 年のアメリカのイラク侵攻が示すように、アメリカは UNSC から軍事行動の許可を得ることができなかったにもかかわらず侵略を開始したのであり、国家は利益が不利益に勝る場

合に限ってのみ、制度の規制を順守する可能性がある。

4　コンストラクティヴィズム

　コンストラクティヴィズムは、1990年代に国際関係理論の1つとして発展したため、リアリズムやリベラリズムよりもはるかに新しいが、それ以前の数十年間にわたる社会学の研究に大いに依拠している。国家行動を理解する際に、リアリズムでは国家は安全保障の懸念に強く動機づけられていると考え、リベラリズムでは国家をより広範な自己利益によって動機づけられているとみなす。それに対し、コンストラクティヴィズムでは、国家は規範、価値、およびアイデンティティにも強く動機づけられていると考える。つまり、典型的な社会では人々はそれぞれ異なるアイデンティティをもち、それがある種の行動様式をもたらすように、国際社会もまた国家によって異なるアイデンティティをもち、それゆえに異なる行動をする国家によって構成されている。例えば、冷戦時代のアメリカとソ連は価値観や政治体制が異なり、明らかに大きく異なる国家アイデンティティをもっていた。その結果、アメリカの同盟国や旧敵国に対する扱いはソ連のそれとは大きく異なっており、アメリカ国民はソ連政府よりも、はるかに国益を追求するために特定の道徳的境界線を越えることは望まなかった。

　コンストラクティヴィズムは、リアリズムやリベラリズムのアナーキーに対する概念を強く否定している。リアリズムはアナーキーによって生存を第1に考えることを余儀なくされるとみなし、リベラリズムはアナーキーを克服できるものと考えるのに対し、コンストラクティヴィズムではアナーキーを国家自体によって定義されるものと考える。つまり、コンストラクティヴィズムによれば、アナーキーは単にそこに存在し、それゆえに国家が何らかの方法でうまく切り抜けていかなければならない固定されたシステムなのではなく、国家が互いをどのように認識しているかによって作りだされる社会構造である。国家は本質的に国際社会の性格を形成するので、コンストラクティヴィズムは国家の行動が実際にアナーキーがどのようなものであるかを決定づけると指摘する。初期のコンストラクティ

ヴィストの一人であるウェント（Alexander Wendt）が宣言したように、
「アナーキーとは国家が作りだすものである」。ある国家、あるいは国家の
集団がある行動パターンを確立する力をもち、やがて他の国家もそれに追
随し始めるかもしれない。最終的には、非常に多くの国家がこの行動パ
ターンを採用し、事実上すべての国家がこの行動を内在化するようになる
かもしれない。これは規範のライフ・サイクルと呼ばれ、アナーキーとは
中央政府が存在しないがために国家が完全に独立し、自力で対処すること
を余儀なくされる既定のシステムなのではなく、むしろ公式には中央政府
がないこのシステムにおいても、アナーキーな状況にある国際社会の在り
方を国家が決定できることを示す 1 つの指標となる。

　この国際社会は、コンストラクティヴィズムの視点によれば、国家から
なるコミュニティとみなすべきものである。一般的な社会に慣習や言語な
どの共有の考えがあるように、国際社会には規範やルールという形で国家
間で共有される考えがある。例えば、日常生活ではお金を払うときは列に
並ぶ、知らない人には礼儀正しく接するなど、法律で定められているわけ
ではないが、概ね守られているルールや習慣がたくさんある。国際社会も
同様である。戦争や飢餓、病気などで大陸が混乱した中世のヨーロッパ
でさえ、軍隊が対峙する際には、出身地や言語が異なっていても、一定
の規範や習慣が守られていた。つまり、法を執行する中央政府が存在しな
くても、日常社会と同じように、国家が従う一定のルールが存在するので
ある。国家が国際システムの在り方を形成し得るように、国際社会のルー
ルや慣習に従うことが日常化されることで、個々の国家の行動やアイデン
ティティさえも形成されることがある。このように、国家と国際システム
は、国家が国際社会の性質を形成し、国際社会が国家を形成するという相
互関係を示している。

ネオリアリズム、ネオリベラル制度論、コンストラクティヴィズムのケーススタディ
―核兵器の不拡散に関する条約（NPT）―

　すべての国による核兵器開発の制限を目的としたいくつかの条約が実施されている。これらの中で最も注目すべきは、核兵器の不拡散に関する条約（NPT）である。この条約を最も注目に値するものにしているのは、条約に書かれた条項の高レベルの遵守と包括性である。NPT は 10 条の条項で構成されており、全体として、核兵器拡散の削減だけでなく、核戦争の可能性排除も目的としている。[9] NPT の基本的な論理は、条約の前文で明確にされており、そのような兵器が世界にどれほどの荒廃をもたらす可能性があるかを考えると、「核兵器の拡散は核戦争の危険を大いに高めるだろう」と述べている。

　1968 年に草案が作成され、1970 年に発効したこの条約の成功は、紛れもなく非常に注目に値するものである。結局、核兵器保有国の数は、NPT 発足前の 1960 年代に専門家が予測した数よりも大幅に少なくなっている。当時のケネディ政権は 1980 年までに 20 の核兵器保有国が存在すると予測した。今日では、当初の 5 カ国（フランス、中国、ロシア、イギリス、アメリカ）と、この条約が作られる前に最初の核兵器を取得したとされるイスラエル、そしてこの条約発効後に新たに核兵器を取得し現在も保持している 3 カ国（インド、パキスタン、北朝鮮）の合計 9 カ国だけである。条約は現在、191 カ国の締約国を獲得しているが、その中には、核兵器製造能力だけでなく、核兵器保有を切望していた真の核脅威国家も含まれている。また、NPTによって実現した非核兵器地帯は、南半球全域に及んでいる。

　したがって、NPT はこれまで比較的成功した試みであったと評価されなければならないだろう。では、なぜこれほどまでに成功したのだろうか。表面的には、核兵器が国際関係における究極の安全保障

を国家に提供していることから、リアリズムの視点が誤っていることを証明しているように見える。ネオリベラリズムは、NPT の発足は大国だけでなく、ほとんどの国家の利益のためであり、そのため、ほとんどの国がこのような協定の成功を望んでいたと主張する。つまり、核戦争のリスクを最小化することは、すべての国家が望んでいることであり、この共通の願いがあるからこそ、協力する機会があったのである。国際機関によってデータの交換が容易になり、協定がより信頼できるものになり、条約には不遵守を防ぐための査察ガイドラインも含まれているので、他の国が NPT の規定に従ってくれると確信し、国家は安心して核兵器の追求を放棄することができたのである。一方、コンストラクティヴィズムは、国家の行動を形成する国際規範が、多くの国家が参加する理由であると指摘する。1945 年にアメリカが日本に対して行った 2 回の原爆投下に見られるように、核兵器がいかに恐ろしい死と破壊を無差別にもたらすかを考えると、そのような兵器の使用を検討することさえ絶対に容認できないと考えられており、そのためほとんどの国家は NPT への加盟に前向きであった。なぜなら、核兵器を保有することは、本質的にあまりにもタブーだからだ。

　NPT の成功は一見、基本的なネオリアリズムの原則と矛盾し、健全なネオリベラル制度論とコンストラクティヴィズムの議論を正当化しているように見えるが、ネオリアリズムの NPT の解釈を支持する強力な論拠が依然として存在する。第 1 に、NPT の存在そのものが発足時のパワー配分を反映している。本質的に、NPT は 1970 年のパワー配分を反映したものである。それは、当時の 5 つの公式の核保有国の核能力を維持しながら、他の国家が核能力を開発することを制限する。さらにネオリアリズムの考え方を裏づけるものとして、冷戦時代には現実的に核兵器を開発する能力がない国が多く、NPT に署名することは、どうせできないこと、あるいは法外な資源枯渇に終わることの拒否を本質的に意味していたことが挙げられる。核兵器を開発する能力をもっていた国家に関しては、当時、世界中の多くがアメリ

198

カまたはソ連のいずれかの核の傘の下にあり、国家安全保障を危険にさらすことなくそのような国家がNPTに署名することを可能にした。また、純粋に核兵器を追求しようとする国家、あるいは核兵器を獲得した少数の国家の場合、NPTに加盟させるために外交や経済の分野において強制力やインセンティブが必要だったケースもある。[10]

　さらに、少数の例外的な事例が、自己利益と安全保障上の懸念が優先されるという考えを補強している。強い相互不信を抱くインドとパキスタンはこの条約に加盟しておらず、それぞれ公然と核兵器を開発した。1948年の建国以来、敵対的な地政学的状況にあるイスラエルはこの条約の締約国ではなく、核兵器の保有を公式に認めも否定もしないにもかかわらず、独自の核兵器開発を行ったことが世界の諸国家に広く知られている。朝鮮戦争後、朝鮮半島で対立が続く北朝鮮は、2003年にNPTを脱退し、2006年には初の核実験に踏み切った。NPTに加盟せず、独自の核兵器開発に踏み切った南アフリカは、敵対する近隣諸国からの圧力にさらされた。南アフリカが1991年にNPTに加盟し、核兵器を解体したのは、複雑な国内事情と厳しい国際的制裁から逃れるためであった。これら5つのケースは、国家は防衛的な位置づけにあるため、大きな紛争の可能性がある地域では、核兵器の追求を放棄することは非常にリスクが高いと考えるリアリズムの考えの信憑性を高めているように思われる。

5　パラダイムの評価

　国際社会に中央政府が存在しないからといって、世界が完全に無秩序で規制されていないというわけではない。実際はむしろその逆で、幅広い国際機関、地域機関、多国間条約、二国間条約およびさまざまな協定により各国が協調して行動するため、軍備管理から戦争のルール、国際航空便から漁業権などさまざまな問題に対して、ガバナンス（管理）のシステムを

構築している。実質的にすべての国際関係理論の研究者が同意するのは、国際社会がアナーキーな状態であること、このアナーキーな国際社会において国際機関が何らかの形のガバナンスを提供し、考えや価値観が国家に何らかの影響を与えることである。しかし、国際関係理論の研究者の間で意見が分かれるのは、アナーキーが異なる国家間の関係にどのような影響を及ぼすのか、また国際機関がどのように、そしてなぜ存在するのか、さらに安全保障上の懸念や経済的利益、価値観とアイデンティティが国家の行動にどの程度影響するかについてである。

　結局のところ、国際関係理論は、依然として激しい論争が続く学術研究領域である。リアリズムは今日でも国際関係を理解するうえで有用なパラダイムであるように思われるが、冷戦の最盛期がそうであったように、国際関係の支配的なパラダイムとして単独で存在することはもはやないのは明らかである。リアリズムの国際関係の解釈に異議を唱えるリベラリズムやコンストラクティヴィズムの視点に加えて、ここ数十年でリアリズムやリベラリズムにも異議を唱える新たな視点が台頭してきた。なかでも注目すべきは、マルクス主義、フェミニズム、ポストコロニアリズム、ポスト構造主義の視点が挙げられる。本章で紹介した3つの視点の分析からわかるように、パラダイムが異なれば世界の解釈も異なるため、それぞれの理論が国際関係について異なる視点を提示している。1つの視点だけですべてを説明できるわけではないので、これは肯定的に捉えるべきであろう。複数のパラダイムから特定の問題を検討することで、国際関係理論の研究者は、これまで1つのパラダイムだけでは注目されていなかった事柄を検討する機会が得られる。その過程で、国家間で物事がなぜそのような形で起こるのかについて、より深く理解することができるのである。

[注]────────────────────────────────

1)　これらのパラダイムはグランドセオリーと呼ばれることもある。それは冷戦初期のアメリカにおいて、正式な学問分野としての国際関係論が台頭した頃は、ちょうどアメリカの多くの社会科学分野の学問が、アメリカの社会学者であるミル

ズ（C. Wright Mills）が 1959 年の著書『社会学的想像力』の中で「グランドセオリー」と呼んだものを作り上げようとしていた時期だったからである。ミルズによれば、グランドセオリーは、普遍的な妥当性を達成するために、特殊性よりも論理性や社会歴史的な構造を優先させる。簡単に言えば、グランドセオリーとは、人間の行動を普遍的に説明する自然法則のようなものであり、異なる場所や時代に適用される特定のタイプの人間関係に対する説明である。特に国際関係論の文脈では、国家がそのように行動する動機は何か、いつ協力が行われ、いつ戦争が勃発するかを決定する要因は何かについて、一定の原則を概説しようとするのがグランドセオリーと呼ばれるものである。

2) アナーキーとは、古代ギリシャ語の anarchos（アナーコス）に由来する言葉である。アナーコスは英語で "leaderless"（指導者のいない）と訳され、人間の相互作用を規制する中央権威がないことを意味する。

3) 注 1）を参照。

4) 自国の核兵器が相手の先制攻撃に耐えられるだけの威力をもっていれば、壊滅的な反撃が可能であり、それによって相手の先制攻撃を抑止できるというのがアメリカとソ連の考え方であった。このような状況は、一般に MAD（Mutual Assured Destruction＝「相互確証破壊」）として知られているが、実質的には、相手国による攻撃を抑止するために両国がそれぞれ勢力均衡の内部アプローチを用いるというものである。

5) 例えば、1949 年に発足したアメリカが主導する北大西洋条約機構（NATO）は、アメリカ、カナダ、西ヨーロッパ諸国による軍事同盟で、当初はソ連のヨーロッパでの拡大を抑止するために作られたものであった。1955 年に始まったソ連主導のワルシャワ条約機構は、NATO に対抗するためにソ連と中・東欧諸国が結んだ軍事同盟である。

6) 国家はグリエコ（Joseph Grieco）がいうところの「k のレベル」に応じて、相対的な利得の格差に対する懸念の度合いを変える。「k」は、他国による相対的な利得に対する国家の感度の係数を表す。「k」の値に影響を与える要因には協力の領域があり、安全保障に関わる問題については、環境問題などの他の問題に比べて常に国家は協力に対してはるかに慎重である。このような懸念の延長線上に、国家はまた、利益となる領域が他の領域の利点に変換される可能性があると認識されている代替可能性についても大きな懸念を表明する。この文脈における代替可能性の最良の例は経済的利益である。経済成長によって国家は軍事予算を増やすことができるため、国際貿易による経済的利益は軍事的利点につながりやすいからである。さらに国家が協力する相手が長年の同盟国か、かつての宿敵であるか否かも「k のレベル」に影響を与える。

7) 歴史家のカー（E. H. Carr）が戦間期（第一次世界大戦と第二次世界大戦の間）について述べたように、第一次世界大戦後のユートピア的理想は、国際関係の形成における権力の役割という現実を無視し、その理想は最終的にヨーロッパを再び壊滅的な世界大戦に突入させることになった。「国際政治は常にパワー・ポリティックス（権力政治）である」とカーは言う。

8) 正式な国家名称は、フランス共和国、中華人民共和国、ロシア連邦、グレートブリテンおよび北アイルランド連合王国、アメリカ合衆国である。中華人民共和国の議席は中華民国（台湾）が、ロシア連邦の議席はソビエト連邦が以前もってい

たものである。

9) この条約の第1条と第2条は、核保有国が非核保有国に対して核兵器開発のための技術的・物質的手段を提供することと、非核保有国が核兵器を取得・開発しようとすることの両方を禁止して、核兵器の水平拡散を防止することを目的としたものである。この条約が最初に起草されたとき、公式に核保有国として認識されていたのは5カ国のみである。この条約はまた第3条で、加盟国は国際原子力機関（IAEA）の査察を受けるという検証のための措置も定めている。しかし第4条では、国家が原子力エネルギーの民生利用など平和利用を目的とした原子力開発を認めている。また水平的不拡散に加えて、第6条では核保有国が最終的には自国の核兵器保有量を削減することを定め、垂直的不拡散も試みている。NPT は1995年に開催された NPT 運用検討・延長会議において、無期限延長が決定された。

10) ベラルーシ、ウクライナ、カザフスタンはソビエト連邦時代には核兵器を保有していたにもかかわらず、1991年のソ連崩壊後、数年のうちに NPT に加盟して核兵器をロシアに譲渡するよう説得された。もう1つの顕著な例は南アフリカである。南アフリカは実際に独自の核兵器開発に成功したが、1991年に7つの核装置を解体し、NPT に加盟することに同意した。

［参考文献］

Carr, E. H.（1946）*The Twenty Years' Crisis, 1919-1939: An Introduction to the Study of International Relations, Second Edition*, New York: St Martin's Press. = カー、E. H.（原彬久訳）（2011）『危機の二十年——理想と現実』、岩波文庫。

Doyle, M. W.（1983）"Kant, Liberal Legacies, and Foreign Affairs," *Philosophy & Public Affairs*, Vol. 12, No.3（Summer）, 205-235.

Gilpin, R. G.（1981）*War and Change in World Politics*, Cambridge: Cambridge University Press. = ギルピン、R.（納家政嗣監訳）（2022）『覇権国の交代——戦争と変動の国際政治学』、勁草書房。

Jervis, R.（1986）"Cooperation Under the Security Dilemma," *World Politics*, 30, 167-214.

Keohane, R.（1993）"Institutional Theory and the Realist Challenge after the Cold War," in Baldwin,（ed.）*Neorealism and Neo-Liberalism: The Contemporary Debate*, New York: Columbia University Press, pp. 269-300.

Mearsheimer, J. J.（2001）*The Tragedy of Great Power Politics*, New York: Norton. = ミアシャイマー、J. J.（奥山真司訳）（2019）『新装完全版　大国政治の悲劇』、五月書房新社。

Morgenthau, H. J.（1948）*Politics Among Nations: The Struggle for Power and Peace,*

New York : Alfred A. Knopf = モーゲンソー、H. J.(原彬久訳)(2013)『国際政治——権力と平和(上・中・下)』、岩波文庫。

Waltz, K. N.(1979)*Theory of International Politics*, New York : Random House. = ウォルツ、K. N.(河野勝・岡垣知子訳)(2010)『国際政治の理論』、勁草書房。

Wendt, A.(1999)*Social Theory of International Politics*, Cambridge : Cambridge University Press.

第10章

欧州統合への異見

ソフトパワーとしてのヨーロッパを確立する

1 概要

　本章は、欧州統合に関するものであるが、この統合プロセスを異なる統合の力学と目的によって明確に区別される3つの時期にのみ焦点を絞って紹介する。もちろん、欧州統合は政治的なプロセスであるが、ここでは経済に焦点をあてることにする。

　最初の時期は、第二次世界大戦後のおよそ10年間である。この時期には、例えば欧州評議会（Council of Europe）のように、統一ヨーロッパへの大きな期待が幻想であったことがすぐに証明され、特にフランス側によるヨーロッパ再構築のための代替コンセプトもすべて非現実的なものであった。ヨーロッパには経済再生のための制度が不足していたのである。OECD（経済協力開発機構、Organization for Economic Cooperation and Development）、EPU（欧州決済同盟、European Payment Union）、ECSC（欧州石炭鉄鋼共同体、European Coal and Steel Community）により、1952年までようやくこの制度的基盤が確立された。本章の後半では、欧州統合の始まりについて扱う。

　EEC（欧州経済共同体、European Economic Community）とEURATOM（欧州原子力共同体、European Atomic Energy Community）の制度は、

ECSC の制度と類似し、重なる部分もあったにもかかわらず EEC の創立
により、欧州は統合の第 2 段階、すなわち規模の経済と国際競争力を獲得
する段階に入った。この段階において、ヨーロッパはすでに条約に規定さ
れていないさまざまな統合のアプローチを適用しており、マルチスピー
ド・ヨーロッパと呼ばれるものが生みだされたが、今世紀に入り共通通貨
ユーロが導入されたことで最終的に終了した。これらの「新しい」アプ
ローチの例としては、環境政策やシェンゲン協定が挙げられるだろう。こ
の統合の段階については、本章の第三部で取り上げる。

　最後のパートでは、国際的な競争力を維持し、持続可能な開発とグリー
ンテクノロジーの分野で、規範的なリーダーシップを獲得することを目的
とした開発戦略の実施に基づく「オープン・メソッド・オブ・コーディ
ネーション」という新しい欧州統合のアプローチを紹介する。

　しかし、この章は第一次世界大戦の結果、何世紀にもわたって発展して
きた貿易ネットワーク、分業、相互投資活動、「ヒト」の移動が破壊され
たヨーロッパの崩壊から出発している。本章の目的は、欧州統合の詳細で
はなく、基本的なことを説明することである。したがって、統合プロセス
の特徴、その原動力、フランスとドイツの協力、すべての加盟国の利益を
満たすための努力、妥協する意思と能力、誰も置き去りにしないという決
意、そして最後に、多くの後退にもかかわらず前進する粘り強さに焦点を
絞ることにする。欧州統合は自転車のようなもので、動いていなければ倒
れてしまうのである。[1]

2　第一次世界大戦によるヨーロッパ経済統合の破壊

　16 世紀以降、ヨーロッパが経済的・政治的に主導権を握るようになっ
たのは、この大陸が初めてヨーロッパの地域的境界を越えて拡大する戦争
に火をつけるまでであったことは疑う余地がない。第一次世界大戦の悲
劇とその惨状は、最近の研究が示すように明らかに避けられなかったわけ
ではなく、ヨーロッパがたまたま巻き込まれたにすぎない戦争が、18 世
紀の古い戦略に基づいて行われたにもかかわらず、自動車やトラック、戦

車、飛行機、大型戦艦、さらには化学兵器といった近代兵器によって行われたことの結果である。[2] その結果、第一次世界大戦は、人類史上かつてないほどの壊滅的な被害をもたらした。人命の損失、町や工場、物理的なインフラの破壊といった目に見える惨状に加えて、第一次世界大戦はヨーロッパの経済統合の構造を破壊し、数世紀にわたって発展したにもかかわらず、特に産業革命後に大きく深化した貿易とヨーロッパ横断の労働分配のネットワークを引き裂くことになった。1800 年から第一次世界大戦までの間に、貿易は世界生産の 30 分の 1 から 3 分の 1 へと拡大し、投資の流れは 1855 年から 20 倍にもなった。ヨーロッパ諸国は世界貿易の 3 分の 2 を行い、国際投資に関してはさらに高い比率を占めていた（データ：Stevenson）。第一次世界大戦の前夜には、イギリスが 44％、フランスが 20％、ドイツが 13％の世界債権を占めていた。また、ヨーロッパの小国であるスイス、ベルギー、オランダでさえ、世界の債権の 12％を占め、アメリカの 8％を 3 分の 1 上回った（Niemann 2009、p.95）。シーメンスはロシアで電信網を、イギリスで海底ケーブルを、南アフリカで発電所を製造し、ダイムラーは自動車特許のライセンスをイギリスやフランスの企業に売却した。産業分野では、ヨーロッパで 114 の国際カルテルとトラストが連携していた（Roberts 2001、p.31）。

　しかし、これらの相互関係は戦争によって破壊された結果、アメリカは世界の経済大国となった。戦争中の 4 年間だけで、アメリカの貿易黒字は、それ以前の 125 年間の黒字を上回った。戦争終結時には、世界の金準備高の半分がアメリカに移され、アメリカはすべての累積債務から解放されただけでなく世界最大の債権者となり、ニューヨークは新しい世界の金融センターとなった（Niemann 2009、p.100）。ヨーロッパは、政治的・経済的な優位性を永遠に失ってしまったのである。

　第一次世界大戦後の 1920 年代には、ヨーロッパ統一を目指す多くの組織が設立されたが、その中でも駐日オーストリア外交官とその日本人妻との間に生まれたカレルギー（Richard Coudenhove-Kalergi）伯爵の汎ヨーロッパ運動は最も有名なものであった。しかし、これらのヨーロッパ統一運動には、有力な支持者がいたにもかかわらず必要な政治的影響力をもた

なかった。1920年代末にフランスのブリアン（Aristide Briand）外相が国際連盟で行ったヨーロッパの政治的統一のための基礎作りのための唯一の真剣な取り組みは、ドイツ帝国だけでなく他のすべての国からも拒否されたのである[3]。

　しかし、興味深いことに、第一次世界大戦後、すでに経済界では、国境を越えた経済活動の欠如という最も差し迫った問題に対して、かなり真剣な提案と努力がなされていたのである。1921年と1931年に、ハプスブルク王朝の後継国によって、再び関税同盟を設立する努力が行われた。また、1930年にはスカンジナビア諸国とベネルクス諸国がそれぞれの関税同盟を提案した。そして、1925年にパリで各国委員会をもつヨーロッパ関税協会が設立され、ヨーロッパ共同市場への第一歩として関税同盟の設立を提案し、ルクセンブルクの鉄鋼会社 ARBED の取締役メイリッシュ（Émile Mayrisch）や、自動車・電気産業で有名なドイツの企業家ボッシュ（Robert Bosch）らが熱狂的にこれらを支持した（Brunn 2002、pp.23-25）。

　これらの経済プロジェクトの提案はすべて、ヨーロッパ再生の鍵であり、長期的な平和を達成し守るための唯一の実現可能な方法は、経済統合、すなわち第一次世界大戦前にすでに存在していた相互の貿易・投資関係や労働分配の構造を再び実現することであることを認識していた。しかし、この第一次世界大戦前の経済統合の水準に再び到達するには、1970年代初頭まで、さらに約40年の歳月が必要であった[4]。また、戦間期にすでに議論されていた経済通貨同盟の実現には、1990年代後半までさらに70年を要した。

　しかし、1929年の世界恐慌ののち、政治的な過激主義の拡大、ナショナリズム、さらにはファシズム、特に保護主義、孤立主義、自給自足を追求する経済政策によって、こうした欧州統合への提案はすべて無効となった。そして、1939年9月1日のヒトラーのポーランド侵攻によって、ヨーロッパは第二次世界大戦に突入し、さらなる破壊と特に民間人の犠牲が増え、とりわけヨーロッパにおけるユダヤ人のほぼ完全な絶滅を招いた。1914年に引き続き、1939年に再びヨーロッパ中の灯が消えてしまった[5]。

3　欧州統合の第一段階——制度的基盤の確立

　今日の歴史的観点からすると、第二次世界大戦後の欧州統合は事実上、代替手段のない唯一の実現可能な解決策であったように思われる。2つの壊滅的な世界大戦と、ヨーロッパの伝統的な「力の均衡」システムの不可逆的な破壊のあと、ヨーロッパ統合は一方では確かに代替案がなかったかもしれない。しかし他方では、それは全く未知の領域であり、少なくとも最低限の相互信頼が必要であり（特にドイツに関してはそれが全く欠けていた）、一定の前提条件が必要であり、そのうちのいくつかの要素は誰の手にも負えず非常に偶然的なものであったのである。

　第1に、最も決定的な要因ではないにしても、アメリカが1918-1919年にウィルソン（Thomas Woodrow Wilson）大統領のもとで行ったようにヨーロッパから再び撤退して孤立主義に陥ることはなく、主要な法と秩序の権威としてヨーロッパにとどまったことである。この事実に関連して、アメリカは、戦後のヨーロッパへの関与の当初からとまではいかないまでも、遅くとも1946年末から1947年初めにかけて、3つの目的を念頭に置いてヨーロッパの経済再建を積極的に進めていた。第1の目的は、アメリカの予算、特にドイツ占領軍への財政負担を軽減することであった。

　第2に、東西対立と冷戦の始まりを目前にしたアメリカは、ヨーロッパにおける共産主義の蔓延を抑え、ヨーロッパ諸国が対立国のソ連に対して、アメリカを支援することがこれらの国々の経済力に依存するものであると認識していた。

　第3に、アメリカはヨーロッパの経済停滞が長期化した場合、戦時生産から民生生産に移行したばかりのアメリカ経済にとって不況とその影響が及ぶことを強く懸念していたのである。[6]

　ヨーロッパの経済統合を加速させたもう1つの要因は、例えばベネルクス諸国やドイツの主要工業地域（ライン・ルール地域）を含む「西側諸国グループ」の設立や、ドイツを包囲し支配することを目的としたイギリスとの「Entente Cordiale」の復活など、「フランスのヨーロッパ」を確立

しようとしたフランス側のすべての努力が完全に失敗したことであった（Brunn 2002、pp.35-37）。

　アメリカの考察は、ますます1つの問題に焦点をあてた。ヨーロッパの工業の中心であるドイツをいかにして再び活性化し、戦後のヨーロッパ全体の経済発展に貢献させるか、という問題である。この問題は、ドイツの産業規模だけでなく、特にその産業構造から中心的なものとなっていた。19世紀末のドイツは、ヨーロッパにおける投資財の主要な製造国、とりわけ機械、自動車、電気、化学の分野での発展を遂げた。これらの産業に共通しているのは、投資集約型産業であると同時に、研究開発集約型産業でもあるということである（Abelshauser 2004、p.44）。そして、ヨーロッパ経済の再建のために必要なのは第1に投資財であった。[7]

　そこで、ヨーロッパ諸国間の貿易関係を再構築し、1914年以前にすでに存在していた分業体制を復活させることが重要な課題となった。遅くとも1947年3月のトルーマン・ドクトリンの宣言によって、アメリカの決断は不可逆的なものとなり、フランスも抵抗をあきらめた。[8]上記のようなアメリカの目的を達成するためには、契約上の合意に基づくヨーロッパ共通の制度の確立が必要不可欠であった。

　ヨーロッパ経済がほとんど完全に崩壊していたことを考えると、その課題は非常に大きく、機能している市場経済を完全に再導入することが重要であった。貿易はほとんどなく、政府の財政赤字は大きく、金融・銀行制度は機能しておらず、ほとんどの製品で価格統制が行われていた。特に、5つの緊急課題があった。

1. インフレに拍車をかけずに価格統制システムを終了させる。
2. 景気回復のための経費削減を行わず、巨額の財政赤字を解消する。
3. 投資財の輸入を可能にする貿易収支を、そのために輸出黒字を事前に犠牲にすることなく達成する。
4. 個人投資家への法的保障と利益に対する低税率を提供する。
5. 欧州全域で極右・極左の過激派を排除し、穏健な政治スペクトルの俳優や政党から経済改革への幅広い支持を得る。

　それらのすべての問題の解決方法をもたらしたのは、マーシャル・プ

ランであった（Eichengreen 2008、pp.64-70）。1947 年 9 月にヨーロッパ
16 カ国がアメリカ政府への共通提案に合意したのち、1948 年 4 月にアメ
リカ議会が「ヨーロッパ復興計画」法案を可決、同月 16 日、加盟 16 カ国
と在独英米軍（バイゾーン）代表の間でマーシャルプラン援助を調整する
行政機関として OEEC（欧州経済協力機構、Organization for European
Economic Cooperation）が設立された。OEEC は、イギリスの拒否権に
より超国家機関ではなかったが、全会一致の決定を義務づけられた閣僚
理事会を頂点とするヨーロッパ初の共通機関であった。1952 年まで 130
億ドルにのぼるマーシャル・プラン援助の管理以外に、OEEC は加盟国
の経済復興計画の調整、貿易障壁の削減による貿易の促進、国際決済取
引の容易化という任務を担っていた（Brunn 2002、pp.46-48）。西ドイツ
は、1949 年 10 月 31 日、OEEC の第 75 回理事会で正式加盟した。この理
事会で、マーシャル援助の分配を担当したアメリカの ECA（経済協力局、
Economic Cooperation Administration）のホフマン長官が、西欧経済の
統合と欧州単一市場の創設を提案したのである（OEEC 1949、pp.2-3）。

　ヨーロッパ諸国間の貿易関係を再構築するための次の決定的なステップ
は、1950 年 9 月の EPU の設立であった。このヨーロッパ支払同盟は、ア
メリカの提案によりマーシャル・プランからの資金を受け、OEEC 加盟
国すべてで再び設立された。EPU 設立以前、フランスはドイツ（当時は
西ドイツ）を除く独立した決済連合フィニベル（Finibel）[9]を設立しよう
としたが、特にオランダの反対により失敗に終わっていた。また、当初は
いかなる超国家的組織にも反対していたイギリスも、EPU に反対し続け
ればアメリカから悪影響を受けることをようやく理解した。アメリカが提
供する資金力、貿易政策に関して加盟国に助言を与える独立した専門家
委員会、そして 1951 年 2 月に輸入量規制が適用されない物品を第 1 段階
で 60％、第 2 段階で 75％に引き上げるさらなる貿易自由化の実施により、
EPU は黒字国、赤字国の双方にとって魅力的なものとなった（Abelshauser
2005、p.222）。EPU の効果はすぐに現れた。オーストリアと西ドイツは、
1950 年から 1952 年の間に他の OEEC 諸国への輸出をほぼ 90％拡大し、
OEEC 内貿易が急増し始めた。西ドイツは、近隣諸国への投資財の供給

国としての地位を徐々に取り戻していったのである（Eichengreen 2008、pp.80-82）。

　ドイツが主権国家として完全に復活するのはまだ先の話だったが、国際舞台に徐々に復帰し、経済的にも早く回復していく中で、フランスは「フランスのヨーロッパ」を確立しようと努力をしたが失敗に終わり、ドイツを何とか封じ込め、コントロールしようとしたすべてのフランスの試みが実現できずアメリカの圧力に屈して、1948年のロンドン6カ国協議でドイツの新国家の設立に合意しなければならなかったという厳しい現実に直面したのである（Brunn 2002、p.61）。

　このような状況の中で、ほとんどすべての実行可能な選択肢を失ったモネ（Jean Monnet）が率いるフランス総合計画委員会は、フランスとドイツの石炭・鉄鋼業を共通の超国家的管理下に置くことを提案し、他のすべての西ヨーロッパ諸国に対して、最終的に名づけられた欧州石炭鉄鋼共同体への参加を呼びかけたのである。ドイツの無条件降伏5周年にあたる1950年5月9日、シューマン（Robert Schuman）外相が発表したこの計画は、フランスのヨーロッパ政策における転換点となった。この計画は、ヨーロッパの陶酔から生まれたものでも、フランスの覇権主義的野心を追求したものでもなく、達成可能なことだけに集中したもので、それがこの計画の魅力的な点であった（Brunn 2002、p.82）。そのためか、この計画は、フランス、ドイツ、イタリア、ベルギー、オランダ、ルクセンブルグのすべての参加国に等しくアピールし、統一ヨーロッパに向けた最初の本格的な一歩となったのである。特に、この計画には4つの主要目標があった。

安全保障の目的：石炭と鉄鋼の共通管理により、フランスが要求する安全保障が得られること、これが最優先事項であった。

政治的な目的：この計画により、フランスは欧州政治における主導的な役割をイギリスから奪うことを目指し、同時にドイツには欧州政治への積極的な参加を提案した。[10]

経済的な目的：石炭と鉄鋼製品の大規模な非差別的市場を創設し、欧州鉄鋼業、特にフランスの鉄鋼業の国際競争力を高めることを目的としたもの

である。

社会的な目的：この計画は、労働条件、生活水準、労働者の権利の大幅な
改善を目的とし、より幅広い社会的支持を得るとともに、欧州の社会・経
済協調モデルの基盤を築くことを意図している。

　ECSC が実際に及ぼした経済的影響については、いまだ議論の余地があ
る。その目的に基づけば ECSC が最も成功したのは、欧州の石炭・鉄鋼
産業における労働条件と生活条件の改善、および労働者の権利の強化で
あった（Pfister 2012, p.169）。（そして、少なくともフランスの観点から
は、最も重要であった安全保障と政治的な目的に関しても成功を収めた
のである。しかし、ほとんど一般的に見すごされているのが、ECSC の最
後の「成果」であり、それは ECSC が基本的に欧州のさらなる統合のた
めの制度的設定を確立したことである。ECSC の超国家的管理機関である
「最高機関」は今日の欧州委員会、「特別閣僚会議」は今日の「欧州閣僚会
議」、当初 6 加盟国の 78 人の顧問からなる「共通会議」は今日の欧州議会
にそれぞれなった。司法裁判所は裁判官の数を増やして欧州司法裁判所と
名前を変更し今日も存続している。[11]

　制度的な面以外に、欧州統合プロセスの 2 つの特徴は、この初期の段階
ですでに明らかであり、それは今日まで続いている。

1. 欧州統合は妥協の産物であり、共通点を見出すプロセスである。し
   かし、重要なのは、すべてのメンバーや利害関係者が何かを得るだ
   けでなく、妥協案に合意することで得られる利点を、そのマイナス
   面よりはるかに上回るものとして認識することである。
2. ヨーロッパ統合の中心は、フランスとドイツの協力関係である。両
   国は統合の機関車である。フランスとドイツが動かない限り、ヨー
   ロッパは動かない。

　これらの特徴は、ローマ条約の規定に基づく共通農業政策（CAP）の
ような共通政策の実施と市場統合によるスケールメリットの実現を目指し
た欧州統合の第 2 段階において、より顕著に現れてくるであろう。しか
し、この第 2 段階においては、環境政策のように当初は条約の対象外で
あった政策や、EMS（欧州通貨制度、European Monetary System）の創

設や国境管理の廃止（シェンゲン協定）のように EC の外で始まった統合
への取り組みも初めて見られる。

4 欧州統合の第 2 段階——共同市場の確立、規模の経済、条約内外の共通政策の拡大

　ローマ条約により創立された欧州経済共同体（EEC）と原子力共同体
（Euratom）の始まりは、ECSC がどのように誕生したかに部分的に似て
いる。1954 年の「欧州防衛共同体」とそれに続く「欧州政治共同体」の
惨敗、そして 1949 年に欧州統一に対するフランスを中心とした大きな期
待を背負って発足した欧州評議会の政治的無力により、最も野心的な統合
プロジェクトはすべて失敗に終わっている。だから、当分の間、ヨーロッ
パ統一への突破口が開けないことは、当時、誰の目にも明らかであった。
しかし、挫折したとはいえ、1940 年代末の状況とは異なり、最後の提案
に至るような、万策尽きたという感じはない。また、フランス側だけでな
く、数年前には考えられなかったような再軍備をしたドイツに対する安全
保障上の懸念も完全に消えたわけではなかったが、もはや最優先事項では
なくなっていた。最後に、ヨーロッパの人々の間でも、1950 年代初頭の
ヨーロッパの幸福感の全盛期は終わりを告げた。欧州統合は、政治、経済
のいずれの分野でも、もはや最重要課題ではなくなった。
　このような状況下で欧州統合が再び勢いを増したのは、欧州の政治エ
リートのごく一部の人々の欧州に対する熱意あるいは深い失望に起因し
ていたのかもしれない（Brunn 2002、p.100）。フランス議会が EDC（欧
州防衛共同体、European Defence Community）法案を否決したあと、
ECSC の最高機関の長を辞任したモネが、オランダのスパーク（Paul-
Henri Spaak）外相に原子力共同体の提案を提示したのは、まさにこのと
きであった（Pfister 2012、p.178）。スパークは、1950 年に欧州評議会が
欧州統合に関するいかなる決定もできないことを理由に議長を辞任してい
たが、1955 年 4 月に ECSC の権限を原子力に拡大する案を加盟国に提示
している。同時に、オランダのベイエン（Johan Willem Beyen）外相は、

ECSC の 6 つの加盟国が経済共同体を形成するという、当時の多くの人々が狂気と感じたのとは別のアイデアを提案した。この 2 つの案は各方面、特に経済界からすぐに反対された。1950 年代には、未来のエネルギー源と考えられていた原子力に熱中していたにもかかわらず、多くの人が欧州原子力共同体のメリットを疑い、この分野の技術的リーダーであるアメリカとの協力を希望していた。[12] この経済共同体構想は、フランスとドイツの経済省から即座に却下された。当時、どちらかといえば保護された計画経済をもつフランスは、自国の産業がドイツの産業と競争できなくなることを懸念していた。一方、ドイツのエアハルト（Ludwig Wilhelm Erhard）経済相と産業界の代表は、GATT や OEEC における世界規模の自由貿易協定に賛成していたのである。彼らは、ベイエン案がドイツ企業の世界的なチャンスを制限するものであると認識していた。2 年以上にわたる交渉の末、両方の提案が受け入れられ、1958 年 1 月 1 日にローマ条約が発効したことは、1955 年 6 月 1 日に ECSC の外相たちがシチリアのメッシーナに集まり、欧州プロジェクトを復活させようとしたときには誰も予想していなかった最もあり得ない結果であった。

　ローマ条約の交渉はスパークによって調整されたが、彼はその優れた交渉戦略を評価され、それが交渉成功の鍵であったかもしれない（Brunn 2002、p.107）。実際この交渉戦略には、今後の EU の交渉や会議において、今日に至るまで特徴的なパターンが見てとれる。交渉チームの責任者は、誰も置き去りにしないという明確な決意をもって、特に小規模な加盟国の懸念に配慮し、すべての加盟国にとってのメリットとデメリットを慎重に検討し、妥協を容易にするためにパッケージ取引を形成し、最後の長い夜のセッションを要するときも合意に達するための冷静な決意をもって大規模な問題に集中する一方で、最も難しい問題を互いに分離して、専門家の分科会で議論させた。EU の歴史では、交渉が当初の期待を大きく裏切ってしまうことがしばしばあった。しかし、ローマ条約ではそのようなことはなく、そもそも明確な期待がなかったからかもしれない。では、1957 年 3 月 27 日に署名したものが、本当にその契約の範囲を把握していたのだろうかと今日の視点から考えてしまうのである。

　ローマ条約がなぜ実現したかを分析するとき、まず、交渉を推進し条約を最終的に成立させたのは、経済的配慮ではなく政治的配慮であったことを述べなければならない。フランス政府は、超国家的なヨーロッパ機構にドイツをより深く統合することで、増大するドイツの主権とバランスをとることを目的に「ルランス・ヨーロッパ（ヨーロッパの復興）」と呼ぶプロジェクトを進め、それをドイツ側に明確に伝えた（Bührer 1993、p.129）。ドイツ特にアデナウアー（Konrad Adenauer）首相は、欧州統合がフランスとの和解のために不可欠であり、ドイツ再統一のための必然的な前提条件であることを理解していた。[13]閣僚理事会での小国有利の加重投票制度は、最終的にイタリアだけでなくベネルクス諸国の政治的影響力の大幅な増大を意味した（Brunn 2002、pp.115-116）。[14]ローマ条約は、その前文で初めて、調印国はヨーロッパの諸国民の間にこれまで以上に緊密な同盟の基礎を築くことを決意したと述べている。この前文は、この条約の政治的願望を再び強調するだけでなく、それ以来、最新のヨーロッパ条約まで変わることがなかった（EU 1992、p.6）。[15]欧州統合に関してよくあることだが、合意形成に有利に働くような外的な動きがあった。まず1956年のスエズ危機があり、フランス特にイギリスは、帝国主義の時代がついに終わり、新世界秩序における両国は第2級の大国にすぎないことを学んだ（Abelshauser 2004、p.251）。もう1つの外的要因は、同年ソビエトによるハンガリー動乱の残忍な軍事的鎮圧で、特に共同体が確実に貢献する安全保障の強化に対する意識が高まった（Abelshauser 2004、p.255）。最後に、建設的な形ではないにせよイギリスも交渉の成功に決定的な貢献をしている。オブザーバーとして参加した交渉の間、イギリスはドイツ政府の一部、特にエアハルト経済大臣が共有していた、より大きな自由貿易協定の構想について、特にドイツからの支援を求めこのプロジェクトを弱体化させようとしたのである。これはフランスとの和解を最優先とするアデナウアーと、ドイツ政府内の一部の人々を遠ざけた。EECが設立されたあともイギリスは欧州統合計画のために、実質的な目的をもたない組織となっていたOEECをこの自由貿易圏の首脳組織にしようとし、この大規模な自由貿易圏構想を追求し続けていた。しかし、アメリカとカ

ナダをこの組織に含めることは、フランス主導のヨーロッパ・プロジェクトを終わらせるだけでなく、イギリスが原子力分野でアメリカと独占的に協力しようとしていたこと、さらに、フランスの重要な農業分野を自由貿易協定から除外したことはフランスにとって単に侮辱としか受け取れず、彼らの協力と参加を拒否しただけでなく、特にド・ゴール（Charles de Gaulle）大統領は、彼が大統領として在任する限りイギリスの EC への加盟を否定するほど疎外した（Brunn 2002、p.144）。

　この条約の経済的基盤は、実はフランスとドイツの利害のトレードオフという極めて単純なものであった。フランスの関心は農産物の市場を拡大することであり、ドイツの意図も同じであったが実は工業製品にあった。意外なことに、最も困難な問題の 1 つは、社会的コスト特に直接・間接賃金コストの問題であった（Pfister 2012、p.181）。また、フランスの深刻な懸念は貿易赤字であった。そのため、フランスはドイツの賃金が初年度にフランスの賃金水準まで上昇しない場合には対抗措置を講じる権利を有すること、関税の引き下げにはフランスの貿易が均衡したときにのみ開始することを条件として条約に署名した（Brunn 2002、p.114）。[16]

　関税同盟を確立する一方で、貿易、農業、競争、交通に関する共通政策を実施し、「カネ」、「ヒト」、「モノ」、「サービス」の移動の自由を伴う共同市場の基礎を提供しなければならないというものであった。もちろん、共同市場を実現するためには、法的規制、税制、社会政策も調和させなければならず、財政、通貨、経済政策も調整されなければならない（Brunn 2002、pp.119-120）。

　つまり、EEC の目的は規模の経済を実現することだったのである。それは、当時 1 億 6000 万人の人口を抱え、1 億 8000 万人のアメリカや 2 億人のソ連に対抗できる経済圏として、マスメディアが新しい欧州経済共同体を捉え欧州の人々に紹介したことでもある（Pfister 2012、p.186）。しかし、アメリカやソ連とは異なり、この共通経済圏は確立されればよいのである。これは条約発効後 30 年経っても、完全には達成されていない大きな試みであった。

　とはいえ、共同体が成し遂げた進歩は印象的なものであった。1950 年

代半ばから 1970 年初頭にかけてヨーロッパが享受した高成長時代の主導権を EEC が握っていたことは間違ないが、特に EC 内部の貿易の発展に関しては、単なる成長促進要因にとどまらないものがあった。[17] フランスの GDP に占める貿易の割合は、1958 年から 1970 年の間に 30％から 57％へとほぼ倍増した。1970 年の EEC 加盟 6 カ国の貿易のほぼ半分が EC 域内貿易であり、貿易のほぼ 70％が西ヨーロッパで行われていた。完全雇用と輸出の順調な伸びにより、ドイツ国内の賃金（および物価）も上昇した。関税の引き下げと規制の調和は規模の経済を生みだし、専門性の向上をもたらし、企業は競争力を高めることを余儀なくされた。共同市場の形成によってもたらされた競争の激化から、すべての国、すべての部門が利益を得た（Eichengreen 2008、pp.178-179）。最も印象的な例は、フランスの自動車メーカーのルノーである。1958 年から第 1 次石油危機直前の 1972 年の間に、ルノーはフランス国内市場での売上を 2.5 倍に、その他の地域（他の EC 加盟 5 カ国を除く）での売上を 2.7 倍に増加させた。しかし、EC6 カ国市場では、ルノーは 11 倍もの売上高を記録した（Freyssenet 2003、p.111）。同様に、ドイツの農業部門は、1950 年から 1966 年の間に生産性を 147％向上させたが、これはドイツ農業部門の構造的問題を解決するには十分ではなかった（Hardach 1993、p.235）。

　ローマ条約で定義されたように、EEC または（1967 年以降）EC にはそれぞれ 3 つの主要な任務があった。

1. 加盟 6 カ国による関税同盟の創設。
2. 共通農業政策を実施する。
3. 共同市場を作るために、あらゆる規制を調和させる。

　最初の課題である関税同盟の構築は、基本的に 1968 年までに達成され、上記のような規模効果をもたらした。

　第 2 の課題である CAP（共通農業政策、Common Agricultural Policy）の実施はより複雑である。光はあったが、間違いなく多くの影もあった。高度に保護された農業部門は 6 カ国が共通の部門別政策を実施できるかどうかを検証するための理想的な条件を提供していた。地域内で生産される食料の十分な確保、農業部門の生産性の向上、規模経済の実現に加え、農

業部門の所得水準を製造業に匹敵するレベルまで引き上げることがCAPの中心的な課題の１つであった。そのために、ほぼすべての品目について複雑な価格保証制度が導入され、農家や農業従事者の賃金や生活水準が大幅に引き上げられた。しかし、市場原理をほとんど無視したこの制度は、無理な余剰生産と消費者物価の高騰を招き、保管コストや売れない農産物の廃棄コストが高くついたため、税金の無駄遣いになってしまった。CAP の改革には、GATT（ウルグアイ・ラウンド）、アメリカ、途上国からの外圧、消費者や納税者の利益団体からの内圧、GDP に占める農業部門の割合が低い加盟国や農業部門の国際競争力を高める加盟国から、数十年の歳月を要した。そして、特に農業部門の機能を根本的に見直す必要があった。従来の単なる食料生産という認識から、農業部門は自然生息地や景観、環境、気候の保護者であり、再生可能な燃料やエネルギーの供給者であるという現代的な認識をもつようになったのである。

　第３の課題である共同市場創設のための規制の緩和は、最も野心的な取り組みであった。特に、公正な競争のための公平な競争の場を作り、４つの移動の自由（ヒト、カネ、モノ、サービス）を実現するための条件を提供するために、あらゆる種類の非関税障壁を取り除くことは、巨大な課題であることが証明された。この課題を達成するためには、数十年の歳月と、単一市場を確立した単一欧州法、EMU（経済通貨同盟、Economic and Monetary Union）の基礎を築き、今日の欧州連合を確立したマーストリヒト条約という２つの条約を追加する必要があった。

　しかし、共同市場を形成し、規模の経済を実現する過程では、すでに、条約が不測の事態や予期せぬ問題に対処するには不十分で、条約の法的枠組みの外でまず解決策を見出さなければならないことが何度かあった。あるいは、ある問題について全加盟国共通の合意がなかったため、一部の加盟国が合意して独自に進めることもあった。そのあとに、他の加盟国もそれに追随することもあった。このような進め方が、いわゆる２スピード、マルチスピードのヨーロッパを作りだしたのである。[18]

　２つの例を挙げて、欧州統合の力学が時代とともにどのように変化してきたかを説明する。環境政策とシェンゲン協定を取り上げ、それぞれがい

かに欧州統合に新しい方向性を与えたかを説明する。

(1) EC/EU の環境政策

EU の環境政策は、1950 年代後半に欧州統合が始まった時点では無関係どころか、存在すらしなかった政策分野の一例であった。しかし時間の経過とともに、この政策はますます重要なものとなり、ついにはあらゆるレベルのあらゆる政治分野において、欧州統合を推進するための最も強力な手段とまではいかないまでも1つの手段へと変化していった。

1960 年代末に環境汚染が社会問題となるにつれ、EC は環境保護の分野で積極的に活動する法的根拠がローマ条約に規定されていないという問題に直面するようになった。それにもかかわらず、1972 年 10 月にパリで開催された EC サミットにおいて、加盟国の首脳は 1970 年代に経済通貨同盟と政治同盟を達成させることを決定し、EC の活動領域を環境、社会、技術、地域開発政策に拡大することを宣言した（Wessels 2008、pp.76-77）。そもそも環境規制を実施する根拠となったのは、例えば「生活水準の向上」や「生活・労働条件の改善」、「経済活動の調和的発展」など、条約に記されたやや不特定な目的であり、これらは共通の環境政策がなければすべてマイナスの影響を受ける（Orlando 2013、p.21）。1973 年には廃棄物処理・水質・土壌・大気質の4分野を中心とした第1次環境行動計画（EAP）が採択された（Roth-Behrendt et al. 2004、p.306）。また、1981年までの第2次 EAP では、水・大気・土壌に関して可能な限り高い品質を保証することに焦点があてられていた。第3次計画（1982-1986）と第4次計画（1987-1992）では、環境政策が統合にもたらすメリットに議論が集中し、共通の環境基準が市場統合を促進し、欧州産業の競争力を高めることが強調されている。特に、環境製品基準の共通化は、非関税障壁に対する措置とみなされた。また、環境政策が雇用水準にプラスの影響を与える可能性も強調された。第3次プログラムでは、初めて「持続可能な開発」の概念が採用され、政策は品質保護から排出基準の設定へと移行した（Hey 2007、pp.19-20）。これはすべて、まだ EC 条約の法的枠組みの外で起こったことである。1987 年になってようやく、SEA（単一欧州議

定書、Single European Act）に環境政策が新たな政策分野として追加され、これが EC の新たな法的基礎となった。1987 年まで、EC は環境に関する 200 以上の規則を発行していた。エコラベル、環境情報の一般公開、環境影響評価などの新しい革新的なステップによって、EC は一般市民の環境問題に対する意識を高め、民間団体や生態系利益団体と協力し始めた。1990 年の欧州環境機関、1994 年の欧州環境情報観測ネットワークによって、環境政策を実施するための制度的基盤も拡大された。

　1989 年の鉄のカーテンの崩壊後、かつて社会主義だった中東欧諸国が市場経済と西欧型民主主義への移行を目指す中で、環境政策は EC/EU の内部政策にとどまらず中心的な課題となっていた。1990 年にはすでに、EC は PHARE、ISPA、SAPARD といったプログラムによって大規模な資金と専門知識を提供しこの移行を支援し始めていた。[19] 環境政策は、これらのプログラムの中心的な課題であった。なぜなら、中欧諸国は EU に加盟のための厳しい環境基準を満たすために、物理的なインフラ整備に膨大な投資が必要な分野だったからである。もちろん、膨大な公害や汚染の処理も重要な課題であった。EU 内部での環境政策の展開については、マーストリヒト条約（1993）が生態系破壊の防止だけを優先し、すでに生じた生態系破壊の修復を優先したのに対し、環境政策だけでなく EU 全体の発展を決定的にしたのはアムステルダム条約（1999）であったと言えるであろう。アムステルダム条約では、すべての政治的領域におけるすべての EU 規制は、環境への配慮によって導かれなければならないとされている（Roth-Behrendt et al. 2004、p.307）。これにより、環境政策は EU の意思決定プロセスにおける最優先事項となり、EU の経済・産業政策を形成するうえで最も強力なツールとなった。

　最後に、気候変動と戦い、遅くとも 2050 年までにはカーボンニュートラルを達成させるために、拡張された 20 世紀末の環境政策は世界をリードする規範的あるいは「ソフト」パワーになるための EU の戦略的「武器」になった。本章の最後の部分でこれらを論じる前に、ヨーロッパにおける国内国境管理の廃止という話題に移り、これはまた統合への新しい革新的なアプローチ、すなわち柔軟な統合の適用を達成するものであった。

(2) シェンゲン協定とプリュム条約

欧州統合当初から、「ヒト」、「モノ」、「カネ」、「サービス」が自由に移動できる単一の経済体を作ることを目指していたにもかかわらず、EU 域内のボーダー規制を撤廃するという共通の認識はなかった。ある加盟国はこの考えに猛烈に反対した。しかし、中世のヨーロッパには国境がなかったことから、国境を越えることは統一ヨーロッパを目指すうえで必要不可欠なことだと考える加盟国もあった。

このような状況下で、再びドイツとフランスがイニシアティブをとり、1984 年 6 月にフランスのフォンテーヌブローで開催された欧州理事会において、特に一般の人々にも実感できる欧州統合を進めるための意見交換を開始した。まもなく、ベネルクス諸国がフランスとドイツに加わり、共通の国境における検査を徐々に廃止していくというコンセプトを打ちだした。[20] ちょうどその 1 年後、5 カ国によるシェンゲン協定が締結された。1990 年、5 カ国は、いわゆるシェンゲン条約で、国境管理の廃止に必要な措置をとることを確認した。もちろん、重要なのは、国境での管理がなくなったときに組織犯罪、人身売買、麻薬取引、不法移民、そして一般犯罪の拡散をいかに防ぐかということであった。そのため、警察、国境、税関の担当者が、参加国すべての警察関連情報に即座にアクセスできる情報システム SIS（シェンゲン情報システム、Schengen Information System）を構築することが中心課題となった（EU Commission 2008、p.11）。この条約は 1993 年に発効したが、国境管理が廃止されるまでにはさらに 2 年の歳月を要した。このときすでに、イタリア、スペイン、ポルトガル、ギリシャが最初の 5 カ国のグループに加わっていた。1997 年、シェンゲン協定はアムステルダム条約のプロトコルとして追加され、1999 年に発効した新しい条約によって EU の法律となった。

それ以来、シェンゲン協定の加盟国は数段階に分けて増え続け、アイスランド、ノルウェー、リヒテンシュタイン、スイスと、EU に加盟していない 4 カ国もこの協定に参加している（Walsch 2008、pp.84-85）。現在、アイルランド、クロアチア、ブルガリア、ルーマニア、キプロスを除

けば、すべての EU 加盟国がシェンゲン協定に加盟している。[21] 2004 年と2007 年の EU 中東欧の拡大を踏まえて、ドイツは、国境を越える組織犯罪、テロ、不法移民に対抗するために、警察協力と情報共有を DNA や指紋情報まで拡大し、さらには国家政策部隊の共同作戦まで行うというさらに遠大な提案をしたのであった。2006 年に発効したこの協定、プリュム条約は、1990 年の第 1 次シェンゲン情報システム（SIS 1）と 2013 年の第 2 次シェンゲン情報システム（SIS 2）を補完するため、しばしばシェンゲン 3 とも呼ばれている（Walsch 2008, p.82）。[22]

　シェンゲン協定は、EU 共通の対外国境を設け、シェンゲン国境での標準的な管理メカニズムを確立し、共通のビザ制度を作り、国境を越えた警察・法執行協力を拡大したことだけでなく、加盟国のオプトアウトを認め、非 EU 加盟国の参加も認めた「柔軟な統合」の最初の事例として、欧州統合の大きなステップを構成するものであった。特に、1993 年の EU発足以前から、実施されてきた内政・司法政策という現在でも各国政府の管理下にある、政策分野での統合を決定的にした点で重要な協定であると言える。

5　欧州統合の第 3 ステージ——競争力強化とグローバルな規範的大国となるための戦略策定

　1993 年に経済通貨同盟（EMU）が成立し、その後 1999 年から共通通貨ユーロが導入されたことで、欧州統合プロジェクトの最も野心的なプロジェクトの 1 つがついに達成された。ヨーロッパでは、経済的にも通貨的にも単一の存在となったのである。厳密に言えば、この時点ではもちろんヨーロッパの西側部分だけであったが、12 カ国が EU 加盟の列をなしており、このときほどヨーロッパが統一に近づいたことはなかった。そして、ほぼその頃ドイツの社会民主党と緑の党の第 1 次連立政権のフィッシャー（Joschka Fischer）外相が「EU の最終目的は何か」という質問を投げかけた。この質問は正当なものであった。特に、ヨーロッパで最も親ヨーロッパ的な政党の政治家の 1 人が提起したからである。そしてもちろ

222

ん、世界は変化しているので、この質問は正当なものであった。世界経済の力学はますます新興国（BRICs）にシフトし、欧州の視点は特に欧州の人口動態を考慮するとその影響力と関連性はますます失っている。ドイツ外相の質問は少なくとも部分的には、この時期に EU がマーストリヒト条約、特に予算、農業政策、投票制度の改革について、中・東欧への EU 拡大の基盤を提供するためだけに多くの時間と人員を永久に再交渉することに対して、フィッシャーのフラストレーションを反映したものであった。[23]要するに、ヨーロッパは将来に対する明確なビジョンを失ってしまったようである。

　2000 年代に入り、EU は内外の課題に直面するようになり、条約に基づいて共通政策を法的に定義することからアプローチを変え、しばしばオープン・メソッド・オブ・コーディネーション（OMC）と呼ばれる新しいアプローチを適用した（Steurer et al. 2010, p.I、Vanhercke 2020, pp.99-100）。より簡単に言えば、EU 委員会が戦略を練り一定のベンチマーク（目標）を設定し、その達成は各加盟国の権限に委ねられるということである。つまり、委員会は調整役・監督役であり戦略の実施や実行は加盟国に委ねられ、加盟国は比較的自由にアプローチや優先順位を決定することができるのである。

　これまで EU は 6 つの戦略を発表している。この 6 つは年代順に並んでいる。

1. リスボン戦略（2000）
2. 持続可能な開発戦略（ヨーテボリ戦略）（2001）
3. 新リスボン戦略（2006）
4. 持続可能な開発戦略（2006）
5. 欧州 2020 年戦略（2010）
6. 欧州グリーンディール（2019）

　ここでは、簡潔さと重要な問題に焦点をあてる必要性から、リスボン戦略、SD 戦略、欧州 2020 をグループ化し、その後、質の異なる欧州グリーンディールを取り上げることとする。

（1）リスボン戦略

　リスボン戦略は、世界で最も競争力のあるダイナミックで知識集約型の経済圏となるために、欧州の経済成長と新しく優れた雇用の創出を目指した（European Parliament 2009、p.1）。実際、この戦略は GDP 成長率、サービス産業の発展、雇用水準、研究開発への支出に関して、アメリカや日本との差を縮めることを目的としていた。特に、欧州で未発達であった情報通信技術産業に焦点があてられた。しかし、2004 年 11 月、オランダのコック（Wim Kok）元首相がリスボン戦略の進捗状況について中間報告を行い、EU は前進しているが特にアメリカとの乖離が縮小していないことを明らかにした。そこで、新リスボン戦略では過大な目標を取り払い、当初のリスボン戦略の要点、特に雇用、研究開発、教育、デジタルインフラに集中することにした。コックは、戦略のよりよいコミュニケーションと実施の必要性、単一市場の利点をより多く発揮すること、そして欧州の社会経済モデルを維持することを強調した（Ivan-Ungureanu et al. 2006、pp.79-83）。

（2）SD 戦略と欧州 2020

　リスボン戦略が、EU が直面している特定の経済問題に取り組むことを目的とした純粋な EU 開発戦略であったのとは対照的に、持続可能な開発戦略は、1992 年のリオ地球サミットに遡り、いくつかの国際会議から発展したものである。リオでは、約 100 カ国の首脳がアジェンダ 21 を採択したが、1990 年代には精密な国家 SD 戦略を打ちだす国は少なく、1997 年の第 2 回会議、リオ＋ 5 サミットでは、国家戦略の提出期限を 2002 年までに設定した（Steurer et al. 2010、pp.2-3）。2001 年のヨーテボリ・サミットで、EU は SD 戦略に合意しその優先順位は以下の通りであった。

1. 　気候変動とクリーンエネルギー
2. サステイナブル・トランスポート
3. 持続可能な生産と消費
4. 天然資源の保全と管理

224

5. 公衆衛生

6. 社会的結束、人口動態、移民

7. グローバルな貧困と持続可能な開発の課題（Wysokinska 2016、p.58）

EU の SD 戦略は、多国籍組織として社会的結束、人口動態、移民、世界の貧困などの問題を含み、他の国々に焦点をあてたプログラムをはるかに超えていた。しかし、EU は国レベルの施策を調整するための OMC の枠組みを確立するのに 2006 年までかかった。そして、2008 年にようやく 25 の加盟国で SD 戦略が実施された（Steurer et al. 2010、p.4）。欧州 2020 戦略は、「スマートで持続可能かつ包括的な成長のための戦略」を副題に掲げ、持続可能性には経済・環境・社会の 3 つの側面があり、それらは互いに切り離すことができないことを認めている。ヨーロッパ 2020 戦略の目標は、このエコロジー、社会、経済の変革を達成するための主要なポイントをそれぞれ取り上げている。

1. 雇用率：雇用 20-64 歳の人口の 75%。

2. 研究開発：EU の GDP の 3% を投資。

3. 気候・エネルギー：CO_2排出量 20% 削減、エネルギー効率 20% 向上、EU 総消費量に占める再生可能エネルギー比率 20%。

4. 教育：教育学歴のない人の割合を 10% 以下にし、第 3 学卒者を 40% にする。

5. 社会的包含：社会的包摂貧困状態にある、または貧困のリスクに直面している人の数を 20% 未満に削減する。

これらの目標は、加盟国のそれぞれの優先順位に基づいて、国家プログラムに変換されるべきである（European Commission 2010、p.3）。

(3) 欧州グリーンディール

誰が何のために「European Green Deal」というタイトルを最初に思いついたのかはわからないが、偶然ではないことは確かである。ローズヴェルト大統領率いるアメリカのニューディール政策との関連はあまりにも明白である。アメリカは 1930 年代の大恐慌による不況から脱却し、広範囲な経済改革、さらには画期的な社会改革を導入し第二次世界大戦後のアメ

リカの経済支配の基礎を築いたのである。

　これと同様に、EU はグリーンディールによって経済成長と資源利用を
切り離し、2050 年までにカーボンニュートラルを達成する近代的で資源
効率のよい競争力のある経済によって、ヨーロッパを公正で豊かな社会へ
と変革することを目指している（European Commission 2019、p.2）。EU
は、パリ協定を実施させるための詳細かつ精密な計画を打ちだした先駆者
である。EU は、1970 年代以降の環境政策（経済・産業政策を形成する最
も効果的な手段の 1 つとなった政策）の経験に確実に導かれ、加盟国が適
切な国家戦略に変換しなければならない包括的なプログラムを開始したの
である。グリーンディールはモビリティ、エネルギー、生物多様性、農業
など持続可能性に関連するあらゆる問題に取り組んでいる。

　今のところ、2 つの目標がある。1 つは 2050 年までのカーボンニュート
ラル、もう 1 つは 2030 年までの温室効果ガスの 55％削減、いわゆる「Fit
for 55」戦略で、特に新しい排出権取引制度、再生可能エネルギーに関す
る EU 規制の改革、陸・海・空における持続可能なモビリティへの迅速な
移行に重点を置いている（European Commission 2021、p.3）。

　欧州グリーンディール戦略は、まだ始まったばかりであるが 2 つの点が
注目される。1 つは、EU が持続可能な開発に向けたグローバルリーダー
としての役割を強調する点である。この点で、EU は将来の世界基準を設
定する最も関連性の高い規範的（ソフト）パワーになるという野心を表現
している（European Commission 2019、pp.20-24）。

　もう 1 つは、「誰一人取り残さない」という、同様に強いコミットメン
トであり、これは持続可能な時代への公正な移行を達成し、より公平で平
等な欧州社会を作ることを意味する（European Commission 2019、p.16）。

　これらの戦略の進化は 2 つの視点から評価する必要がある。第 1 に、戦
略の内容に関してである。リスボン戦略と新リスボン戦略は純粋に経済・
産業戦略であり、SD 戦略（ヨーテボリ戦略）は主に環境、エネルギー、
モビリティの問題に焦点をあてたものであった。第 2 に、戦略の目的につ
いてである。リスボン戦略は欧州の社会経済モデルの近代化・改革を通じ
て、欧州の国際競争力を維持・向上させることを目的としており、SD 戦

略は環境基準の設定において世界的なリーダーシップを獲得することを
目的としている。もちろん、2つの異なるタイプの戦略が重なり合う部分
や、互いにそれほど明確に区別できない部分もあった。この点欧州 2020
戦略は、経済とエコロジーの目標を統合するだけでなく、教育やインク
ルージョンといった社会的な問題にも目標を決定的に拡大したことで転換
点となった。2009 年までは EU の近代化、特に労働市場や社会福祉制度
の改革に関する提案は、2008-09 年の国際金融危機（世界同時不況）以前
を支配した新自由主義的な時代精神の空気を非常によく感じていた。リー
マンショック後、EU 委員会は、特に貧困と社会的排除との問題に関して、
より社会的にバランスのとれたアプローチをとった（Vanhercke 2020、
p.110）。

　欧州 2020 戦略は、最初の包括的な EU 近代化戦略であったからではな
く、EU 加盟国にさまざまな形で影響を与えた国際金融危機とユーロ危
機の影響に取り組み、克服することを目的とし新自由主義（アングロサ
クソン）資本主義アプローチから、実際に EC が設立された協調資本主
義（大陸ヨーロッパ）アプローチへの転換を意味していた点で重要である
（European Commission 2010、前書き p.1）[24]。

　欧州グリーンディールはこのアプローチを継続するだけでなく、欧州
2020 年戦略の目標を大幅に拡大するものである。グリーンディールによっ
て、欧州連合は世界をリードする規範的な権力者になることを目指してい
る[25]。

　欧州グリーンディールは、20 年以上前に始まった戦略策定とオープン・
コーディネーション・アプローチのプロセスのピークを示すものである。
この OMC のアプローチが、今後の欧州の統合プロセスにどのような意味
合いと結果をもたらすかはまだわからない。

6　まとめと展望

　この 70 年間の欧州統合の過程を振り返って、私たちはどのような教訓
を得たのであろうか。(1) 第二次世界大戦直後の欧州統合に対する国民の

熱狂は確かに好ましい環境であったが、実際には制度の欠如により欧州統合は大きな進展を見せなかったということである。そして、(2) 欧州統合の基礎を築いた最初の制度である ECSC の設立は、他のすべての代替案や戦略が現実的でないことが証明された結果であった。したがって、(3) 欧州統合は経済プロジェクトとしてスタートしたが、当初から高度に政治的なものであったということがわかる。ECSC、EEC、Euratom といった最も重要な機関が設立されたあと、(4) フランスとドイツの協力と対等のパートナーとして扱われた EEC の小規模加盟国の積極的な貢献を中心に、ヨーロッパの統合は妥協にコミットするプロセスとして出発したことがわかる。これらの妥協は、一般にすべての加盟国の最も重要な利益を満足させようとするもので、どの加盟国も毎回「はい、すべてを手に入れたわけではなかったが、自分たちにとって最も重要なことを達成することに成功した」。私たちは、犠牲にしたものよりも多くのものを得ることができたのである。このような基盤上、ヨーロッパには不可欠なものであり、これにより規模の経済性を達成することができたのである。(5) 1970 年代から 1980 年代にかけて統合プロセスが単なる事実上の問題となり、薄弱な必要性（環境政策）あるいは個々の加盟国がより迅速に統合を進めたいという意志をもつようになると、EC は条約の枠組みの内外でシェンゲン協定政策を策定する機会を提供した。そして最後に (6) EU は経済通貨同盟が達成された 2000 年前後に、従来の条約に基づく統合アプローチをベンチマークと目標を定義し、それを達成することは加盟国の権限にとどまりながらも EU 機関が調整する開放的調整手法に移行した。このアプローチの全体的な目的は、EU が世界をリードする規範的（ソフト）パワーとして確立することである。

　欧州統合から 70 年以上が経過した今、どのような結論が導きだされるのであろうか。間違いなく欧州統合は平和のプロジェクトでありそれが最大の功績である。欧州統合のプロセスは終わったのであろうか。間違いなくそうではない。例えば、社会福祉、税制、財政政策、予算政策など単一の経済圏の中でよりよく調整する必要がある分野がまだまだたくさんある。将来、EU に新しく加盟する国はあるか？　はい、間違いなく増える

228

であろう。EUの魅力は衰えることはない。「ヨーロッパ合衆国」はできるのであろうか？ それはできないかもしれない。しかし、地域開発協力の強化を通じて、より連邦的な構造が発展するかもしれない。では、最後に何が言えるのか？ 単純なことかもしれないが、ヨーロッパ統合の自転車は70年以上経っても動き続けている！

[注]

1) 欧州の父と呼ばれるジャン・モネは、欧州統合が継続的に進展しない限り、欧州の統一は遂に達成されないという考えをもっていた。自転車が動かなくなると倒れてしまうという例えは、モネに言及したものであるが、欧州委員会の初代委員長であるハルシュタイン（Walter Hallstein）の言葉である（Brunn 2002, p.101）。
2) 第一次世界大戦の偶発性についての議論は、クラーク（2017）を参照。
3) フランスの欧州統一構想は、ドイツを支配し、ヴェルサイユ条約で定められた現状を維持するという真の目的をほとんど隠していたにすぎない。
4) 例えば、1970年の世界貿易における（西）ドイツのシェアは、まだ1913年よりもかなり低かった（Hardach 1993、p.14）。
5) 第一次世界大戦が始まった1914年8月の第一週に、イギリスのグレイ（Edward Grey）外相が「ヨーロッパ中の灯が消えつつある、我々の生きている間に再び灯がともるのを見ることはないだろう」と発言しており、第一次世界大戦がどの程度ヨーロッパを永遠に変える分岐点になるかという不吉な予感が同時代の先見者たちの中にあることを示していたのである。
6) 例えば、第二次世界大戦中アメリカの自動車メーカー、なかでもGMは、アメリカ軍装備の最大の生産者であった。この点では、フォードの生産量だけでイタリアの全兵器生産量を上回っていた。（Eichengreen 2008、p.53）。
7) 1930年代のドイツは、投資財産業と消費財産業の生産比率が等しくなったヨーロッパで最初の国の1つであった。（Hardach 1993、pp.9-10）。
8) アメリカの立場の迅速かつ根本的な変化は、そのちょうど1年前の1946年3月に連合国が、ドイツの工業生産を戦前の半分に減らす「工業水準計画」をまだ実施しており、ドイツの工業生産を軽工業製品の低い水準に制限しようとしたモーゲンタウ計画の息がかかっていたことがわかる（Eichengreen 2008、pp.55-58）。
9) Finibelは、加盟予定国であるフランス、イタリア、オランダ、ベルギー、ルクセンブルグの略称である。
10) 実際、ドイツは国内の石炭・鉄鋼産業に再び大きな影響力を取り戻し、西ドイツ国家成立前の1949年4月には国際管理下に置かれた（ルール国際管理局）。
11) 正確には、ローマ条約ではまずECSCを手本に「最高機関」と「閣僚理事会」が再現され、1967年の「欧州共同体」設立時に今日の制度に統合された。
12) フォード、スタッドバッカー、パッカード、シムカなどの自動車メーカーが、

1950 年代に原子炉を推進力とするコンセプトカーを発表したこともあった。

13) アデナウアーは 1956 年 1 月 19 日の政府声明で、フランスとの永続的な関係はヨーロッパ統合によってのみ可能となること、したがって、ドイツ統一に関してもメッシーナ決議を全面的に実施しなければならないことを強調した（Bührer 1993、p.132）。

14) イタリアはドイツ、フランスと同じ票数であり、ドイツとフランスを合わせても小国を覆すことはできなかった。

15) また、第 1 回委員会のメンバーはドイツのハルシュタイン（Walter Hallstein）（委員長）、フランスのマルジョリン（Robert Marjolin）（経済・金融担当委員）、オランダのシッコ・マンショルト（Sicco Mansholt）（副委員長・農業担当）など、いずれも経験豊富なエリート政治家であり、各国政府がこの新しい制度をいかに重視しているかも示していた。

16) 1957 年のフランスの単位労働コストは、ドイツやオランダよりも約 30％高かった（Eichengreen 2008、p.103）。

17) 1959 年から 1966 年にかけて、EEC 加盟国のフランスとドイツでは年平均 5.5％、イタリアでも 5.9％の成長が見られ、例えばイギリスのように 3.3％の成長にとどまる非加盟国の成長をはるかに上回っている（Hardach 1993、p.230）。

18) 実は、このようなマルチスピードのアプローチは新しいものではない。すでにローマ条約には、関税同盟の創設に関して加盟国に異なる調整期間を認める規定があった（Luif 2008、p.2）。もちろん、マルチスピード・ヨーロッパのもう 1 つの例は、共通通貨 EURO である。

19) これらの略称は、(1) PHARE（ポーランド・ハンガリー経済再建援助計画、Poland and Hungary Assistance for the Restructuring of the Economy）、(2) ISPA（加盟前構造政策、Instrument for Structural. Policies for Pre-accession)、(3) SAPARD（農業・農村振興新規加入特別プログラム、Special Sccession Programme for Agriculture and Rural Development）を表している。

20) 1960 年にベネルクス経済連合が成立した結果、オランダ、ベルギー、ルクセンブルグは 1970 年にすでに自国間の国境管理を放棄していた。

21) 欧州理事会は現在（2022 年 8 月）、クロアチアのシェンゲン加盟を 2023 年 1 月 1 日とするスケジュールを組んでいる。この日、クロアチアは 20 番目の EU 加盟国として共通通貨 EURO を導入することも予定されていた。また、イギリス外領土ジブラルタルのシェンゲン協定加盟交渉も進行中である。

22) フランスは、フランス領内での外国警察の活動がフランス憲法に適合するかどうかをフランス憲法裁判所が判断する必要があったため、わずか 1 年後の 2007 年にこの協定を実施した。

23) EU の首脳は、1999 年にアムステルダム条約を履行した直後、2001 年に新しい条約（ニース条約）に調印している。その直後から、いわゆるポスト・ニース・プロセスが始まり、特にフィッシャーの質問の反動で EU 憲法案を提示する条約が成立することになった。この憲法は、2005 年にフランスとオランダの国民投票で否決されたが、最終的に 2007 年のリスボン条約の基礎となった。

24) 特にユーロ危機は、EU にとってある種のトラウマとなった。なぜならば、一部の加盟国は初めて取り残されたと感じ、初めて貧富の差が縮まるどころか再び拡大したからである。

230

25) 実践的な意味での「規範力」の古典的な定義は持続可能な平和の維持、自由・民主・人権・法の支配の堅持、平等・社会連帯・持続可能な開発の促進、グッドガバナンスの発揮に関してリーダーであること（Manners 2009、pp.2-3）である。しかし、もう1つの側面として、経済的・技術的・環境的・社会的規制におけるグローバルスタンダードを設定することである。

［参考文献］

クラーク・C. M.（小原淳訳）（2017）、『夢遊病者たち──第一次世界大戦はいかにして始まったか』、みすず書房。

Abelshauser, W.（2004）*Deutsche Wirtschaftsgeschichte seit 1945*, München, C.H. Beck.

Bührer, W.（1993）*Die Adenauer-Ära. Die Bundesrepublik Deutschland 1949-1963*, München, Piper.

Brunn, G.（2002）*Die Europäische Einigung von 1945 bis heute*, Stuttgart, Philipp Reclam.

Eichengreen, B.（2008）*The European Economy Since 1945: Coordinated Capitalism and Beyond*, Princeton and Oxford, Princeton University Press.

European Commission（2008）*The Schengen Area*, European Commission, Brussels, http://biblio.ucv.ro/bib_web/bib_pdf/EU_books/0056.pdf

European Commission（2010）*Europe 2020. A Strategy for Smart, Sustainable and Inclusive Growth*, European Commission, Brussels. https://ec.europa.eu/eu2020/pdf/COMPLET%20EN%20BARROSO%20%20%20007%20-%20Europe%202020%20-%20EN%20version.pdf

European Commission（2019）*The European Green Deal*, European Commission, Brussels. https://eur-lex.europa.eu/resource.html?uri=cellar:b828d165-1c22-11ea-8c1f-01aa75ed71a1.0002.02/DOC_1&format=PDF

European Commission（2021）*'Fit for 55': Delivering the EU's 2030 Climate Target on the Way to Climate Neutrality*, European Commission, Brussels. https://eur-lex.europa.eu/legal-content/EN/TXT/PDF/?uri=CELEX:52021DC0550&from=EN

European Parliament（2009）*Briefing Note for the Meeting of the EMPL Committee 5 October 2009 Regarding the Exchange of Views on the Lisbon Strategy and the EU Cooperation in the Field of Social Inclusion*, European Parliament, Strasbourg. https://www.europarl.europa.eu/meetdocs/2009_2014/documents/empl/dv/lisbonstrategybn_/lisbonstrategybn_en.pdf

European Union (EU) (1992) *Treaty establishing the European Community*, Journal of the European Communities, C 24, 31.8.1992.
　　https://eur-lex.europa.eu/legal-content/EN/TXT/PDF/?uri=CELEX:11992E/TXT&from=EN

Gelauff, G., and Lejour A., M. (2006) *The New Lisbon Strategy. An Estimation of the Economic Impact of Reaching Five Lisbon Targets*, European Commission, Enterprise and Industry Directorate-General, Brussels.
　　https://www.researchgate.net/publication/46446262_The_new_Lisbon_Strategy_An_estiamtion_of_the_impact_of_reaching_5_Lisbon_targets/link/09e4150b8724c7dd9a000000/download

Hardach, K. (1993) *Wirtschaftsgeschichte Deutschlands im 20. Jahrhundert (1914-1970)*, Göttingen, Vandenhoeck &Ruprecht.

Hey, C. (2007) *EU Environmental Policies: A Short History of the Policy Strategies*, University of Pittsburg, Archive of European Integration (AEI). http://aei.pitt.edu/98675/1/environ_policies...pdf

Ivan-Ungureanu, C. and Marcu, M. (2006) *The Lisbon Strategy*, Bucharest Romanian Journal of Economic Forecasting – 1/2006.
　　https://ipe.ro/rjef/rjef1_06/rjef1_06_6.pdf

Luif, P. (2007) *The Treaty of Prüm: A Replay of Schengen?* Conference Paper Montreal 2007, University of Pittsburg, Archive of European Integration (AEI).
　　http://aei.pitt.edu/7953/1/luif%2Dp%2D10h.pdf

Manners, I. (2009) *The Concept of Normative Power in World Politics*, Danish Institute for International Studies (DIIS), Copenhagen, DIIS Brief 5/2009.
　　https://pure.diis.dk/ws/files/68745/B09_maj_Concept_Normative_Power_World_Politics.pdf

Niemann, Hans-Werner (2009) *Europäische Wirtschaftsgeschichte. Vom Mittelalter bis heute*, Darmstadt, WBG Wissenschaftliche Buchgesellschaft.

Organization for European Economic Cooperation (OEEC) (1949) *Statement by Paul Hoffman at the 75th OEEC Council meeting (31 October 1949)*, published by: University of Luxembourg, Digital Research in European studies (Centre Virtuel de la Connaissance sur l'Europe - CVCE) (2013).
　　https://www.cvce.eu/obj/statement_by_paul_hoffman_at_the_75th_oeec_council_meeting_31_october_1949-en-840d9b55-4d17-4c33-8b09-7ea547b85b40.html

Orlando, E. (2013) *The Evolution of EU Policy and Law in the Environmental Field: Achievements and Current Challenges*, Instituto Affari Internazionali, Rome.
　　https://www.iai.it/sites/default/files/TW_WP_21.pdf

Pfister, E. (2012) *Imaginationen Europas in Wochenschauen in Deutschland, Frankreich, Großbritannien und Österreich 1948-1959*, Inauguraldissertation, Johann-Wolfgang-Goethe-Universität Frankfurt am Main, http://eprints-phd.biblio.unitn.it/894/1/Dissertation_Pfister.pdf

Roberts, J. M. (2013) *Europe 1880-1945*, Oxon and New York, Routledge.

Roth-Behrendt, Dagmar ; Nowak, Annika (2004) *Die Umweltpolitik der Europäischen Union*, IN : Weidenfeld, Werner (ed.) : Europa Handbuch. Band 1 : Die Europäische Union – Politisches System und Poltikbereiche, Gütersloh, Bertelsmann Stiftung, pp. 305-322.

Steurer, R. and Berger, G. (2010) *The Lisbon Strategy and Sustainable Development Strategies Across Europe: How Different Governance Arrangements Shape the European Coherence of Policy Documents*; Vienna, Institute of Forest, Environment, and Natural Resource Policy, Discussion paper 1-2010. https://papers.ssrn.com/sol3/papers.cfm?abstract_id=2342118

Stevenson, D. (20. Jan. 2014) *Europe before 1914*, On : British Library : *World War One – Origins, Outbreak and Conclusions*. https://www.bl.uk/world-war-one/articles/europe-before-1914

Vanhercke, B. (2020) *From the Lisbon strategy to the European Pillar of Social Rights: the Many Lives of the Social Open Method of Coordination*, IN : Vanhercke, Bart et. al. (ed.) *Social policy in the European Union 1999-2019: the Long and Winding Road*, Brussels, European Trade Union Institute (ETUI), chapter 5, pp. 99-123. https://www.etui.org/sites/default/files/Chapter%205_13.pdf

Wessels, W. (2008) Das Politische System der Europäischen Union, Wiesbaden, Verlag für Sozialwissenschaften.

Walsch, C. (2008) *Europeanization and democracy: Negotiating the Prüm Treaty and the Schengen III Agreement*, in : University of Zagreb, Faculty of Political Science, Politička misao, Vol. XLV, (2008.), No. 5, 81-90. https://hrcak.srce.hr/en/file/62594

Zgajewski, T. and Hajjar, K. (2005) *The Lisbon Strategy: Which Failure, Whose Failure and Why?* University of Pittsburg, Archive of European Integration (AEI). http://aei.pitt.edu/9308/1/Lisbon-Strategy-TZKH.pdf

Wysokinska, Z. (2016) *The "New" Environmental Policy of the European Union: A Path to Development of a Circular Economy and Mitigation of the Negative Effects of Climate Change*, University of Lodz, Comparative Economic Research, Volume 19, Number 2, 2016. https://www.researchgate.net/publication/304375520_The_New_

Environmental_Policy_Of_The_European_Union_A_Path_To_Development_
Of_A_Circular_Economy_And_Mitigation_Of_The_Negative_Effects_Of_
Climate_Change/link/578e5ae708ae35e97c3f6df4/download

URL のすべての最終アクセス：2022 年 12 月 4 日

第11章
「中欧」から見る現代ドイツ

1　はじめに──ウクライナ戦争とドイツ

　この文章を書いている時点で、ロシアによるウクライナ侵攻は一向に収まる気配がない。停戦に向けた交渉どころか、ロシア、ウクライナ両軍の兵器投入はとどまることなく死者も増え続けている。核兵器の使用も辞さない戦争となる可能性すらある。

　この戦争が、我々が今生きている、そして子や孫の世代が今後生きていく世界の大きな歴史的転回点になることは間違いない。しかもそれは、「歴史の逆戻り」という意味をもっている。具体的には、20世紀に人類が経験してきたさまざまな危機の再来として捉えることができる。

　20世紀という時代について、「短い20世紀」として歴史的特徴づけを行ったのが、イギリスの歴史学者ホブズボーム（Eric Hobsbawm）である[1]。ホブズボームは19世紀を「長い19世紀」（1789年のフランス革命から1914年の第一次世界大戦勃発まで）と名づけるのと対比して、1914年から1991年のソビエト連邦共和国（以下、ソ連）崩壊までを「短い20世紀」とする。ホブズボームの歴史区分は主に西欧を基準としたものだが、2つの世界大戦から、その後のアメリカ合衆国を盟主とする資本主義・自由主義体制と、ソ連を盟主とする共産主義・社会主義陣営によって世界が

二分される、いわゆる「東西冷戦」の時代を含む激動の 20 世紀は、西欧以外の世界の進路と政治的布置にも決定的な影響を与えた。日本もまた、第二次世界大戦の当事者国であり、戦後は敗戦国としてアメリカの傘の下で自由主義体制の「西側」に組み入れられ、東側の社会主義体制と対峙したのである。20 世紀は東西冷戦の終結とともに幕を下ろしたと思われた。

　ところが、21 世紀になってからまもない（この文章を読んでいる学生の皆さんはほとんどが「実際、上の」21 世紀生まれだろう）2022 年 2 月にロシアの突然のウクライナ侵攻によって始まった戦争は（プーチン大統領は「戦争」ではなく「特別軍事作戦」だとしている）、多くの意味で過ぎ去ったはずの「短い 20 世紀」の重大事件を反復、もしくは逆戻ししているようである。しかもプーチン大統領はそれを「意識的に」繰り返すことでこの戦争を正当化しているのである。

　例えば、2022 年 2 月 21 日のウクライナ国境を越えたロシアによる軍事作戦は、1939 年 9 月 1 日のナチス・ドイツによるポーランド侵攻を強く連想させる。直後の 9 月 17 日にソ連の赤軍も東側からポーランドに攻め入った。ドイツが第一次世界大戦で失った領土を取り戻すという名目で行ったこの武力侵攻が第二次世界大戦の事実上の始まりとされるが、ポーランドのすぐ東に位置し、かつて一部がポーランドに組み込まれていたウクライナが今度の戦争の舞台である。第二次世界大戦で当時のソ連は軍人・民間人含めて世界で最大の 1800 万人から 2400 万人と推定される死者を出しているが、プーチン大統領は、それが主にナチス・ドイツとの戦いで生じた犠牲者であったことを受けて、今回のウクライナに対する戦争を「反ナチズム」「反ファシズム」の戦いであるとしている。もちろん、今回の「敵」は北大西洋条約機構（NATO）に加盟する西側の国々であり、それを支援するアメリカ合衆国である。

　もう 1 つ重要なのは、プーチン大統領の「ロシアの領土回復」という悲願が、1989 年の「ベルリンの壁崩壊」以降、東西冷戦構造の終結に伴いソ連が解体することで失われたウクライナをはじめとする国々の領土をロシアにもう一度組み入れようとする目的をもつことである。同じ目的でロシアは 2008 年にかつての連邦国ジョージア（グルジア）に武力侵攻した。

今回のウクライナへの侵攻に先立つ 2014 年にロシアは、黒海の北岸に位置するウクライナ領のクリミア半島の併合を一方的に宣言したが、ウクライナ領内に暮らすロシア人を保護することを名目とした。これもポーランドより東に住むドイツ人を保護するためだとして、侵攻を正当化したナチス・ドイツの言い分に極めて近い。今からおよそ 30 年前に、ベルリンの壁崩壊からソ連解体に至るまでの激動によって生じた歴史的転換を強引に逆戻りさせ、かつての超大国として「強いロシア」の威信を取り戻そうというのがプーチン大統領の意図であることは間違いない。

　ウクライナ戦争という現在進行中の話題を取り上げたのは、それが第二次世界大戦の火ぶたを切ったドイツの地政学的位置[2)]を思いださせるからである。第二次世界大戦と敗戦、それに続く戦後処理は現在我々が目にしているドイツという国のなり立ちと、その政治的・国際的また文化的なありように決定的な影響を与えている。

2　「中欧」という位置

　現在のドイツは、ヨーロッパのほぼ中央に位置し多くの国に囲まれて国境を接していることから、中部ヨーロッパすなわち「中欧」に属すると言われることがある。「中欧」とは、文字通りにはヨーロッパの東西南北の中心という地理的位置を指す。他にも南欧、北欧、西欧、東欧などがあるからこの位置関係は想像しやすい。ただし、このうち「西欧」は単にヨーロッパ内での位置を示すばかりではなく、世界の中での「西側」全般を指す場合もある。さらに「西洋」と言えばヨーロッパ全体、またヨーロッパをそのまま新大陸に移植したアメリカ合衆国やカナダ、オーストラリアといった地域も含むことになる。西洋（The West）は地理的概念というより、ヨーロッパに発する西欧的もしくは欧米的価値や理念を指す。そこには The West and the Rest.（西洋と、「それ以外の」地域、あるいは「西洋人」と「それ以外の人々」）という、ヨーロッパを他の地域より優位に置き、すべての価値の基準と考える差別的・排他的な意味も含まれる。

　では「中欧」とは実際にはどんな地域を指すのだろうか。中欧はドイツ

図 11-1　ヨーロッパの大分類

出所：筆者作成。

語では Mitteleuropa ミッテルオイローパというが、³⁾この呼称は 19 世紀に
ドイツを含む地域の民族感情の高まりとともに、単なる地理的区分ではな
く言語や民族の分布に基づく地域概念として使われるようになる。それは
特に、「西欧」に対抗してヨーロッパの中央部にあるドイツ固有の位置を
強調しようとするものだった。背景には、イギリスやフランスより国家と
しての政治的独立がかなり遅れたドイツの事情がある。ドイツは中世以
降、ときには 300 余りの領邦国家と都市国家の集合体で、19 世紀初めの
対ナポレオン戦争後の民族意識の高まりに乗じて統一国家を目指したもの
の長らく統一が成し遂げられなかった。大ドイツ主義・小ドイツ主義など⁴⁾

複数の案が出されたにもかかわらず長く決着がつかず、1871 年、フランスとの戦争に勝利したプロイセンの手で「小ドイツ主義」に基づく統一国家として名乗りを上げる（日本の明治維新が 1868 年であったのと近い）。その時点でもドイツ帝国内には 40 の領邦があった。今も地方分権制が強いのはドイツの特色である。

　「中欧」という概念が注目されたのは、1915 年、おりしも第一次世界大戦中に出版された政治家フリードリヒ・ナウマンの同名の著書[5]によるところが大きい。イギリス、フランスを主な敵として戦う戦争を背景に、「中欧」は西欧と東欧の中間にあるドイツの特殊な位置を示すために使われるだけでなく、ドイツ帝国とオーストリア＝ハンガリー帝国を核心部として、ヨーロッパの中で主に東方に向けてドイツ系民族の領土と影響圏の拡張を正当化する政治的概念として使われるようになった。東方とはロシアを含む地域で、はっきりとした境界をもたず単に「東」と呼ばれることもあった。

　地理的な概念としての「中欧」では、ドナウ川流域を想定できる。南ドイツのシュヴァルツヴァルトに端を発して東に流れる全長 2850km のドナウ川は、現在のドイツ、オーストリア、ハンガリー、ウクライナ、セルビア、ブルガリア、スロヴァキア、クロアチアなど、10 カ国に流域をもち、最終的には黒海に流れ入る。最東端でドナウ川は、ウクライナとルーマニアの自然国境となる。特にかつてのオーストリア＝ハンガリー帝国にとって、ドナウ川流域という範囲設定は、帝国の支配領域に接続する東側の広大な地域を「中欧」に包摂するために有効だった。

　もう 1 つ、「中欧」には「ドイツ語圏」という含意もある。現在、ドイツ語を「国語」としている国はドイツ、オーストリア、スイス（4 言語のうちの 1 つ）、そして、リヒテンシュタインに限られるがドイツ語の使用は「中欧」のアイデンティティとして拡張的に捉えられることもあった。ナショナリズムの勃興期には「人々がドイツ語をしゃべる場所、そこがドイツだ」という言語＝国家の短絡した考え方もあった（そう言えば、プーチン大統領も、ウクライナではロシア語が国語とされるべきだと言明している。ベラルーシでのロシア語使用もつい最近強制された）。ナショナリ

ズムを考えるうえで、言語の問題は重要である。

　「中欧」という概念が拡張して使われるにあたって、ドイツ語が「中欧」のアイデンティティとされたのには、東方植民の歴史がある。すでに12世紀から、現在のドイツ、オーストリアにあたる地域から東方への農民や職人の移住が盛んに行われ、現在のチェコ、ポーランド、ルーマニア、そしてロシアの地域にはドイツ植民からなる集落が散在した。それらの集落では住民は周辺と同化せず、ドイツ語を話し、ドイツ風の生活形式を守っていたため、のちに「中欧」の飛び地として扱われたのである。

　こうして第一次世界大戦を引き起こしたヨーロッパ列強の覇権争いの中で、「中欧」はドイツ帝国およびオーストリア＝ハンガリー帝国の領土的拡張にお墨つきを与える概念となった。この戦争に両帝国が破れ、多くの領土を失うと、[6]「中欧」の語は、失われた領土の回復と新たな覇権をドイツ系民族に約束するという政治的・民族主義的な意図をもって使われるようになる。敗戦によって失った領土の回復とドイツ民族の復興を政治的目標に掲げて、「中欧」のスローガンを十全に利用したのがヒトラー（Adolf Hitler）である。彼が利用した地政学によれば、東方への領土拡大はドイツ民族が生き延び繁栄し、国を復興させるにあたって「生存圏（Lebensraum）」を確保するために必要不可欠な戦略である。「中欧」はこの戦略に従って遠くロシアまで拡大することが可能な、東方の開かれた領域を指すのである。

　ヨーロッパの中央に位置して多くの国々に囲まれたドイツは、1871年の建国以来、2度の世界大戦を挟んで、国境そのものが随時引き直されてきた国である。ヒトラーの東方進出に際して、ポーランドが最初に侵攻の対象となったのも、そこにドイツ本国とドイツ領東プロイセンを切り離す「ポーランド回廊」があったことによる。それに先立って、チェコのズデーテン地方は、ドイツ系住民が多く住むという理由で併合の対象となり、のちにはチェコという国そのものが解体されてしまう。他にもオーストリアが併合されフランス、ベルギー、デンマークなどの占領地域を加えると、ヒトラーの治世でドイツの版図は第一次世界大戦前の規模を取り戻すばかりか建国後最大となる（大ドイツ帝国）。こうした経緯があったか

① 1871 年、建国当時のドイツ帝国。右下は同じくドイツ語圏のハプスブルク帝国。

② 1918 年、第一次世界大戦敗戦後のドイツ。多くの領土を割譲された。右上の領土を切り離すのが、「ポーランド回廊」と呼ばれる地域。

③ 1942 年、ナチス占領下の大ドイツ帝国。薄灰色で示された占領地域を含めた「大ドイツ」は占領地域を含めるとヨーロッパ全域に広がった。

④ 第二次世界大戦後のドイツ。1989 年まで東ドイツと西ドイツに分割されていた。領土としては最小となる。

図 11-2　ドイツ領土の変遷　●はベルリンの位置を表す。

らこそ第二次世界大戦にドイツが敗北してからは、「中欧」という用語そのものがドイツの覇権と領土拡張の野心を思いださせるものとして、政治やジャーナリズムの世界では禁句とされたのである。戦後、ドイツはいったん解体されたのち東西に分割された。再統一後も、ドイツの領土面積は増えることなく現在が歴史的に見ても最小である。

　ちなみに、「中欧」という用語の使用は、冷戦が終結した 1989 年以降、一気に解禁が進んだ。その理由は、ソ連解体によって社会主義体制を離脱して「西側」ヨーロッパに接近した旧東欧諸国が、「東欧」という位置づけを拒み、「中欧」という呼称に新たな自己規定を見出すようになったか

らである。[7] これらの国々は政治的民主化と自由主義経済を選ぶとともに2000年代には次々にEU（ヨーロッパ連合、以降EUと略記する）に加盟する。そればかりか軍事同盟機構NATOの庇護を受けて「西側」陣営に加わった結果、ヨーロッパの中央線はますます東に移行しつつある。1990年代終わりには「中欧」はヨーロッパの拡大を示すポジティブな呼称になる。「東欧」は事実上存在せず、ヨーロッパの境界はロシアにじかに接するに至った。ウクライナ侵攻を正当化するにあたって、ソ連崩壊が「20世紀最大の地政学的惨事だった」というプーチン大統領の言葉はこの状況を反映している。

　こうした地政学的な変化を受けて、元祖「中欧」の中核であるドイツの役割はどのように変化したのだろうか。

3　2つのドイツと「統一ドイツ」

　「中欧」としての野心を封じられたのちのドイツの歩みを見ておこう。

　1945年5月8日に連合国（米・英・仏）ならびにソ連に対して無条件降伏をしたドイツは、この4カ国による占領統治を受ける。独立国としては解体されたのである（同じ敗戦国でも、日本は「解体」されなかった）。ナチスが併合したオーストリアはドイツから切り離され、のちに永世中立国となる。その後、占領地域を西側に組み入れようとする連合国と、共産主義化を推進するソ連の意向が真っ向から対立し、1948年にベルリンの連合国統治地域の封鎖が行われる。翌年には西側地域の西ドイツ（正式名は「ドイツ連邦共和国」BRD）とソ連支配地域の東ドイツ（正式名は「ドイツ民主共和国」DDR）の建国が行われた。

　特に注目されるのはベルリンの扱いである。戦争の終結直前に、かなり東側に位置するドイツ帝国の首都を最初に占領したのはソ連軍だが、連合国軍もソ連軍に一日遅れて入城し占領地域を確保する。そのためベルリンはドイツの他の地域とは異なり、4カ国による分割統治を受け、この形態が両ドイツの成立後も1990年のドイツ再統一まで続くのである。東地区はのちの東ドイツの首都となるが、西ドイツから遠く離れた孤島のよう

な西地区は以後も「特別区」として、行政上・経済上も他地域とは別格の扱いを受ける。連合国にとって西ベルリンを維持することは、戦後の冷戦体制の中で極めて重要な意味をもつ。そのため歴代のアメリカ大統領はベルリンの維持のための軍事的・経済的な支援を約束するとともに、この都市を西側の自由主義的イデオロギーの広告塔として利用した。アメリカのケネディ大統領が西ベルリンで「私はベルリンっ子だ（ich bin ein Berliner)」とドイツ語で演説を締めくくって西ベルリンとの強い連帯を表明したことは特に有名である。東側にとって西ベルリンは共産主義体制を維持するにあたっての目の上のこぶのような存在で、建国後も東側から西側に脱出する市民が相次いだのに対して、東ドイツ政府は 1961 年 8 月 12 日から 13 日にかけて、東西の地区を分断するとともに西ベルリンを囲む形で、有刺鉄線と防護壁を設置して往来を禁止したのである。これが「ベルリンの壁」の始まりである。その後、100m の干渉帯を挟んでベルリンを東西に分ける高さ 3m、総延長 155km の鉄筋コンクリートの壁は、東西ドイツを分ける約 1400km の国境の壁へと延伸されたのである。

　こうして東西ドイツは、冷戦の時代に米ソ超大国を中心に世界中の国々が 2 つのブロックに分かれて政治上厳しく対峙しあう最前線に位置することとなった。西ドイツは再軍備後 NATO（北大西洋条約機構）に、東ドイツはワルシャワ条約機構に加盟することで軍事的にも対立した。1980 年代には国境を挟んで両ブロックが互いを標的に核弾頭を装備できるミサイルを配備する緊迫した状況も生まれた。

　東西ドイツの分断は 40 年に及んだ。その間に 2 つのドイツは、異なる政治体制のもとで全く別の国になってしまったように見えた。両者の交流は途絶え、異なる価値観に基づいて国の未来が決められた。特に、東ドイツでは私有財産制に代表される旧来の社会制度を改革して、資本家を追放し、産業の国有化や農業の集団化などの社会主義体制を実現することが「進歩」とみなされた。半面、国の安全を守るという理由で個人の自由は制限され、一党独裁の権威主義的な政治体制のもと、シュタージ（国家秘密警察）がスパイ網を張りめぐらせて、隣人や家族同士が日常生活の逐一を監視し合う体制が生まれた。一方、西ドイツはアメリカ合衆国が推進し

た大規模な経済的援助を受け、その後も自由主義経済を採用して奇跡的な経済復興を遂げる。社会主義ブロックの優等生を自認した東ドイツは、アメリカが主導する資本主義体制にほぼ完全に組み込まれた西ドイツのアメリカ流消費至上主義に溺れた「腐敗した」生活や退廃した文化、資本家による富の独占や、貧富の著しい格差などを批判した。この状態が40年間続き、2つの国家が再び統合することはあり得ないと考えられていた。

　ところが、1980年代後半からソ連でゴルバチョフ（Mikhail Gorbachev）書記長が進める改革・開放政策（ペレストロイカ）のもとで社会主義諸国と西側諸国の緊張は徐々に緩和する。それを受けて東ドイツも内部崩壊をはじめ、1989年11月9日には殺到した東側の市民によって国境が開放される。そのわずか1年後、1990年10月に東西ドイツは再統一された。再統一をめぐっては、「西側が経済力で圧倒的に弱い東側を併合した」、「東ドイツは西ドイツに編入されて消滅した」、「対等の独立国として併存する可能性がつぶされた」などさまざまな言い方がされる。ただし、統一は東独での民主的な新政府の発足後、選挙を通じて示された東ドイツ市民の自由意思による選択であり、武力行使や抵抗活動のない民主的・平和的な手段で実現された。ベルリンが新生ドイツの「新たな首都」として選ばれたのも、国民投票によるものだった。[8)]

4　西ドイツの「過去の克服」への取り組み

　東西ドイツが分立していた時代に、西ドイツでは第二次世界大戦中にドイツが犯した行為を「罪」として捉え、それに向き合おうとする試みが積極的に進められた。発端は敗戦直後に行われた国際軍事裁判（ニュルンベルク裁判）で、ナチスの要職にあった24人の被告のうち12人の戦犯に死刑の判決が下された（日本でも終戦翌年に極東軍事裁判［東京裁判］が行われた）。この裁判では一般の戦争犯罪と並んで、戦時中ナチス・ドイツが行ったユダヤ人に対する絶滅政策（ホロコースト）が「人道に対する罪」として裁かれた。一方、それとは別に占領下のドイツでは、幹部だけでなく旧ナチス党員を公職や要職から追放する「非ナチ化」政策がす

すすめられたが、必ずしも徹底されなかった。それは戦時中、国民の大多数がナチ党員であったことにもよる。主にアメリカ合衆国が主導権を握る西側では、戦時中にナチ党に属していた国民すべてを社会から追放しては復興計画が成り立たないことが明らかになり追放を大幅に緩和したため、非ナチ化は中途半端に終わった。東側では共産主義体制の支援を受けて、旧ナチス指導者の政治中枢からの追放は順調に進み、ドイツ社会主義統一党SED の一党支配のもとで「非ナチ化」とファシズムの克服が完全に行われた、というのが「公式」の見解であった。東西ともに、過去の清算より戦後社会の復興が優先されたのである。

　ところが、1960 年代にはこの問題に関して新たな動きが西ドイツで始まる。転機となったのは 1961 年のアイヒマン裁判および 1963 年からの 2 年間にわたるアウシュヴィッツ裁判である。アイヒマン（Adolf Eichmann）はナチスによるユダヤ人絶滅政策の指揮官で、戦後南米に逃亡して潜伏していたところを捕縛され、イスラエルの法廷に引き渡される。国外で行われた裁判ではあったがテレビ放送などメディアを通じてこの裁判の過程で明らかにされたユダヤ人に対する強制収容やホロコーストの実態は、西ドイツ国民にとって極めて衝撃的なものだった。同じく、収容所に勤務していた医師や看守を起訴したアウシュヴィッツ裁判においても、戦時中に一般の市民が戦争犯罪に加担していた実態が多くの国民の目にさらされることになった。この 2 つの裁判をきっかけに、西ドイツ国民の多くがマスメディアを通じて、過去にドイツ人が犯した重大な「罪」と向き合うことになったとされる。

　「過去の克服」は対外的には、被害を受けた国々への西ドイツの謝罪と賠償という形で表現された。特に、自らも政治犯としてナチスに追われて国外に亡命していた経験のあるブラント（Willy Brandt）首相が、1969 年にポーランドとの和解を進める際に、かつてのワルシャワ・ゲットー蜂起英雄記念碑の前で両ひざをついて黙祷をささげる姿は、過去に犯した行為に対して真摯に謝罪するドイツの姿勢を印象づけた。ブラント以降、西ドイツの政治家が自国の「過去」の罪について、率先して語り謝罪するという流儀が定着した。それは戦争後も「中欧」に位置するドイツが、今後、

図 11-3　ベルリン中心部の「ホロコースト警鐘碑」（2005）

　他国に対する一切の侵略的意図をもたないことの対外的表明でもあった。

　特に注目すべきは、戦中・戦後に生まれ、ナチスと直接はかかわらない若い世代が、この「過去の検証と克服」に積極的にかかわり、ドイツの歴史の見直しを行ったことである。1968 年頃の「若者の反乱」に加わるこの世代は、ナチスにとどまらず、過去の権威主義的な文化や政治を批判し、ドイツの伝統やドイツ固有のものを否定した。この世代はその後の西ドイツに、市民が政治家を含めた権威に臆せず率直に発言し、行動する政治文化を定着させたと言われる。

　1985 年に終戦 40 周年を記念してヴァイツゼッカー大統領が行った演説は、ナチズムの過去を想起し続ける責任が、ドイツ国民全員にもあることを訴えて国際的に大きな反響を呼んだ。[9] 自国の過去の罪過を自らの手で暴きだすのはドイツ特有の「自虐的」姿勢、ドイツ人自身による自己否定だとする考え方もあるが、「過去の克服」は歴史に率直に向き合おうとするドイツの誠実さや、他国との協調を重視する姿勢を対外的に印象づけ、国際的な信頼度を上げたプラスの効果は見逃せない。東西ドイツの再統一後も、「過去の克服」に取り組む姿勢は示されている。2005 年に首都ベルリンの中心に建てられた巨大なモニュメント「ホロコースト警鐘碑」は、過去に自国が犯した罪や恥辱に対して目を背けることなく、率直に向き合

おうとするドイツの姿を強く印象づける。

5　EU とドイツの役割

　EU もまた、過去の克服と他国との積極的協調というドイツの姿勢なくして現在の形をとり得なかった。EU の起源は、前章で述べていたように、2 度の世界大戦で敵同士となってヨーロッパに破壊と荒廃をもたらしたドイツとフランスの 2 カ国が敵対関係を解消し、2 度と戦争を起こさないように石炭と鉄鋼を共同で生産・管理することを提唱した構想にさかのぼる。この構想にイタリア、ベルギー、オランダ、ルクセンブルクが参加して、1952 年に欧州石炭鉄鋼共同体（ECSC）が発足した。これを母体として、その後ヨーロッパ経済共同体（EEC、1958 年）、欧州共同体（EC、1967 年）を経て、1992 年にヨーロッパ連合 EU が設立された。EU の設立の経緯と、2013 年時点で 28 カ国にまで加盟国を広げた巨大な国家連合の拡大過程についてはブングシェ教授による本書の別稿にゆずる。EU については、市場統合や通貨統合（ユーロ導入）など、経済的側面が注目されるが、ここでは EU の理念的側面に注目して、ドイツがその牽引役としてどう貢献したかを検証したい。

　戦争による壊滅的打撃と、冷戦による東西分裂という厳しい状況で出発した西ドイツにとって、他国との協調と融和による「平和なヨーロッパ」の実現は切実な課題であった。何よりも極端な拡張主義と自民族中心主義を掲げてヨーロッパ全域に戦争を拡大し、荒廃を招いた当事者であるドイツに対する信頼は国際社会で地に落ちていた。それ以前にも何度も戦火を交えた隣国フランスはドイツが再び強国となることを望まず、ドイツの復興そのものに対して消極的だった。東西ドイツの再統合によるドイツの大国化を警戒したのもフランスである。そのためにまずフランス、それを中核に周辺の国々との融和が図られていくのである。ECSC から EEC、EC そして EU への組織的拡大過程においても、西ドイツは自国の権益や固有の価値を優先するより、EU が掲げる普遍的な基本的人権の重視や民主主義、他者への寛容、正義、法の下での平等、多様性といった理念を重

視し、「自由で平和なヨーロッパ」への連帯を示すことで他国との協調を図った。固有の国民国家ではなく、ヨーロッパの一員であることを他国に率先して示すことがドイツの国際社会への復帰の鍵だったのである。その際、前項の「過去の克服」の姿勢が重要な役割を果たしたことはいうまでもない。

　EU が正式に発足したのはドイツ再統一後の 1993 年である。この時点までに EU にはイギリスを含め、主にドイツより西側にある国々が加盟していたが、その後は第 4 次拡大（1995 年）で、オーストリア、フィンランド、スウェーデンの 3 カ国、第 5 次拡大（2004 年）で旧東欧諸国を含む 10 カ国が EU に加わり総計 25 カ国にまでなる（その後 2020 年までに旧東欧の 3 カ国が加わり、現在の加盟国は 28 カ国）。EU の拡大を控えて、ドイツ再統一に対して周辺国が警戒したのはドイツが再び大国化することだった。実際、東西の再統一を遂げたドイツは EU 圏において最大の人口と経済力をもつことになった。しかし、ドイツの政治的指導者は「ヨーロッパの平和秩序への貢献」を繰り返し言明し、当時まだ確定していなかったポーランドとの国境（オーデル・ナイセ線）を正式に認め、領土拡張主義を放棄したことを改めて示した。当時の西ドイツ首相のコールは「自由のもとで統一されたドイツは 2 度と脅威にはならない」と訴えている。1999 年の欧州共通通貨ユーロの導入にも、統一ドイツが再び強大化することを恐れる周辺国に対し、自国通貨（マルク）を率先して廃止することで他国との協調を示す目的があった。ドイツの姿勢は、周辺国だけでなく社会主義圏を離脱した旧東欧諸国が民主的・自由主義的な改革を進めるとともに拡大ヨーロッパの理念を受け入れ、次々に EU 加盟を目指すにあたっての呼び水になったと考えられる。

6　「移民」の受け入れ

　「過去の克服」とともに、戦後のドイツが直面したもう 1 つの課題は、外国人や移民・難民をどう受け入れるかだった。
　すでに触れたように、第二次世界大戦中、ナチス・ドイツは極端な自民

族中心主義と排外主義を掲げて国内から異民族や外国人を追いだそうとした。特に標的とされたのはユダヤ人で、ヒトラーはユダヤ民族を「劣等な種族」として彼らとの共存を拒絶し、ドイツばかりではなくナチス・ドイツが支配するヨーロッパ全域からユダヤ人を追放し、さらに「生きるに値しない民族」として絶滅させようとまでした。そこには数世紀前からドイツに定住し、キリスト教に改宗して社会の中で共存していた「同化ユダヤ人」という人々も含まれる。また、誤った人種理論に基づいて、8分の1、つまり3代までさかのぼってユダヤ人との混血であることが確認されれば、ユダヤ人と判定され迫害の対象となった。

　排除されたのはユダヤ人ばかりではない。ロシア人やポーランド人などのスラブ系民族、ロマ（ジプシー）、遺伝病や精神病の患者、障がい者、同性愛者など、多岐にわたった。組織的に行われた排除や強制移住、虐殺が「非人道的な」戦争犯罪であることはいうまでもない。「人種差別主義者（ラシスト）」というのは、今でもドイツでは最大の非難である。「他者」の排除は同国人に対しても行われた。ユダヤ人・ユダヤ系に限らず、ナチスと思想・信条の異なる多数の政治家・活動家・文化人・芸術家が国外への亡命を強いられた。戦争中にそうした行為を行ったことへの反省から、「他者」の受け入れに対してできる限り寛容であろうとする姿勢が、少なくとも戦後の西ドイツでは「過去の克服」と並行して定着する。

　一般的に「移民」とは自らの意志で他国へと移住する人々であるのに対し、「難民」とは主に政治的な理由から居住地を離れることを余儀なくされた人々を指す。国連の「難民条約」（1951年締結）によれば、難民とは「人種、宗教、国籍もしくは特定の社会的集団の構成員である者、または政治的意見を理由に迫害を受ける恐れがある」者を指すが、それに先立って戦後西ドイツでは憲法にあたる基本法で、政治的に迫害を受けた人々が保護を求める権利を「庇護権」Asylrecht として基本的人権の1つに数えられた。その背景には、前述したように第二次世界大戦中にドイツが政治的迫害によって多くの犠牲者を生んだことへの反省がある。庇護権のもう1つの背景として、敗戦によって国外の居住地を奪われ、祖国に受け入れを求めたドイツ系の「被追放民」の存在がある。彼らは古くは12世紀

から、のちのソ連、バルト3国、ポーランド、ルーマニア、ハンガリー、チェコにあたる地域に定住していたドイツ系の移民、またその子孫で、第二次世界大戦後の政変に伴って「ドイツ系」であることを理由に居住地を追われた人々は、かつての祖国に受け入れを求めた。東西ドイツに庇護を求めた「被追放民」は総計約1200万人と言われる。

　一方、戦後の西ドイツ社会で「他者」として注目を浴びたのは外国人労働者である。彼らは庇護権の対象者ではない。数多くの海外植民地を所有していたイギリスやフランスが、戦前から海外からの移民を多く受け入れていたのに対し、戦後西ドイツでは、イタリア、スペイン、ギリシャ、トルコなどから労働者不足を補う期限つき雇用の労働者（ガストアルバイター）を受け入れた。戦後の経済的復興を底辺で支えた彼ら外国人労働者のうち最大のグループはトルコからの移民で、その多くは定住後に本国から家族を呼び寄せた。ドイツに在住するトルコ出身者とその家族は現在280万人に上る。

　この他に、旧ソ連や東欧諸国からの移住者も多い。彼らは冷戦中には共産圏からの亡命を求めソ連崩壊と東欧諸国の民主化以降は、仕事や教育の機会を求めてドイツに移住した。さらにEU拡大後は加盟国であるポーランドやルーマニアからの移住者が多く、財政危機に陥ったギリシャやスペインからの移住者も増えている。これはヨーロッパの国家間において国境検査なしで国境を越えることを認めたEUのシェンゲン協定に基づくもので、加盟国からの移住者は、現在ではトルコからの移民の数を超えて600万人近くにまで達している。

　ドイツにおいて「移民の背景をもつ人々」の総数は2021年時点で2230万人に及び、これは全人口約8200万人の27％にあたり、その割合は年々増加している。[10]「移民の背景をもつ人々」というのは耳慣れない言い方であるが、ドイツへの移住者ばかりでなく、ドイツ国籍をもつ外国人と、外国籍のままドイツに住む者、また彼らの子供たちを含んでいる。1999年の国籍法改正によって、従来の血統主義（子が両親のいずれかの国籍を継承する）を変更して出生地主義（その国で生まれた子にその国の国籍を与える）を一部採用したことで、ドイツ国籍取得の条件は大幅に緩和され

た。こうした状況を受けて、ドイツ政府は 2005 年に公式にドイツが「移
民受け入れ国」であることを認めた。

7　移民の大陸としてのヨーロッパ

　歴史的に見れば、他の地域と同様、過去のヨーロッパにおいても移民は
ごく普通の現象だった。神聖ローマ帝国の時代はもちろん、近代において
国民国家の枠組みが固まって国境や国民という概念が排他的に適用される
ようになってからも、ヨーロッパ内部で「ヒト」の集団的移動は頻繁に行
われた。ロマ・シンティのように、定住地をもたない集団もいた。17 世
紀にフランスから追放されたユグノー派の人々や、19 世紀末のポグロム
によってロシアを追われたユダヤ人のように、戦争や飢饉、民族的また宗
教的迫害によって大移動を強いられる例もあった。

　19 世紀において、ドイツはアイルランド、イギリス、イタリア、ポー
ランドなどと並んで、アメリカ合衆国への主要な移民送りだし国、またそ
の中継地であったことを思いだされてもよい（この場合のドイツは、現在
のオーストリア、スイス、リヒテンシュタイン、ルクセンブルク、フラン
ス領アルザスなどのドイツ語圏を含む）。第二次世界大戦中にユダヤ系に
限らず多くのドイツ人がアメリカ合衆国に亡命したことはすでに述べた。
2020 年のアメリカの国勢調査によれば、ドイツ系は国民の約 14 ％を占め
る最大のグループである。[11]自国への移民受け入れに対して比較的寛容な
ドイツの姿勢は、必ずしもナチス時代の排他的政策に対する反省ばかりで
はなく、自国からも多くの移民を出した過去の歴史によるのかもしれな
い。

　ただし、受け入れた移民とどう「共生」するかは多くの問題を含む。移
民の出身国が近隣のヨーロッパ諸国である場合は、共生や同化は比較的容
易であろうがヨーロッパ外からの移住者で、言語や宗教、価値観や生活習
慣が大きく異なる場合には、ホスト社会への受け入れは順調にはいかな
い。

　ドイツでは特に、トルコ人の集団をどう社会に取り込むかが今なお大き

な課題になっている。先にも触れたが、彼らはもともと西ドイツで1960年代に、労働力不足を補うため協定に基づいてトルコから呼び寄せられた期限つき雇用の労働者（ガストアルバイター）で、帰化や定住は想定されていなかった。1973年のオイルショックを機に新規の労働者募集は打ち切られたが、ドイツに残った多くの労働者が家族を呼び寄せて定住し、民族的集団を形成するに至った。

　ドイツ人にとって異質なのは彼らが、異教（イスラム教）の信徒であるばかりでなく、故郷の生活習慣や価値観を維持し続けることである。ときにそれは西欧社会との深刻な軋轢を生む。とりわけ、家父長制的な大家族制、女性への男尊女卑的な扱いは、民主的な西欧社会の価値観とは相いれない、社会の分断を助長するものとして受け止められる。トルコ系住民が大都市に集中した結果生まれたコミュニティの閉鎖性も、ドイツ人が彼らを特殊視・危険視する理由になった。

　移民に対する偏見が彼らに対する攻撃を生むまでになるのが1990年代である。背景にはドイツ再統一に際してのナショナリズムの高まりと、ソ連崩壊後に著しく増えたロシア・東欧からの移民・難民の流入がある。極端なナショナリズムと排外主義を掲げる極右や、ネオナチと呼ばれる若者たちによる外国人襲撃事件がこの時期には多発した。これらの事件は、統一後も改善されない生活条件や、高い失業率、西側との格差に苦しむ旧東ドイツ地域で相次いだのが特徴的である。

　移民への警戒心は2000年以降、世界的に過激化する「西欧」と他の文明世界との対立の構図の中で高まる。「文明の衝突」とは、アメリカの政治学者ハンチントン（Samuel Huntington）が1996年に説いた学説で、冷戦終結とグローバル化の進展によって、今後の世界が融合と一体化に向かうのではなく、「西欧」と、それとは異質な他の文明（「非西欧」の文明）との極端な対立と衝突に向かうとするものである。[12]この文明の衝突の図式をなぞるように、アメリカを直接の標的とした、過激なイスラム主義を主導するテロ組織による2001年の同時多発テロや、ヨーロッパ各地でのテロ事件が相次いだ。それらをきっかけにイスラムを危険視する考え方が世界的に広まる。ドイツも例外ではなくイスラム系住民を危険視する

ばかりか、彼らの受け入れを西欧の自殺行為だと考える論者もいた。[13] ド
イツでは 2010 年に、著名な政治家でドイツ銀行理事でもあったザラツィ
ン（Thilo Sarrazin）の著書『ドイツは自滅する』が大きな話題になった。[14]
ザラツィンは、イスラム系をはじめとするドイツ社会になじまない外国人
が増加すれば、少子化が進むドイツ人がドイツ国内で少数派に転落する恐
れがあるとし、「過去の克服」を名目とした外国人に寛容な政策のために、
ドイツでは人口政策の議論ができなくなっているとした。

　こうした流れを受けて、ドイツでは初めて、「反移民」「反イスラム」を
公言するグループや政党が生まれた。1 つは 2013 年から活動を活発化さ
せる　PEGIDA（ペギーダ、Patriotische Europäer gegen die Islamierung
des Abendlandes.「西洋のイスラム化に反対する欧州愛国者」）を名乗る
グループである。彼らがドイツではなく、「西洋」のイスラム化を攻撃の
標的としていることに注意したい。

　もう 1 つは EU の経済政策と移民受け入れに反対する政党 AfD
（Alternative für Deutschland「ドイツのための選択肢」）である。これは
2014 年に発足した政党で、当初は EU の経済政策に対する反発から結党
し、共通通貨ユーロからの離脱を掲げたが、次第に反外国人、反イスラム
をはじめとする排外主義的な傾向を示すに至った。この党は、現在ドイツ
政府が実施しているのとは別の「選択肢」として、ドイツ人としてのアイ
デンティティを守るため戦後の過度の「自虐」的歴史観を放棄して、同一
言語・同一人種というナショナリズムに立ち返るべきだとしている。AfD
は選挙においても、特に現政府の政策に対して不満を抱く人々が多い旧東
独地域で得票を伸ばし、2017 年の選挙ではドイツ連邦議会で野党第一党
として議席総数 631 のうち 94 議席を得ている。

　こうした動きは、現在のドイツの移民・難民政策がドイツの国家や社会
の統合という観点から課題に直面していることを示すものと言えよう。

8　難民問題とドイツ

　2015 年 9 月、中東のシリア内戦を逃れてヨーロッパを目指す大量の難

民をドイツに受け入れる姿勢を示したメルケル首相の決断が世界に報じられたことは記憶に新しい。この年ドイツに入ったシリアからの難民は100万人とも言われたが、のちに89万人に修正された。トルコ、ギリシャを経てハンガリーからオーストリア経由で徒歩や鉄道で群れをなして移動し、ドイツに続々と入国する難民たちの映像とともに他国に驚きをもって受け止められたのは、一般のドイツ人が示した「難民歓迎」の熱狂ぶりだった。受け入れ数を制限すべきだという意見も当初からあったが、メルケル首相はあくまでドイツにたどり着いた難民全員の受け入れにこだわり、「我々はやり遂げる！」と国民の前で宣言する。果たしてこれは「スタンドプレー」や「過剰な人道主義」だったのだろうか。

　先に触れた通り、ドイツ基本法では「政治的に迫害される者は庇護権を享有する」ことを基本的人権として定めている。[15]これは国連の難民条約により広範に適用し得る規定である。東西冷戦の時代に西ドイツはこの規定によって、社会主義体制下の東欧諸国をはじめ、独裁政治を敷く中東やアジアの国々からも多くの亡命者や政治難民を受け入れた。冷戦が終結した1990年代には旧ソ連の国々の政治的混乱や、旧ユーゴスラヴィアの内戦を逃れた難民が急増し、1992年にはドイツでの庇護権申請者の数が1年で過去最大の43万人に達した。そのために、この規定は安全であることを認められた第3国を経由して、ドイツに入国した場合には庇護権を認めないという修正条項が加えられた。一方、同時期にEUにおいて難民認定の手続きを規定したダブリン協定（1990年制定、1997年発効）でも、EU圏に入国した難民の庇護権申請は最初に入国した国が審査すると定められた。

　こうした経緯を考慮すると、2015年の100万人に及ぶシリア難民の大量受け入れは、いくつかの手続きを無視して進められた例外的な措置であると判断せざるを得ない。実際、ドイツの措置に対する他のEU加盟国の受け止め方は冷たくドイツは孤立する。他の加盟国が消極的だったのには、2015年の初頭からイスラム過激派によるヨーロッパ域内でのテロが頻発したことで、イスラム教徒一般への恐怖感・拒否感が増大していたことも影響している。[16]ハンガリーのように、シリアからの難民の波がバル

カンルートを北上して自国に入国すると、鉄条網のフェンスを設置して国境を閉ざし、入国済みの移民をドイツへと移送するのに専念する国も現れた。メルケル首相が、ヒューマニズムによる「連帯」をもちだして EU 加盟国全体による難民の保護と受け入れの分担の必要性を訴えた際にも、ハンガリー首相オルバン（Viktor Orban）は、「これ以上難民を受け入れないことが我々にとっての『連帯』なのだ」、と突き放したという。

　後日談を記せば、2015 年に 80 万人を超えたシリアからのドイツ入国者は、庇護手続きの迅速化を定めた法律の施行や改正、また EU とトルコとの合意（トルコから滞在資格なしにギリシャ経由のバルカンルートで EU に入った難民はすべてトルコに送還され、その中にシリア人がいる場合は、加盟国が同人数を直接トルコから難民として受け入れる）が成立したことをきっかけに、同年 11 月の約 20 万人をピークに、その後急速に減少し 1 年後には急増する前の 2 万人未満の水準に戻った。しかし、難民の受け入れに伴う財政負担の増大や、相次いだテロ事件への恐怖心などから受け入れそのものを疑問視する声も高まっている。先に挙げた PEGIDA や AfD の主張がその例である。

9　ドイツとヨーロッパはどこに向かうか

　ドイツは EU の発足以来の盟主として主導的な役割を引き受けてきた。特に 2005 年から 2021 年まで、4 期 16 年にわたり首相を務めたメルケル（Angela Merkel）は在任期間を通じて EU の議長職を務め、その舵取り役として「強い」「決断力のある」ドイツの姿を印象づけた。しかし、2009 年にギリシャの財政破綻から始まった「ユーロ危機」は、加盟国間での経済力の差を浮き彫りにし、富める国（その筆頭がドイツである）と、低成長と高失業率に苦しむ国との格差を見せつけることになった。その結果、EU 内での分断が進んだ。この分断が背景にあったからこそ、難民危機に対する対応は国によって大きな違いを見せたのである。それに追い打ちをかけるように 2020 年にはイギリスの EU 離脱（Brexit）が正式に決定した。こうして EU は今、内憂外患の危機に見舞われている。

256

　この文章のタイトルに「中欧」を掲げたのは、この地理的概念がドイツという国の組成と成長の過程を見るのに好都合だったからである。地理的「中欧」は、ドイツやドイツ語圏、オーストリアを含むドナウ文化圏へと拡張し、さらに方位の枠組みを越えて、冷戦終了後は拡大するEUの領域と重なり、やがてヨーロッパそのものを指すようになったというのが筆者の見立てである。その中核にいまだにドイツが位置する。「中欧」はまた、ヨーロッパにおいて生活様式や文化、歴史や伝統を共有する人々のよりどころであり、また自由、平等、友愛、法の下での平等、民主主義といった西欧由来の普遍的価値の発信源となり得る。

　ウクライナへのロシアの侵攻から始まった戦争は、「中欧」から延伸したヨーロッパ東端の最前線に対する侵攻であることは間違いない。この戦争は長期化する中で、自由や民主主義について異なった理解をする国同士の、価値観をめぐる新たな「文明の衝突」の様相を示しつつある。「中欧」の掲げてきた西欧的価値も攻撃にさらされている。ヨーロッパはどこに行くのだろうか。quo vadis, europa?

[注]————————————————————————————————

1) Eric John Ernest Hobsbawm (1994). *Age of Extremes : the Short Twentieth Century, 1914-1991*, 邦訳：大井由紀訳 (2018)『20世紀の歴史——両極端の時代』、ちくま学芸文庫。
2) 地政学 (geopolitics) とは、地理的な条件に注目して軍事や外交といった国家戦略、また国同士の関係などを分析・考察する学問である。19世紀から20世紀にかけては各国民国家が自らの置かれた地理的な条件を、国家の防衛や外交、さらに侵攻、拡張などの国家戦略の根拠とした。
3) 英語圏では middle europe もしくは central europe という呼称が使われる。
4) 「大ドイツ主義」は当時のオーストリア＝ハンガリー帝国が主導した。国内のドイツ人地域を含めてヨーロッパにおけるドイツの統一を進めようとする。一方「小ドイツ主義」はオーストリアを除いてドイツ統一を進める考え方でプロイセンが主導した。
5) Friedrich Naumann : *Mitteleuropa*. Berlin 1915.
6) 敗戦後にドイツ帝国とオーストリア＝ハンガリー帝国は解体し、チェコ、ハンガリー、ポーランドが独立する。また、ドイツ帝国はアルザス・ロレーヌ地方（フランスに移管）、北部のシュレースヴィヒ（デンマークに割譲）、西プロイセンお

よびシュレジエンの一部（ポーランドに割譲）など、以前の領土の 13% を失った。
7) 羽場久美子（1998）『拡大するヨーロッパ ― 中欧の模索』、岩波書店、pp.12-13.
同書では 1891 年の時点で「中欧」に数えられているのは、ポーランド、チェコ、
スロヴァキア、ハンガリー、クロアチアで、ルーマニア、ボスニア・ヘルツェゴ
ヴィナ、ユーゴ、ブルガリア、マケドニア、アルバニアが「中欧になろうと欲す
る国々」とされている。
8) 2003 年に公開され、世界的な話題となった映画『グッバイ・レーニン』（ヴォル
フガング・ベッカー監督）がある。ベルリン東地区の集合住宅に住む家族がベル
リンの壁崩壊とドイツ再統一までの変化の大波に飲み込まれながらも、新たな体
制に懸命に順応していく姿を描いた、ドキュメント性とユーモアとを兼ね備えた
映画である。再統一以前と以降の東側市民の日常生活と西側のそれとの対比が興
味深い。
9) リヒャルト・フォン・ヴァイツゼッカー（1986, 2006）『荒れ野の 40 年』、岩波
ブックレット。
10) ドイツ連邦統計局発表データによる。
https://www.destatis.de/DE/Themen/Gesellschaft-Umwelt/Bevoelkerung/
Migration-Integration/Tabellen/migrationshintergrund-geschlecht-insgesamt.html
2022 年 8 月 30 日アクセス。
11) https://www.infoplease.com/us/society-culture/race/top-ten-ancestry-us-
population-rank　2022 年 8 月 30 日アクセス。
12) Samuel P. Huntington（1996）*The Clash of Civilizations and the Remaking of
World Order*, 邦訳：鈴木主税訳（1998）『文明の衝突』、集英社。
13) 誤解がないようにつけ加えておくと、ドイツのトルコ人コミュニティが一連のイ
スラム・テロに加担したわけではない。
14) Thilo Sarrazin. *Deutschland schafft sich ab.* 2010. ザラツィンはこの 2 年後に
Europa braucht den Euro nicht. 2012.（『ヨーロッパはユーロを必要としない』）
を出版し、再び話題になった。ザラツィンについての記述は、今野元（2021）『ド
イツ・ナショナリズム　「普遍」対「固有」の二千年史』、中公新書を参考にした。
15) ドイツ基本法は他国の「憲法」にあたるもので、西ドイツで 1949 年に制定された。
東西ドイツの再統一に際して、旧東ドイツにも適用されることとなった。庇護権
は基本法の第 16 条に規定されている。
16) その主なものを挙げれば 2015 年 1 月、パリでのシャルリー・エブド事件、同年
11 月のパリ同時多発テロ、以降 2016 年 3 月（ブリュッセル）、2016 年 7 月（ニー
ス）、2016 年 12 月（ベルリン）、2017 年 8 月（バルセロナ）など。

[参考文献]

池上俊一（2022）『ヨーロッパ史入門　市民革命から現代へ』、岩波ジュニア新書。
今野元（2021）『ドイツ・ナショナリズム　「普遍」対「固有」の二千年史』、中公新書。
加賀美雅弘、川出圭一、久邇良子（2010）『ヨーロッパ学への招待』、学文社。
浜本隆志、高橋憲編著（2020）『現代ドイツを知るための 67 章』［第 3 版］、明石書店。

三島憲一（1991）『戦後ドイツ』、岩波新書。

宮島喬（2004）『ヨーロッパ市民の誕生』、岩波新書。

宮田眞治、畠山寛、浜中春編著（2015）『ドイツ文化 55 のキーワード』、ミネルヴァ書房。

第12章

国際法・国際機構論

　21世紀に生きる我々は、戦争をしてはいけない、国同士は友好関係をもつことが望ましい、人種や性別などに基づく差別はしてはいけないと考えている。このような考え方は、現在では全く珍しくなく、むしろ当たり前と捉える人も多いだろう。しかし、今から約100年前の国際社会は全く違う考えに基づき動いていた。その時代の世界では、国家間紛争を戦争で解決することは一般的に禁じられておらず、人種や性別、出自などに基づく差別や権利の制限はあるのが当たり前で、工業化に伴い環境が破壊されてもそれほど問題視されなかった。実際、関西学院第2代院長・吉岡美國は、教育事情視察のため欧米を訪問している最中の1914年に第一次世界大戦の勃発に直面した。

　過去100年の間に、国際社会の価値観が大きく変化した理由はなんだろうか。その1つは、この間に国際法によって定められる内容が大きく変化し、国際社会に受け入れられたことにある。また、国際機構における国家間協力が促進された結果でもある。本章では今日、国際社会のルールである国際法や、国と国との間で協力を促進するために設立されている政府間機関の国際機構について概観する。

1　国際法とは

（1）国際法の発展と歴史

　異なる主体の間でさまざまなルールを決め、互いにそれを遵守しようという試みは、古代から行われていた。例えば、紀元前 13 世紀には古代エジプトとヒッタイトとの間で、国境の画定や相互不可侵、有事の際の共同防衛などを定めた「カデシュ平和条約」が締結されていた。20 世紀初頭には、この平和条約文を楔形文字で記載した粘土板がトルコで出土し、1970 年にトルコ政府は国連にレプリカを寄贈した。

　17 世紀に、オランダのデルフト出身で「国際法の父」と称されるヒューゴ・グロティウスが、主体間のさまざまな取り決めを「国際法」という枠組みを用い、初めて体系的に記した。グロティウスは、1625 年に刊行された三十年戦争を機とする著作『戦争と平和の法』において、時代や場所を問わず普遍的に存在する自然法に基づいた国際法や正戦論を論じ、戦時においても守るべき法があるとした。当時は、紛争発生の際に戦争に訴えて解決を図ることがよく行われており、グロティウスには国際法に基づき戦争の悲惨さを緩和しようという考えがあったのだ。

　その後、三十年戦争の講和条約として 1648 年に締結されたウェストファリア条約を機に、独立した主権国家が対等の立場で存在し、対等な国家同士の交流や対立が存在するという社会体制（いわゆる「ウェストファリア体制」）の考え方が確立されていった。ウェストファリア条約および体制は、近代国際社会や近代国際法の始まりとされ、のちの国際法の考え方にも影響を与えた。

　18 世紀から 19 世紀にかけ産業革命や市民革命が起こり、国を超えた「ヒト」の移動や、「モノ」や情報のやりとりが盛んになっていった。その結果、国同士の関係も、より実利的な交渉や条約締結を求める傾向が現れた。国際法の在り方も変化し、文字で書かれている国同士の合意内容が明確にわかる形式の条約など実定法と称される分野の発展が見られた。

　本書第 1 章において、「国際」という用語の源流として紹介した、『万国公法』の原著 Henry Wheaton, Elements of international law, with a sketch of the history of the science も、実定法を重視するという 19 世紀の国際法の考え方を反映した内容で構成されている。1836 年に刊行されたこの書籍は、グロティウスが提唱した自然法の考え方と、国家間の合意に基づく実定法とを対比し、文明国たるキリスト教国家で「国際法（The law of nations, or international law）」と理解されているものは、独立国家が構成する社会の正義から導きだされる行動の規則であると主張している。

　20 世紀に入り 2 度の世界大戦を経て、国際社会では、より平和や公正な世界を求める動きが強くなった。第一次世界大戦後成立した国際連盟は、その規約の前文で加盟国に対し戦争に訴えない義務を課すとした。また、1928 年に締結された不戦条約（ブリアン＝ケロッグ条約）は、紛争解決手段としての戦争放棄を謳い、国際法における戦争違法化への動きが促進された。オーナ・ハサウェイとスコット・シャピーロによる書籍『逆転の大戦争史』は、1928 年の不戦条約が戦争が合法であり政治の一手段であった「旧世界秩序」を、戦争が非合法であり侵略は認められないという「新世界秩序」へ転換させる大きな分岐点になったと評する。そして、第二次世界大戦後成立した国際連合（国連）憲章では、武力による威嚇や武力の行使を禁止した（第 2 条 4 項）。今や武力不行使原則は、国際法上すべての国に適用される慣習法として捉えられている。

　このように、戦争や植民地支配を容認し、「戦時国際法」と「平時国際法」を区別して論じていた「近代国際法」は、20 世紀の国際社会における戦争違法化への志向を受け、武力行使および武力による威嚇を禁止し人民の自決権を原則とする「現代国際法」へと変化した。今日、大学で教えられている「国際法」は、一般的に「現代国際法」の考え方に基づいた講義内容になっている。

　2022 年 6 月、ウクライナ大統領のゼレンスキーはアジア安全保障会議において、シンガポールのリー・クワンユー（Lee Kuan Yew）元首相が言ったとされる「もし国際法がなかったら大きな魚が小さな魚を食べ、小

さな魚がエビを食べる状態になり、私たちは存在しなかっただろう」という言葉を例示し、力ではなく法による国際秩序の構築を訴えた（「『国際法体系反故に』ゼレンスキー氏、ロシアを非難　アジア安保会議」『朝日新聞』2022 年 6 月 11 日）。今日、国際法による法の支配の実現は、国際社会における平和の実現をも意味するのである。

(2) 国際法の範囲

今日の国際社会において、国際法はどのような分野を規律しているのだろうか。日本で法律関連の教科書や学術書を多く刊行する出版社、有斐閣刊行の『国際条約集』は、国際組織、国家、国際交渉の機関、条約、領域（一般、海洋、空と宇宙）、国籍、人権、国際犯罪、経済、文化、環境、国際紛争処理、安全保障（一般、地域安全保障・集団的自衛権）、武力紛争（一般、害的手段、犠牲者などの保護）、軍縮・軍備管理、第二次世界大戦と日本という章立てになっている。そして、各々の章にいくつもの国際文書が提示されている。

実際、国際法が及ぶ範囲は、地球上で一般的に深さ 2000m 以深の海底を指す深海底と称される場所から、地球上の高度 100km を超えた大気圏外に広がる宇宙空間までと非常に幅広い。また、毎日報道されるニュースで国際法に関連した内容が扱われることも数多い。日常、少しだけ意識してみると、意外と国際法はさまざまな分野に関連していて身近な存在であることに気づくだろう。

2　国際法の主体と法源

(1) 国際法の主体および特徴

国際法は、もともと国と国との間で作られ国家に対し権利を付与したり、義務を課したりする法として存在していた。しかし今日では、国家に加え、国連をはじめとする国際機構や国際的にビジネスを展開する多国籍企業なども、国際社会のアクターとして認識されている。ここでは、今日

の国際法において、国際法を作りだす主体である「能動的主体」と、国際
法の権利義務の主体となることができる「受動的主体」の側面より、国際
法の主体について説明する。

国家

　まず、国家は国際法の性質上、能動的主体であり、受動的主体でもあ
る。米州諸国間で 1933 年に署名、1934 年に発効した国の権利および義務
に関する条約（モンテビデオ条約）は、「永続的住民」「明確な領域」「政
府」「他国と関係と取り結ぶ能力」（外交能力）の 4 要件を備えた国が、国
際法上、法人格を有すると規定する（第 1 条）。今日では、一般的にモン
テビデオ条約上の要件を備えた主体が、国際法上の権利義務主体である国
家とみなされている。

　国家が外交関係を取り結ぶ際には、まず相手先を国家として認めること
が必要となる。新しく出現した政治体を国家として認めることを国家承認
という。国際法においては、国家承認の方法としてモンテビデオ条約上
の 4 要件を備えているとして、自ら国家であると宣言すれば、国際法上の
国家として認められるという「宣言的効果説」という考え方と、他の国か
ら国際法上の国家として認められれば国際法上の国家と認識されるという
「創設的効果説」という 2 つの考え方がある。

　新しく出現した政治体が自らを国家だと宣言しても、必ずしも他の国に
よる承認を受けられるわけではない。例えば 2022 年 2 月に、ロシアがウ
クライナ東部領域内にある「ドネツク人民共和国」と「ルハンスク人民共
和国」を国家承認すると決定したが、直後に開催された国連緊急特別総会
では、これらの「人民共和国」を国として承認しないという内容の決議が
圧倒的多数の賛成を得て採択された（A/Res/ES-11/1, 2 March 2022）。

　加えて、国際政治上の理由で、国家承認が行われたり行われなかったり
もする。例えば、イスラエルを国家承認している国は、イスラエルと敵対
するパレスチナを国家承認しないなどがある。朝鮮半島における国家とし
て韓国を国家承認している日本は、北朝鮮を国家承認しておらず日本と北
朝鮮との間に正式な外交関係はない。

　国家が正式に他国との関係を結ぶときには、国家を正式に代表する国家機関である外交使節が派遣され、交渉や合意形成に携わる。このような職業を担う人々は、一般的に外交官と称され、外交官が国の代表としてふさわしい扱いを受けるための原則を定めた国際法（外交関係に関するウィーン条約）が締結されている。また、国家間通商関係の促進や、自国民の保護などを担う領事の制度もあり、領事が支障なく任務を遂行するための原則を定めた国際法（領事関係に関するウィーン条約）もある。

国際機構

　国家とは別に、新たに国際法の主体であると認識されたものに、国連を初めとする国際機構がある。国際機構は、国家と異なり、住民や、領土などの領域、政府などを有しない。しかし、活動を行うため国際機構が条約を締結する必要があるなど、現実的に、国際機構を実質的に国際法上の主体と認めなければならない状況もある。例えば、国連がアメリカのニューヨークに本部を設置する際、アメリカ国内での国連の地位について決定するためにアメリカと協定を締結する必要があった。今日、国際機構は国際法の能動的・受動的主体両方であると認識されているが、国際機構の目的や原則を達成し、円滑な活動を行う目的で、限定的な国際法上の権能が与えられている、とみなされている。

　国際機構の目的や原則、活動内容を規定しているのは、国際機構の基本文書である。その基本文書の中に、国際機構の法主体性についての規定がない場合にはどうなるのであろうか。この点は、国際司法裁判所（ICJ）による「ベルナドッテ伯爵殺害事件」勧告的意見によって1948年に示された。国連の調停官としてイスラエルに派遣されたベルナドッテ伯爵（スウェーデン）の殺害に際し、国連がイスラエルに対して損害賠償請求権を求めることが可能か問われたICJは、国連憲章には、確かに国連が国に対して損害賠償を請求できる主体であるとは明確に規定されていないが、国連が活動を行いその目的を達成するためには、実質的に国際法人格を有することが必要だとし、国連は損害賠償を請求することができるという判断を示した。この「黙示的権能」という考え方に基づき、今日では国際機構

の基本文書に明示的に規定されていなくとも、国際機構はその目的や権限の範囲内で国際法上の主体となると考えられている。

個人

　1919 年に発足した国際労働機関（ILO）は、労働者を対象に個人の権利を保護する国際基準の策定を行ってきた。一方、第二次世界大戦まで、個人の人権に関する問題は、主に各々の国が自国内で対応すべき国内事項だと一般的には考えられていた。第二次世界大戦後、1945 年に発効した国連憲章は国連の目的の 1 つとして人権および基本的自由の尊重と、それらを助長奨励するための国際協力を掲げ、人権関連の諸問題を取り扱う委員会の設置した。そして、国連を中心として、より広く一般的に個人を対象とした国際法の策定が行われるようになった。

　国連発足後、憲章に基づき国連内に「人権委員会」（2006 年以降は人権理事会へと改組）が設置され、この委員会を中心に個人を対象とする人権条約が数多く作成されてきた。まず国連人権委員会は、国際社会において適用されるべき人権とは何かを明示した「世界人権宣言」を作成した。1948 年に国連総会によって採択された同宣言は、すべての人間は生まれながらにして自由かつ尊厳と権利において平等とし、いかなる差別をも受けることなく、すべての者が宣言に掲げられた権利と自由を享有できるとした。1966 年には、世界人権宣言を基礎とし国連人権委員会が主導し作成した「経済的、社会的及び文化的権利に関する国際規約」（社会権規約）と「市民的政治的権利に関する国際規約」（自由権規約）が、国連総会において採択された。世界人権宣言と社会権規約および自由権規約は「国際人権章典」と称される。その後も引き続き特定のテーマ（例えば人種差別撤廃、拷問の禁止など）や、特定のグループ（例えば女性、18 歳未満の子ども、障がい者など）を対象に多くの国際人権条約が作成され、採択されている。

　人権条約を含めた条約の作成時に主に交渉を担ったり、最終的に採択を行ったりするのは国家である。そのため、個人は国際法の能動的主体とは言えない。一方、人権条約のような個人を対象とした国際法は、国に対し

て義務を課すと同時に、個人の人権を保障することを目的としている。そのため、個人は、人権条約の最終的な適用対象であり、今日では、国際法の受動的主体と捉えられている。

企業

　今日アメリカの大手 IT 企業である GAFAM（Google, Apple, 前 Facebook, Amazon, Microsoft）をはじめとする多国籍企業やその他の企業は、一国の GDP や国内予算よりも大きな規模の経済を動かすこともあるなど国際社会にも大きな影響を与えている。そのため、多国籍企業やその他の企業は、今日国際社会におけるアクターとして認識されているといっていいだろう。しかし、国際法はもともと国と国との関係を規律しているため、国によって構成されない民間企業は、一般的に国際法の能動的主体とも受動的主体とも捉えられていない。

　今日では、互いの国内で相手国の企業活動を促進したり、他の国で活動する自国企業の保護を求めるため、2 国間あるいは複数国間で投資協定と称される国際法が締結されることも多い。投資協定をはじめとする経済分野や貿易の分野に関する条約に関連して、国と企業との間で紛争が発生した場合には、司法の場において企業に対し国際法が適用されるか否かが判断されることもある。

　例えば、2022 年 2 月に発生したロシアによるウクライナ軍事侵攻を受け、多くの多国籍企業やその他の企業がロシアからの撤退やロシアとの取引停止を表明した。同年 3 月に、ロシアのプーチン大統領は、ロシアから撤退する外国企業のロシア国内の資産国有化を行うことに同意を表明した。国有化が行われれば、対象となる外国企業の資産は国家であるロシアが所有することになり、ロシアに投資を行ってきた企業は大きな経済的損失を被ることになる。しかし、ロシアと日本との間には、1998 年に日露投資協定という条約が締結されており、第 5 条は、日本とロシア双方において、互いの国の企業による投資財産や収益は、適当かつ実効的な補償を伴わない限り国有化してはならないと規定する。また、同条約第 11 条では、条約に関連した何らかの紛争が発生した場合には、国際裁判所に提訴

することができ、企業と国との間で紛争解決を図ることができるとも規定
している。そのため、仮にロシア政府が日本企業の資産を国有化すれば、
それは日露投資協定に違反する行為となり、国有化によって損害を受けた
日本の企業がロシアに対して裁判を起こし、適当かつ実効的な補償を要請
することは可能となる。

　また今日、企業で働く人々や取り引きする企業で活動する人々の人権に
配慮しなかったり、企業活動の結果、周辺地域で環境汚染が発生したりす
ることは好ましくないと考えられている。企業は、短期的に利益を上げた
としても、消費者からの支持をなくしたり、評判が落ちたりすれば、長期
的には損失の方が多くなるのである。このため、今日では、企業の社会的
責任の一環として、人権や環境といった分野に関連する国際法の原則を遵
守する動きが活発化している。

　国際法の原則を使用した企業の行動規範を作成する動きは 1970 年代よ
り始まった。2000 年には、当時のアナン（Kofi Annan）国連事務総長が
提唱した人権・労働・環境分野における 9 原則（現在は腐敗防止の原則
が加わって 10 原則）からなる「国連グローバル・コンパクト」が正式に
発足し、CSR における指針の 1 つとして世界中で広く浸透した。2011 年
には、人権と多国籍企業に関する国連事務総長特別報告者を務めていたラ
ギー（John Ruggie）が策定した「ビジネスと人権に関する指導原則」（ラ
ギー原則）が国連人権理事会に提出された。ラギー原則は、企業は人権
を尊重する責任があるとし、企業活動において人権尊重を公表する、企
業活動における人権への負の側面を測定するといった「人権デュー・デ
リジェンス」を提唱している。2015 年に提示された持続可能な開発目標
（Sustainable Development Goals, SDGs）においても、目標達成に企業の
協力を求めている。

　確かに、国際法によって企業が直接何らかの義務を課されるということ
は少ないだろう。しかし、国際法により規定される内容を遵守しながら企
業活動を行うことは今日、さまざまな側面から企業に対してプラスの影響
を与えると捉えられている。

NGO

　1945 年に発効した国連憲章第 71 条は、国連主要機関の 1 つである経済社会理事会（ECOSOC）と、その活動に関連する民間団体（Non-Governmental Organization, NGO）との間の協議関係を規定している。それまでにも、緊急時の支援や人権の促進などを担う民間団体は存在していたが、NGO という用語が初めて国際文書に現れたのはこの国連憲章第 71 条である。今日では、平和や開発協力、人権、環境などのグローバル・イシューに関連する分野で、非営利で活動する民間団体が NGO と称されている。

　今日では、条約の主旨や目的を達成するため、NGO について言及している国際法は、確かに存在する。しかし、NGO は国際法を策定・採択する正式な代表としては認められておらず、NGO 全般を対象とした国際法も作られていない。そのため、今日においても、一般的に、NGO は国際法の能動的主体とも受動的主体とも考えられていない。

　一方で、今日、NGO の活動が、国際法に対して与える影響は、ますます大きくなっていると言える。例えば、対人地雷禁止条約や核兵器禁止条約などを策定する際には、対人地雷禁止国際キャンペーン（ICBL）や核兵器廃絶国際キャンペーン（ICAN）のような NGO の連合体の活動が大きなインパクトをもたらした。ICBL や ICAN の活動は広く評価され、ノーベル平和賞も受賞している。また、国際人権 NGO のアムネスティの活動が、人権条約の 1 つである拷問禁止条約の策定に大きな影響を及ぼすなど、NGO の活動そのものが国際法を創りだす契機になることもある。そして、策定された国際法が実際に遵守されているかという判断を行う際には、ときとして NGO によりもたらされる情報の内容が加味されることもあることは事実なのである。国際法の主体ではないが、NGO の活動は、今後の国際法の在り方にも大きな影響を及ぼすであろう。

(2) 国際法の法源

　今日の世界では、国同士の紛争が発生した場合、戦争という武力を用いた手段でそれを解決するのではなく、まず、当事国同士の交渉や参加する

第三者が解決方法を提案する調停、法に基づく国際裁判など、平和的解決を模索することが原則となっている。それでは、国際法に基づいて紛争の平和的解決がなされる場合、具体的にどのような基準に基づいて判断が行われるのであろうか。

　国連の主要機関の 1 つである国際司法裁判所（ICJ）は、国家間紛争が発生した場合、それを条約、慣習法、法の一般原則に基づいて判断を行う。また、ICJ は、判断の際の補助的手段として、学説と判例を参照することもできる（ICJ 規程、第 38 条）。これらのうち、今日の国際法の通説では、条約と慣習法が、法の具体的な存在形式である法源として認められている。

　条約は、一般的に、国家間において文書の形式により締結され、国際法により規律される国際合意であり、「国際法主体間の明示の合意」とも称される形式の法源である。1969 年に採択（作成）され、1980 年に発効した「条約法に関するウィーン条約」（ウィーン条約法条約）は、誰がどのように条約交渉を行い、締結したあとでどのように効力が発生するのか、どのように条約条文は解釈すべきか、複数の言語によって作成された条約はどの言語に基づいて判断されるべきか、といった条約に関する原則を定めている。具体的には、条約を締結する能力はいずれの国にもあり（第 6 条）、国から全権を委任された者が条約文の内容を交渉したり確定したりすることができる（第 7 条）。条約文の作成に参加した国すべてが合意する場合、あるいは国際会議に出席しかつ投票する国 3 分の 2 以上の多数により議決された場合に条約文が確定する（第 9 条、第 10 条）。一定数の国の批准などを経て条約は発効する（第 14 条、第 15 条、第 16 条）。条約は通常の意味に従い誠実に解釈する（第 31 条 1 項）。強制など条約が無効になる場合の条件（第 5 部第 2 節）、正文として複数言語で条約文が作成された場合、どの言語も等しく権威を有する（第 33 条 1 項）などである。

　条約が締結され開放された場合、どの条約をどのような国内手続きに従って批准するかは、各々の国家の判断に委ねられている。そして、条約を批准した国家には「合意は拘束する」の原則が適用され（第 28 条）、条約による権利付与と同時に義務も課される。一般的に、条約を遵守する義

務があるのは批准国のみであり、条約を批准していない国である第三国に
対しては、同意がない限り、権利も義務も付与されない（第34条）。より
多くの国に条約に入ってもらうための方策として、条約全般には賛同する
が、条約の中の一部分には賛同できないという国家が、部分的な適用除外
を宣言することができる「留保」という制度もある（第2部第2節）。

　慣習法は、条約のように文字などで具体的に記載されているわけではな
いが、「法として認められた一般慣行の証拠」である「国際法主体間の黙
示の合意」であり、国際法の形式的法源と位置づけられている。慣習法が
成立するためには、ある行動が何度も反復継続されて広く一般に国家に
受け入れられた実行である「一般慣行」と、その慣行が国際法上の法的な
義務であるという「法的確信」の2つの要件が必要となる。慣習法は、そ
れが条約化していなくとも、すべての国を拘束するという性質をもってい
る。また、特定の地域の国家のみを拘束する地域慣習法の存在も認められ
ている。

　今日では、条約や慣習法という形式をとってはいないものの、国連安保
理や総会で採択された決議など、国際機構の決議も実質的な国際法の法源
であるという学説も有力である。

　国連憲章は、国連安保理が「決定」を行った場合、加盟国はその決定を
「受諾し且つ履行することに合意する」（第25条）と定めている。このた
め、国連安保理が採択した決議内に何らかの「決定」事項がある場合、そ
の決定された内容は法的拘束力を有し、加盟国はそれらを実行しなければ
ならないと捉えられている。例えば、国連安保理は、冷戦終結後の1990
年より北朝鮮をはじめとする多くの対象に対し、経済制裁の発動を決定す
る決議を採択している。経済制裁の発動が安保理で決定された場合、加盟
国はそれを実行しなければならないため理論的には、世界のほぼすべての
国によって経済制裁が実施されることになる。このような理由から、アメ
リカやEUのような国々が独自の判断で経済制裁を発動するより、国連安
保理が決定する経済制裁の方がより効果が大きいのではないかと考えられ
ている。

　193カ国という世界のほぼすべての国が加盟国として参加する国連総会

で採択された決議は、国際社会を構成するほぼすべての国の見解を反映す
るとみなされている。そのため、国連総会で同内容の決議が反復されて採
択されれば、それは慣習法の構成要件である法的確信や一般慣行を示すも
のとなり、結果として慣習法の成立や存在の確認につながるという考え方
もある。一方、国連総会はありとあらゆることを審議できるものの、その
決議は法的拘束力を有さない「勧告」という性質のみをもつと国連憲章に
規定されている（第11章）。このため、国連総会で採択された決議は、そ
れのみで法的拘束力を有するわけではない。

3　国際機構とは

　今日、人類は国家というまとまりの中で生活し、「国際関係」という用
語が示すように国単位で他の国との交流を行うこともある。一方で「宇宙
船地球号」という言葉に象徴されるように、人類は「地球」という共同体
の中で皆運命をともにしているという考え方もある。人類は、確かに国家
によって分断されているが、一方で、国を越えて地球規模の共通の課題に
取り組むことも必要なのである。
　国際機構は国家間条約に基づき、意思決定の方式をあらかじめ設定した
うえで定期的な会合を開催したり、継続的に活動を行うしくみを作ったり
することによって、複数国家が有する共通の課題を解決する目的で形成さ
れ発展してきた。今日、研究上や実務上で一般的に使用されている「国際
機構」は、「複数国家により、共通の公共目的を実現するために、条約に
基づいて設立された、固有の主体性をもつ、常設的な組織体である」と定
義される。
　歴史や人口、経済規模、言語、宗教基盤や民族分布など1つとして同じ
国はなく、国が違えばそこに住んでいる人々の生活や社会のあり方も異
なってくる。そして、例えばある国の国内で大規模かつ深刻な人権侵害が
行われていたり、政府が国内の権益や富を独占していて多くの市民が貧し
い生活を強いられていたとしても、それは他の国のことだから関係がな
い。各々の国家は主権を有しているのだから、他国内で起こっていること

に干渉することはできないと考えられていたこともあった。しかし、今日では、目的、権限、活動内容などは異なるが、国々が一定の範囲で主権を移譲した多くの国際機構が設立され、国を超えた共通の課題解決への取り組みが活発になされている。国際機構は、共通の課題を解決するためにより国際協力を活発化させ、その活動を通じて国際社会における不平等や不正義を是正するとともに、地球上の一人一人がより幸せな人生を追求するうえで欠かせない働きをしているのである。

(1) 国際機構の歴史と発展

今日における国際機構の萌芽は、19世紀前半から構成されてきた「国際河川委員会」に見ることができる。

ヨーロッパには、ライン川やダニューブ（ドナウ）川など、上流から下流まで複数の国家を通り流れる、国際河川が存在する。1815年に、国際河川を通商のためにあらゆる船舶に開放するという「諸国を貫流する河川の航行に関する議定書」がウィーン会議において署名されたあと、まず、ライン川沿岸国など、関連諸国が、ライン川での自由な船舶の航行はどのようにすれば実現できるのかを考えた。そして、ライン川での航行を自由としたうえで航行上の障害がないか、船舶は規則に従って航行しているかを監視するための中央委員会を設置するという「ライン川規則」が採択された。続いて、1856年にはダニューブ（ドナウ）川の国有化に伴い、河川の管理や監視を行うために、ヨーロッパ・ダニューブ委員会と流域国委員会という2つの国際委員会が条約に基づき設置された。このような、国家間条約に基づいて国とは別の常設機関を設置し、複数国間に共通の問題を処理するという方式が、新たな国際協力の在り方として発展していくようになった。

19世紀後半には、専門的・技術的な分野での国際協力が必要となり、継続して定期的に開催される国際会議と、会議のサポートを行う事務局による「国際行政連合」と称される機関が設置されるようになった。具体的には、1865年に電信網に関する国際会議を開催した「万国電信連合」や、国際郵便事業を促進するため1874年に設置された「一般郵便連合」、国

ごとに異なる度量衡（長さや重さなどを計測する単位）の調整を目的として 1875 年に設置された「国際度量衡連合」などがある。なお、万国電信連合は、「国際電気通信連合（ITU）」と名称を変更し、今日では、固定電話やテレビ、有線 LAN ケーブルによるインターネット回線などの有線通信とともに、携帯電話や wifi によるインターネット通信のような無線通信も含めた電気や通信に関連する活動を行っている。万国郵便連合（UPU）と名称を変更した一般郵便連合や国際度量衡連合も、時代の変化に伴いつつも、今日に続く活動を継続している。

　第一次世界大戦後に設置された、国際労働機関（ILO）と国際連盟は、専門的・技術的な分野のみならず、人権や政治的分野といった幅広い分野の活動に従事するようになった。1919 年に活動を開始した ILO は、政府代表に加え、使用者代表と労働者代表という「三者構成」の形式をとり、世界中の労働者を対象とする国際労働基準を作成し、地理的配分に基づいて個人の資格で選出される条約勧告適用委員会が ILO の国際基準が遵守されているか審議するしくみになっている。ILO は、1919 年に、工業的企業における労働を 1 日 8 時間かつ 1 週 48 時間に制限する第 1 号条約を採択し、2019 年採択の「仕事の世界における暴力及びハラスメントの撤廃に関する条約」まで、190 にも上る国際労働条約を採択している。ILO は、労働者という特定のグループを対象にしているものの、広く一般的に国際人権基準を作成し適用する機能をもった国際機構であり、その活動は、今日の国際社会では普通となった人権の国際化を促進する原動力ともなった。

　1920 年に活動を開始した国際連盟は、第一次世界大戦という大規模な戦争の反省を踏まえ、加盟国は「戦争ニ訴ヘサルノ義務ヲ受諾」し、規約上違法と規定された戦争に訴えた国に対しては、すべての加盟国が通商や金融の断絶といった経済制裁を課すという集団安全保障体制を初めて制度化した国際機構であった。国際連盟にはすべての加盟国が参加する総会と、限定された数の常任・非常任理事国から構成される理事会、事務総長と国際連盟固有の職員からなる事務局が置かれた。これらの主要機関に加え、国際連盟は軍縮などの専門分野や、研究者など知的分野での国際交

274

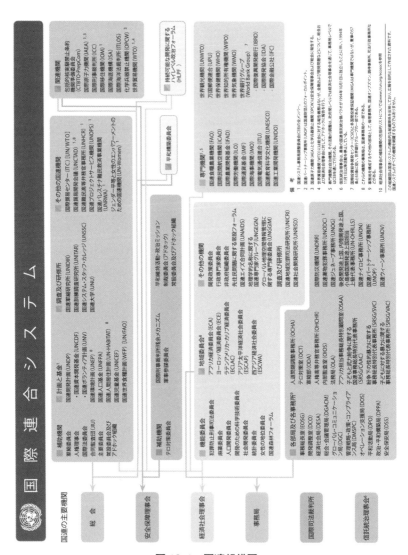

図 12-1　国連組織図

出典：国連グローバル・コミュニケーション局
　　21-00054--July 2021
日本語版作成・提供：国連広報センター（2022年1月）

流、また、保健分野での国際協力を推進するなどの数々の委員会や会合の設置や監督を行っていた。1946 年に国際連盟は解散したが、一部の原則や機能は今日の国際機構の活動へと引き継がれている。

第二次世界大戦後の 1945 年には、「戦争の惨害から将来の世代を救い」、国際の平和および安全の維持、人民の同権および自決の原則の尊重、経済的・社会的・文化的または人道的性質をもつ問題解決、すべての人の人権および基本的自由の尊重を助長奨励する目的で、国連が活動を開始した。

国連発足後には、世界保健機関（WHO）や、ユネスコと称される国連教育科学文化機関（UNESCO）、世界通貨基金（IMF）など、特定領域の国際協力を行う目的で、専門機関と称される政府間国際機構の設立が相次いだ。また、国際社会における重要な課題解決を目的として、国際協力の現場で活動を行うユニセフ（UNICEF）や国連難民高等弁務官事務所（UNHCR）などが、主に国連総会の補助機関として設立された。さらに、現在の欧州連合（EU）の前身となる欧州石炭鉄鋼共同体（ECSC）など、特定の地域のみを対象とする政府間国際機構も設立されていった。今日では国連内部のみだけでも、委員会を含む多種多様な補助機関が設置されており、深海底から宇宙までありとあらゆる事項が議論や活動の対象となっている。

このように第二次世界大戦後には、国連を初めとする数多くの国際機構・機関が設立され、私たちの生活に関わる範囲も増加している。このような現象を「国際社会の組織化」といい、さまざまな分野での継続的な国際協力が促進され、多くの国際法が形成される契機ともなっている。

(2) 広義の国際機構と狭義の国際機構

国際機構は、英語では "International Organization" と記載され、広く国際的に組織された団体を指すという考え方もある。このような広い意味での国際機構には、営利追求を目的とし、さまざまな国で活動を行う多国籍企業、平和や人権、国際協力、環境のような国際公共的な活動を行う民間団体の NGO も含まれる、と考えてよいだろう。

一方、ウィーン条約法条約が、「『国際機関』とは、政府間機関をいう」

（第2条 (i)) と規定しているように、国際機構を、国と国との間で締結された条約に基づき、国の代表が構成する機関であると狭く捉える見方もある。今日の国際社会では、国際機構とは一時的ではなく恒久的に活動を行う政府間機関として、狭義の意味で捉えるのが一般的である。

(3) 国際機構の種類

多くの国際機構が設立され、活動している現在、国際機構を分類するとどのようになるだろうか。まず、国連のように、すべての国が加盟することが可能である普遍的国際機構と、アフリカ統一連合（AU）、東南アジア諸国連合（ASEAN）、欧州連合（EU）のように、限られた地域内の国のみに加盟を開放している地域的国際機構に分類することができる。また、経済協力開発機構（OECD）のように、特定の基準を満たした国のみが加盟できる国際機構もある。そして、活動する範囲が広くさまざまな事項を扱っている国際機構と、活動が特定の領域に限られる国際機構、とも分類することができる。例えば、専門機関は、開発協力や保健衛生、食糧農業、民間航空など、特化した分野の活動を行っているが、国連やEUは、活動内容が特定の分野のみに限定されず、広い事項について取り扱う国際機構である。

(4) 国際機構の内部機関と意思決定

第一次世界大戦後に成立した国際連盟は、主な内部機関として、すべての加盟国が参加する総会と、一部の加盟国が参加する理事会、国際公務員によって構成される事務局を置いた。この国際連盟の内部機関の構成にならい今日国際機構は総会、理事会、事務局という「三部構成」を基礎とした構造をもっている。

国連においては、すべての加盟国が参加する総会と、一部の加盟国のみが構成国となる安全保障理事会、経済社会理事会、信託統治理事会という3つの理事会が置かれている。これらに加えて、国連の主要機関には、事務総長を筆頭に、国連において、必要な分野の職務に従事する職員が構成する事務局と、国際法によって国家間の紛争を解決するために置かれた国

際司法裁判所（ICJ）がある。

　日々のニュースでは、国連総会と安保理の、2つの内部機関について多く報じられる傾向がある。例えば、毎年、9月の第3週からクリスマス前までの約3ヵ月間通常会期が開催される国連総会では、開始翌週が、各国の元首や総理大臣、閣僚級の要人が一般演説を行う「ハイレベルウィーク」となっている。そのため、国連総会の演説を通じ、さまざまな国の指導者がどのような方針を示すかに注目が集まる。また、現在常任理事国の地位を有する中国、フランス、ロシア、イギリス、アメリカの5カ国と、2年ごとに地理的配分に基づいて選出された10カ国の非常任理事国、合計15カ国により構成される安保理は、平和に対する脅威、平和の破壊、侵略行為を認定し、国際の平和と安全の維持や平和の回復を目的として、経済制裁や軍事制裁の発動も含めた決定を行うことができる（国連憲章第39条、第41条、第42条）。このような安保理の決定は、非常に多くの国に影響を及ぼすこともあるため、安保理がどのような決定を行うかにはしばしば注目が集まる。

　国連の総会や理事会のような内部機関には、加盟国の代表が参加し議題の選定や承認、交渉や意思決定を行う。一方、国連の事務局で働く職員は「国際公務員」と称され、特定の政府を代表する役割はもたない。国連憲章では、国連で働く国際公務員は「最高水準の能率、能力及び誠実」を有し地理的配分に基づいて採用され、政治的には中立な立場で、国連のために職務を遂行するという原則を定めている（国連憲章第100条、第101条）。このような国際公務員制度は、国際連盟の初代事務局長を務めたイギリス出身のドラモンド（Eric Drummond）の方針を基本とし発展してきた。

　国際機構の基本文書は、内部機関の意思決定の原則や方法についても定めている。まず、有効な決定が行われるために、どの程度の数や割合の加盟国が参加するかが示される必要がある。次に、どの加盟国がどの程度票数を有するか、投票を行う／行わないのかという基準が必要である。そして、最終的に採択された国際機構の決議などはどのような効果を有するのかという点も示されることが必要である。

　国際連盟の総会と理事会は、すべての加盟国の賛成による意思決定、すなわち全会一致方式を採用していた。しかし、すべての加盟国の賛成票を得るのは実質的に困難で、有効な意思決定が行えないこともしばしばあった。そのため今日の国際機構では、多数決による意思決定が主流となっている。例えば、国連総会では一国一票制度が採用されており、新規加盟承認など重要問題に関する事項は出席しかつ投票する構成国の3分の2多数により、その他の事項は過半数の賛成により決議が採択される（国連憲章第18条）。「過半数」や「3分の2多数」のような、一定の割合の賛成票により決定を行う方法は特別多数決と称される。一方、15カ国で構成される安保理では手続事項では9理事国の賛成票、その他の事項（実質事項）は、常任理事国5カ国の賛成投票を含む9カ国の賛成票により、決議が採択される（第27条）。このように、一定の数の賛成票が必要であるという意思決定の方式は、特定多数決と称されている。

　実質事項に関する安保理の意思決定では、常任理事国が1カ国でも反対すると決議の採択には至らない。このような安保理常任理事国による「拒否権」行使は、国連発足直後から問題となり、多くの決議案が否決される結果となった。1950年には、拒否権行使などで安保理の機能麻痺が見られる際に、総会が代わって決議を採択することができるという「平和のための結集決議」が採択された（"Uniting for Peace" Resolution, A/377 (V), 3 November 1950）。国連総会によって採択される決議は確かに勧告権限しかもたない。しかし、総会は一国一票制度を採用しているため、1カ国のみが拒否権を発動し決議が採択されないといった事態は免れることができる。2022年2月のロシアによるウクライナ軍事侵攻に際し、ロシアの拒否権によって安保理で決議が不採択になった際にも、この「平和のための結集決議」に基づく総会での意思決定方式が活用された。

　また、今日では国連総会を初めとするさまざまな国際機構の内部機関で、投票を行わないで決議を採択する「コンセンサス」方式が活用されている。コンセンサス方式の意思決定では、加盟国は明確な反対がないということを示せばよいため、一般的な合意は得やすいと考えられている。

(5) 今日の国際社会における国際機構の役割

　今日の国際社会における国際機構の活動は、ますます重要となっていることは間違いがない。しかし、第二次世界大戦中の連合国を基礎とする国連安保理の常任理事国による拒否権のように、時代に合わないのではないか改革する必要があるとの声が大きい制度もある。各々の国際機構の目的や原則は維持する必要があるが時代の変化に伴い、ときには思い切った諸制度の見直しや変更も行われる必要がある。

［参考文献］

吾郷眞一（2022）『国際経済社会法で平和を創る』、信山社。

浅田正彦（2022）『国際法』（第 5 版）、東信堂。

学校法人関西学院大学・吉岡記念館 HP「吉岡美國（よしおか・よしくに：1862 年 -1948 年）」https://ef.kwansei.ac.jp/about/yoshioka_m/yoshioka（アクセス日：2022 年 10 月 10 日）

ハサウェイ・オーナ、シャピーロ・スコット（船橋洋一解説、野中香万子訳）（2018）『逆転の大戦争史』、文藝春秋。（原書：Hathaway, Oona A., and Scott Shapiro J. *The Internationalists.* Penguin Books, 2017.）

横田洋三監修、滝澤美佐子・冨田麻理・望月康恵・吉村祥子編著（2016）『入門　国際機構』、法律文化社。

横田洋三編、富田麻理、滝澤美佐子、望月康恵、吉村祥子（2021）『新国際人権入門 SDGs 時代における展開』、法律文化社。

吉村祥子・望月康恵編著（2020）『国際機構論　活動編』、国際書院。

渡部茂己・河合利修編（2022）『国際法』（第 4 版）、弘文堂。

渡部茂己・望月康恵編著（2015）『国際機構論　総合編』、国際書院。

Wheaton, Henry. (1836) *Elements of international law: with a sketch of the history of the science.* Carey, Lea & Blanchard.

執筆者一覧

丸楠恭一（まるくす　きょういち）————————————————————— 第1章第1節
関西学院大学国際学部教授

東京都生まれ

最終学歴：プリンストン大学 行政・国際大学院修了（MPA）、博士（総合政策科学、同志社大学）

研究分野：国際日本研究、政治社会学

主要著作：丸楠恭一（1991）『現代国際社会の視座——価値観の興亡』、丸善。丸楠恭一他（2004）『若者たちの《政治革命》——組織からネットワークへ』、中央公論新社。丸楠恭一（2010）『「日本の役割」の論じ方——「トリックとしての国際貢献」をめぐって』、彩流社。

高阪 章（こうさか　あきら）————————————————————————— 第2章
大阪大学名誉教授、アジア経済研究所名誉研究員

京都府生まれ

最終学歴：京都大学大学院経済学研究科、米国スタンフォード大学大学院修了（経済学 Ph.D.）

研究分野：国際経済学、開発経済学、アジア経済論

主要著作：高阪章（2020）『グローバル経済統合と地域集積——循環、成長、格差のメカニズム』、日本経済新聞出版。高阪章（2022）「工業化は「カエル跳び」できるか？——構造転換と経済発展」『国際学研究』、関西学院大学国際学部、第11巻第1号、37-52頁。"No Great Convergence, but not Myth: Stabilization and Growth in East Asia, 1990-2018," *Journal of APEC Studies*, Vol. 14 No. 1 (June 2022), 1-27.

宮田由紀夫（みやた　ゆきお）———————————————（編著者）第1章第2節、第3章
関西学院大学国際学部教授

東京都生まれ

最終学歴：ワシントン大学（セントルイス）経済学研究科修了（経済学 Ph.D.）

研究分野：アメリカ経済論、産業組織論

主要著作：宮田由紀夫（2002）『アメリカの産学連携』、東洋経済新報社。宮田由紀夫（2011）『アメリカのイノベーション政策』、昭和堂。宮田由紀夫（2016）『暴走するアメリカの大学スポーツの経済学』、東信堂。

王昱（おう　いく）——————————————————————— 第4章
関西学院大学国際学部教授
中華人民共和国生まれ
最終学歴：龍谷大学大学院経営学研究科修了（経営学博士）
研究分野：国際比較会計、中国企業経営
主要著作：王昱（2018）『現代中国の会計法規範と戦略——和して同ぜず』、同文舘出版。
王昱（2012）「中国企業の内部統制とその課題」、『内部統制』第4号、53-61頁。王昱（2009）
「中国におけるコーポレート・ガバナンスの再考 -- 内部統制基本規範の導入経緯を
巡って」、『研究紀要』第6巻第1号、35-55頁。

井口治夫（いぐち　はるお）——————————————————— 第5章
関西学院大学国際学部教授
マニラ市生まれ
最終学歴：シカゴ大学大学院社会科学研究科修了（歴史学 Ph.D.）
研究分野：国際政治、国際関係史、アメリカ政治、外交、日米関係、安全保障
主要著作：井口治夫（2018）『誤解された大統領——フーヴァーと総合安全保障構想』、
名古屋大学出版会。井口治夫（2012）『鮎川義介と経済的国際主義——満洲問題から
戦後日米関係へ』、名古屋大学出版会［第34回 サントリー学芸賞（政治・経済部門）
2012年12月］。

三宅康之（みやけ　やすゆき）——————————————————— 第6章
関西学院大学国際学部教授
兵庫県生まれ
最終学歴：京都大学大学院法学研究科博士後期課程　（単位認定退学）、博士（法学）
研究分野：現代中国政治・国際関係史
主要著作：（単著）三宅康之（2006）『中国・改革開放の政治経済学』、ミネルヴァ書房［第
23回大平正芳記念賞、2007年6月］。（共編著）益田実・齋藤嘉臣・三宅康之編（2022）『デ
タントから新冷戦へ——グローバル化する世界と揺らぐ国際秩序』、法律文化社。（単
著論文）三宅康之（2021）「ビルマ連邦共和国の対中承認外交」『アジア研究』Vol.67,
No.1, 2021（査読付き）。

鷲尾友春（わしお　ともはる）——————————————————— 第7章
公益財団法人りそな・アジアオセアニア財団理事、関西アジア倶楽部理事長
兵庫県生まれ
最終学歴：関西学院大学商学部卒業
研究分野：国際政治、アメリカ政治
主要著作：鷲尾友春（2013）『20のテーマで読み解くアメリカの歴史』、ミネルヴァ書房。
鷲尾友春（2014）『6つのケースで読み解く日米間の産業軋轢と通商交渉の歴史』、関
西学院大学出版会。

長谷尚弥（はせ　なおや）─────────────────── 第8章
関西学院大学国際学部教授
　兵庫県生まれ
　最終学歴：ニューヨーク州立大学オルバニー校　教育学研究科修了（Master of Science）
　研究分野：応用言語学、英語教育学
　主要著作：（分担執筆）長谷尚弥（2010）『リーディング指導ハンドブック』、大修館書店。長谷尚弥編著(2014)『英単語運用力判定ソフトを使った語彙指導』、大修館書店。Hase, N., Martinez-Roldan, C.M., and Chang, S.（2018）"US Bilingual Education and Its Application to Japanese EFL Teaching", *THE JASEC BULLETIN*, Vol. 27, No. 1: pp.,79-89.

DE SOETE François（デソーテ　フランソワ）────────── 第9章
関西学院大学国際学部准教授
　カナダ生まれ
　最終学歴：ブリティッシュ・コロンビア大学大学院　ポリティカル・サイエンス研究科修了（政治学 Ph.D.）
　研究分野：国際関係理論、政治哲学
　主要著作：de Soete, F.（2011）"The Advantages of Parliament beyond the *Perils of Presidentialism*: Parliament's Prospects for Indirect Deliberative Democracy," 『立命館大学人文科学研究所紀要』第96号、pp.195-223、de Soete, F.（2021）"Plato's Search for Justice: Connecting the Soul, the Forms, and Goodness in the *Republic*,"*Kwansei Gakuin University Social Sciences Review*: Vol.26, 1-18、de Soete, F.（2022）"Trump, Biden, and U.S. Foreign Policy: Analyzing the Role of the Modern Presidency on America's Standing in the World,"『国際学研究』第11巻第1号、pp.1-11.

BUNGSCHE Holger（ブングシェ　ホルガー）────────── 第10章
関西学院大学国際学部教授
　ドイツ生まれ
　最終学歴：エアランゲン・ニュルンベルク大学に日本学、中国学、歴史学、社会学研究科修了（文学博士　Dr. phil.）
　研究分野：産業・労働社会学、ヨーロッパ・EU経済・産業論
　主要著作：Bungsche, Holger(2004): *From Freshmen to Middle Management. Issues of Organizational Behavior in Japan*, Munich, Iudicium（博士論文）。ブングシェ・ホルガー（2015）第4講「EUの産業の特徴」33-63頁、第5講「EUにおける自動車産業」65-112頁、市川顕編著『EU社会経済と産業と』、関西学院大学出版会。ブングシェ・ホルガー（2013）第3章「EUにおける労使関係・VWの事例」、久保広正・海道ノブチカ編『EUの経済と進展と企業・経営』、勁草書房、38-67頁。ブングシェ・ホルガー（2016）「単一自動車メーカー・ブランドに依存しないサービス業──マグナ・シュタイヤーの事例」、塩地洋・中山健一郎編者『自動車委託生産・開発マネジメント』、中央経済社、第9章、233-251頁。

田村和彦（たむら　かずひこ）——————————————————— 第 11 章
関西学院大学名誉教授

　長野県生まれ

　最終学歴：東京都立大学大学院人文科学研究科博士課程 中途退学

　研究分野：ドイツ文学、ドイツ思想

　主要著作：田村和彦（2003）『魔法の山に登る』、関西学院大学出版会。田村和彦（2021）『ドイツ 庭ものがたり』、関西学院大学出版会。（共著）宮田眞治ほか編著（2015）『ドイツ文化 55 のキーワード』、ミネルヴァ書房。

吉村祥子（よしむら　さちこ）——————————————————— 第 12 章
関西学院大学国際学部教授

　福岡県生まれ

　最終学歴：国際基督教大学行政学研究科博士後期課程修了、博士（学術）

　研究分野：国際法、国際機構論

　主要著作：吉村祥子（2003）『国連非軍事的制裁の法的問題』、国際書院。吉村祥子編著（2018）『国連の金融制裁』、東信堂。吉村祥子・望月康恵編著（2020）『国際機構論　活動編』、国際書院。Sachiko Yoshimura, Ed., *United Nations Financial Sanctions*（Routledge, 2020）

国際学入門

2023 年 3 月 31 日初版第一刷発行

編　者　関西学院大学国際学部

発行者　田村和彦
発行所　関西学院大学出版会
所在地　〒 662-0891
　　　　兵庫県西宮市上ケ原一番町 1-155
電　話　0798-53-7002

印　刷　協和印刷株式会社